H

FIELDING
DIE LEBENSGESCHICHTE JONATHAN WILDS DES GROSSEN

DIE GROSSE ERZÄHLER-BIBLIOTHEK
DER WELTLITERATUR

Die buchkünstlerische Ausstattung dieser Ausgabe
hat der österreichische Staatspreisträger
Ernst Ammering (Ried, Oberösterreich) entworfen.

Das Frontispiz zeigt Henry Fielding
(nach einer Radierung von Fritz Janschka,
die für diese Ausgabe entstanden ist).

Aus dem Englischen übertragen
von Ludwig Tieck und J.G. Hagemeister
(Für diese Ausgabe überarbeitet).

Redaktion:
Bernhard Pollmann

DIE GROSSE ERZÄHLER-BIBLIOTHEK
DER WELTLITERATUR

Gesamtherstellung: Mohndruck, Gütersloh
Printed in Germany
ISBN 3-88379-861-4

ERSTES BUCH

ERSTES KAPITEL

Worin man dartut, wie ersprießlich es sei, das Leben und die Taten jener wunderbaren Naturprodukte, die man große Männer nennt, aufzuzeichnen.

Da alle großen und seltsamen Vorfälle, zu denen nur der höchste Schwung der menschlichen Einbildungskraft den Plan legen, ausführen und vervollkommnen kann, durch große und außerordentliche Menschen zur Wirklichkeit gelangen müssen, so kann man das Leben dieser Männer mit Fug und Recht als die Quintessenz der ganzen Geschichte ansehen. Fallen sie überdem noch vernünftigen Geschichtschreibern in die Hände, so gewähren sie uns nicht nur eine angenehme Unterhaltung, sondern auch höchst ersprießlichen Unterricht: denn außer dem allgemeinen Gemälde der menschlichen Natur, ihren verborgnen Triebfedern, ihren verschiedenen Krümmungen und seltsamen Labyrinthen geben sie uns noch ein lebhaftes Beispiel von allem, was unsere Bewunderung oder unsern Abscheu, unsere Liebe oder unsern Haß verdient, und zeigen uns anschaulicher, als totes moralisches Geschwätz, was wir nachzuahmen und was wir aufs sorgfältigste zu vermeiden haben.

Aber außer dem einleuchtenden Vorteil, daß wir in solchen Gemälden die echte Schönheit der Tugend und die Häßlichkeit des Lasters gleichsam mit einem Blicke übersehen lernen, können wir aus dem Plutarch, Nepos, Sueton und anderen Biographen noch die wichtige Lehre ziehen, weder mit unsern Lobeserhebungen, noch mit unserm Tadel zu rasch und zu verschwenderisch zu sein, weil wir in einem und eben demselben Charakter öfters eine solche Mischung von Gutem und Bösem antreffen, daß es die äußerste Behutsamkeit und die sorgfältigste Untersuchung erfordert, um uns für oder wider ihn zu bestimmen; denn stoßen wir gleich dann und wann auf einen Aristides oder Brutus, auf einen Lysander oder Nero, so gehört doch der große Haufe meistenteils zu den gemischten Charakteren, die man weder gut noch böse nennen kann, deren größte Tugenden durch einige Laster verdunkelt werden, die ihrerseits wieder durch einige Tugenden gemildert und vergütet sind.

Von dieser Art war der berühmte Mann, an dessen Geschichte wir uns jetzt wagen, dem die Natur freilich große und glänzende Talente, aber nicht ohne alle fremde Beimischung erteilt hatte. So viele Bewunderung auch sein Charakter im ganzen verdiente (und vielleicht verdiente nie ein Held mehr), so wage ich es doch nicht zu behaupten, daß er frei von allen Mängeln gewesen oder daß das scharfe Auge eines Zoilus nicht einige kleine Flecken mitten unter seinen großen Vollkommenheiten ausgespäht hätte.

Daher wollen wir auch unserm Leser kein vollkommenes Muster von menschlicher Vortrefflichkeit geben; im Gegenteil, unsere ganze Absicht ist, durch die treue Darstellung aller kleinen Unvollkommenheiten, die die großen Eigenschaften unsers Helden in Schatten setzten, die oben bemerkte Lehre zu predigen und den Leser zu bewegen, mit uns die Gebrechlichkeit der menschlichen Natur zu beweinen, die uns zu dem Bekenntnis zwingt, daß kein Sterblicher bei einer sorgfältigen Untersuchung ein schicklicher Gegenstand für unsere Verehrung und Anbetung bleiben kann.

Aber bevor wir an unser großes Werk gehen, müssen wir noch einige Irrtümer aus dem Wege räumen, zu welchen der Aberwitz einiger Schriftsteller das Menschengeschlecht verleitet hat: denn diese Herren, vermutlich aus Furcht, mit den albernen Behauptungen eines unwissenden und dummen Völkchens, das man zum Spott Weise oder Philosophen zu nennen pflegte, in Widerspruch zu geraten – diese Herren, sage ich, geben sich alle mögliche Mühe, die Begriffe von Größe und Güte zu vereinigen; zwei Dinge, die ihrer Natur nach himmelweit voneinander verschieden sind: denn das Wesen der Größe besteht darin, alles mögliche Unheil über die Menschen zu bringen, und das Wesen der Güte, ihm abzuhelfen.

Es ist daher höchst unwahrscheinlich, daß sich beide Eigenschaften in einer und derselben Person vereinigen sollten, und doch ist es nur zu gewöhnlich, daß Schriftsteller, wenn sie manchen Zug von Größe bei ihrem Lieblingshelden antreffen, ihn noch obendrein mit Herzensgüte schmeichlerisch ausschmücken, ohne zu bedenken, wie sehr sie dadurch jene große Vollkommenheit, die man Gleichförmigkeit des Charakters nennt, aufheben. Die Geschichtschreiber Cäsars und Alexanders machen uns oft, und zwar sehr unschicklich, auf ihr Wohlwollen und ihre Großmut, auf ihre Gnade und Menschenfreundlichkeit aufmerksam.

Wenn dieser ein weitschichtiges Reich mit Feuer und Schwert durchstreifte, eine ungeheure Menge unschuldiger Menschen ums

Leben gebracht und wie ein Wirbelwind Verwüstung und Ruin um sich her verbreitet hatte: so führt man es uns als ein Beispiel seiner Milde auf, daß er einem alten Weibe nicht den Hals brach und ihre Tochter nicht schändete, sondern sich daran genügen ließ, sie elend zu machen. Und wenn der mächtige Cäsar mit außerordentlicher Seelengröße die Freiheit seines Vaterlandes vernichtet, sich durch List und Gewalt an die Spitze seiner Mitbürger gestellt und das größte Volk, das je die Sonne beschienen, zugrunde gerichtet und unterjocht hatte: so hält man uns als Probe seiner Großmut seine verschwenderische Güte gegen seinen Anhang vor, durch den er seine Pläne ausgeführt und durch dessen Beistand er sie zu sichern und zu befestigen dachte.

Wer begreift nicht, daß diese niedrigen kriechenden Züge eher Unvollkommenheiten sind, die man beweinen müßte, als erhabene Eigenschaften, die Lob und Beifall verdienen; wer begreift nicht, daß sie den Ruhm dieser großen Männer verdunkeln, sie auf ihrer Bahn zur Größe zurückhalten und eben darum der Absicht kein Genüge leisten, warum jene in die Welt gekommen sind: nämlich viel und großes Unheil zu stiften.

Wir hoffen, der Leser wird nicht Ursache haben, uns in den folgenden Blättern so einer offenbaren Verirrung der Begriffe schuld zu geben. Denn da es uns hier einzig und allein um die Taten und Abenteuer eines großen Mannes zu tun war, so haben wir nicht ermangelt, jeden Zug von Herzensgüte, der sich entweder (wiewohl nur schwach) in ihm selbst oder stärker in andern handelnden Personen offenbarte, geradehin für Armseligkeit und Schwäche zu erklären, die sie nur unfähig zu Handlungen machte, durch die man sich Menschen und Ehre erwirbt.

Da sich übrigens von dieser Schwäche nur gerade so viel bei unserm Helden vorfindet, als hinreicht, statt einer teuflischen Vollkommenheit die Unvollkommenheit der menschlichen Natur in ihm zu erkennen, so haben wir keine Bedenken getragen, ihn mit dem Beinamen der Große zu beehren: auch fürchten wir nicht, daß unsere Leser ihm diesen Titel absprechen werden, wenn sie seine Geschichte mit einiger Aufmerksamkeit werden gelesen haben.

ZWEITES KAPITEL

Nachricht von den Vorfahren unseres Helden, so viel wir davon aus dem Schutt des Altertums haben zusammenbringen können, welchen wir deswegen sorgfältig durchstöbert haben.

Es ist die Sitte aller Biographen, zu Anfang ihrer Werke, so weit sie nur immer können, zurückzugehen und dem Ursprunge ihres Helden, wie die Alten den Quellen des Nils, nachzuforschen, bis die Unmöglichkeit, weiterzudringen, ihren Untersuchungen ein Ende macht.

Die Ursache dieses Verfahrens ist etwas schwer auszumitteln. Dann und wann bin ich auf den Gedanken gekommen, daß man die Eltern und Ureltern seines Helden als Folien seines Ruhms hat aufführen wollen. Zuweilen ist mir wieder beigefallen, man habe dadurch dem Verdacht vorbeugen wollen, als wären solche außerordentliche Menschen nicht durch den gewöhnlichen Lauf der Natur in die Welt gesetzt, und daß dem Herrn Autor bange gewesen, wenn er uns nicht umständliche Nachricht von ihren Voreltern erteilte, möchten wir auf den Wahn geraten, sie hätten keine gehabt. Schließlich und am wahrscheinlichsten hab ich vermutet, der Biograph habe hierdurch nichts andres bezweckt, als seine große Gelehrsamkeit und tiefe Kenntnis des Altertums zu zeigen: eine Absicht, der die Welt viele merkwürdige Entdeckungen und die meisten Bemühungen unserer Altertumsforscher verdankt.

Doch was die Sitte auch immerhin für einen Ursprung haben mag: sie ist uns zu tief eingewurzelt, um angefochten zu werden. Wir müssen uns daher, mögen wir wollen oder nicht, schon nach ihr bequemen.

Herr Jonathan Wild und Wyld (denn er selbst pflegte seinen Namen nicht immer auf gleiche Weise zu buchstabieren) stammte in gerader Linie von dem großen Wolfstan Wild, der mit Hengst nach England kam und sich bei dem berüchtigten Gastmahle, wo die Briten so verräterisch von den Sachsen niedergemacht wurden, sehr zu seinem Vorteil auszeichnete; denn als die Losung erschallte: Nehmet eure Saxes, das ist Schwerter – so verstand dieser Ehrenmann, der ein wenig harthörig war: Nehmet ihre Sacks, das ist Börsen; und statt seinem Gast den Hals zu brechen, machte er sich stehenden Fußes über seine Taschen her und begnügte sich, ihn rein auszuplündern, ohne das geringste gegen sein Leben zu unternehmen.

Ein späterer Vorfahr unseres Helden, der sich ebenfalls merkwürdig machte, war Wild mit dem Zunamen Langfanger oder Langfinger. Er lebte unter Heinrich dem Dritten und war ein eifriger Anhänger Huberts von Burgh, dessen Freundschaft er sich durch seine große Geschicklichkeit in einer Kunst erworben hatte, von der Hubert selbst der Erfinder war, er konnte nämlich, ohne daß der Eigentümer es merkte, ihm seine Börse aus der Tasche praktizieren, und dieser Geschicklichkeit verdankte er auch seinen Beinamen. Er war der erste von seiner Familie, der die Ehre hatte, für das allgemeine Beste zu leiden, und ein witziger Kopf aus diesen Zeiten machte nachstehende Grabschrift auf ihn:

»O Schande für die Gerechtigkeit; Wild wird gehängt, weil er eine Tasche geplündert – indes der alte Hubert mit seiner Bande sicher und ungestört die ganze Nation plündern darf.«

Langfanger hinterließ einen Sohn, mit Namen Eduard, den er aufs sorgfältigste in der Kunst, die ihn so berühmt gemacht, unterrichtet hatte. Dieser Eduard hatte einen Enkel, der als Freiwilliger unter dem bekannten Sir John Falstaff diente und sich bei jeder Gelegenheit so brav bewies, daß sein Hauptmann ihm gewiß würde fortgeholfen haben, wenn Heinrich der Fünfte seinem alten Spießgesellen Wort gehalten hätte.

Nach dem Tode Eduards blieb die Familie in tiefer Dunkelheit bis auf die Regierung Karls des Ersten, wo sich Jakob Wild während der bürgerlichen Unruhen bei beiden Parteien auszeichnete und bald dieser, bald jener anhing, je nachdem sich das Glück für die eine oder die andre zu erklären schien. Als der Krieg zu Ende war und Jakob nicht nach Verdienst belohnt wurde, wie es solchen unparteiischen Leuten mehrenteils zu gehen pflegt, verband er sich mit einem Helden dieser Zeit, der Hind hieß, und erklärte beiden Parteien frei und öffentlich den Krieg. In verschiedenen Scharmützeln war er glücklich und plünderte viele von den Feinden; doch zuletzt ward er überwältigt und gefangen und gegen alles Kriegsrecht durch zwölf Männer von der Gegenpartei, die nach einigen Beratschlagungen insgesamt ihre Einwilligung zu diesem Morde gaben, zum Tode verdammt.

Dieser Eduard nahm Rebekka, die Tochter des besagten John Hind, und hatte mit ihr vier Söhne: Johann, Eduard, Thomas und Jonathan; und drei Töchter, nämlich Gratias, Charitas und Ehrenreich. Johann trieb das Gewerbe seines Vaters und starb mit ihm ohne Kinder. Eduard heiratete Editha, die Tochter und Erbin Gottfried Snaps, der lange Zeit einen Dienst unter dem Oberrichter von London und Middlesex bekleidet und sich in allen Ehren ein beträchtliches Vermögen geschafft hatte: Eduard bekam aber ebenfalls keine Kinder. Thomas ging sehr jung nach einer von unsren amerikanischen Pflanzungen, und man hat in der Folge nichts weiter von ihm gehört. Von den Töchtern heiratete Gratias einen Kaufmann von Yorkshire, der mit Pferden handelte. Charitas wird mit einem Mann von Stande vermählt, dessen Namen ich nicht habe entdecken können, der aber seines menschenfreundlichen Charakters wegen außerordentlich berühmt war, indem er in einem Jahre für mehr als hundert Personen Bürgschaft leistete. Er hatte gleichfalls die wunderbare Laune, in Westminsterhall mit einem Strohhalm im Schuh herumzuspazieren. Ehrenreich, die jüngste, starb unverheiratet. Sie lebte verschiedene Jahre und besuchte die Schauspiele häufig, wo sie an einen jeden, der Lust und Belieben trug, sie anzunehmen, Orangen auszugeben pflegte.

Jonathan heiratete Elisabeth, eine Tochter Scragg Hollows Esquire, und ward durch sie Vater des Jonathan, der der erhabene Gegenstand dieser Denkwürdigkeiten ist.

DRITTES KAPITEL

Geburt, Verwandtschaft und Erziehung des Herrn Jonathan Wild des Großen

Merkwürdig ist es, daß die Natur selten ein Genie hervorbringt, das in der Folge eine wichtige Rolle auf der Bühne der Welt spielen soll, ohne vorher ihre Absicht durch irgend ein Wunderzeichen kund zu tun; und wie ein dramatischer Dichter einen interessanten Charakter mit einer feierlichen Erzählung oder wenigstens mit einem Trompetenstoß einzuführen pflegt, so gibt uns auch diese gütige Mutter durch manchen wunderbaren Wink ihre große Absicht zu erkennen, gerade als wenn sie uns Menschen zurufen wollte:

Venienti occurrite morbo!
(Kommt der Krankheit zuvor!)

So träumte z. B. Astyages, Cyrus' Großvater, seine Tochter würde von einem Weinstock entbunden, dessen Zweige sich über ganz Asien verbreiteten; und während ihrer Schwangerschaft mit dem Paris hatte Hekuba den wunderbaren Traum, daß sie einen Feuerbrand zur Welt brächte, der ganz Troja in Flammen setzte; auf eben diese Weise träumte auch die Mutter unsres großen Mannes während ihrer Schwangerschaft, sie hätte mit den beiden Göttern Merkur und Priapus zu tun. Über diesen Traum zerbrachen sich alle gelehrten Astrologen ihrer Zeit die Köpfe, weil er ihnen einen offenbaren Widerspruch zu enthalten schien; denn bekanntermaßen ist Merkur der Gott der Industrie und Priap der Schrekken aller, die sie handhaben. Ein wunderbarer Umstand, der gleichfalls auf etwas Übernatürliches deutete und vielleicht die einzige Ursache sein mochte, daß man sich dieses Traumes noch lange erinnerte, machte ihn noch wunderbarer: denn hatte die gute Frau gleich die Namen dieser Götter in ihrem ganzen Leben nicht gehört, so wußte sie sie am folgenden Morgen doch wörtlich zu wiederholen, nur daß sie einen kleinen Schnitzer in der Quantität machte und statt Priāpus Priăpus sagte – und ihr Mann versicherte hoch und teuer, wäre ihm auch dann und wann der Name Merkur in ihrer Gegenwart entfallen (denn er hätte von solch einem heidnischen Gott gehört), so habe er sie doch keineswegs an den andern Gott erinnern können, weil er nie die Ehre seiner Bekanntschaft genossen.

Noch ein merkwürdiger Umstand war, daß sie während ihrer ganzen Schwangerschaft nach allem, was sie sah, ein Gelüste bekam und nicht eher zufrieden war, als bis sie es ganz heimlich gebüßt hatte; und da die Natur, wie man bemerken will, keine einzige Begierde ohne die Mittel, sie zu befriedigen, gibt, so hatten ihre Finger um diese Zeit auch die höchst seltene Eigenschaft, daß alles, was ihnen nur vorkam, wie an Vogelleim an ihnen hängen blieb.

Ohne mehrerer Geschichtchen zu gedenken, von denen einige vielleicht zu sehr nach der Rockenphilosophie schmecken möchten, schreiten wir nun gleich zu der Geburt unsres Helden, der seine Erscheinung auf der großen Bühne der Welt gerade an dem Tage machte, an welchem im Jahre 1665 zuerst die Pest ausbrach. Einigen Nachrichten zufolge soll seine Mutter in Coventgarden, und zwar in einem zirkelförmigen Hause, von ihm entbunden worden sein – doch darüber läßt sich nichts mit Gewißheit bestimmen. Er ward einige Jahre nachher von dem berühmten Titus Oates getauft.

In seinen Kinderjahren fiel nichts Merkwürdiges vor, außer daß die Buchstaben Th, die sonst den Kindern am schwersten werden, die allerersten waren, die er mit einiger Geläufigkeit aussprach. Auch können wir die Proben seiner sanften Gemütsart, die er schon in früher Jugend ablegte, nicht mit Stillschweigen übergehen. Denn war man gleich nicht imstande, ihn durch Drohungen zu irgend etwas zu bewegen, so gewann man ihn doch sehr leicht durch ein Stück Zucker und andere Näschereien. In der Tat, durch Bestechung ließ er sich zu allem verleiten, und darum sagte auch fast ein jeder, er wäre offenbar zu einem großen Mann geboren.

Kaum hatte man ihn in eine Schule getan, so äußerte sich auch schon sein kühnes und erhabenes Genie, und alle seine Kameraden begegneten ihm mit der Unterwürfigkeit und Achtung, die man gewöhnlich den großen Köpfen zu gewähren pflegt, die sie als einen Tribut fordern. Ihn zog man immer zu Rate, wenns darauf angesehen war, einen Obstgarten zu plündern; und legte er gleich selten oder niemals mit Hand ans Werk, so machte er doch immer den Plan dazu und verteilte die Beute, wovon er auch dann und wann mit wunderbarer Großmut einen geringen Teil für diejenigen auszuwerfen pflegte, die sie eingebracht. In diesem Fall konnte man sich auf seine Verschwiegenheit verlassen; aber stahl jemand auf seine eigene Faust, ohne Monsieur Wild davon zu benachrichtigen, konnte er sicher darauf rechnen, daß eine förmliche Klage bei dem Schulmeister gegen ihn anhängig gemacht war und daß ihn eine harte Züchtigung erwartete.

Übrigens verwandte er so wenig Fleiß und Aufmerksamkeit aufs Lernen, daß sein Schulmeister, ein sehr weiser und würdiger Mann, fünf gerade sein ließ, seinen Eltern Nachricht gab, ihr Sohn mache ganz erstaunliche Fortschritte, und ihm immerhin erlaubte, seinen Neigungen zu folgen, weil er bald merkte, daß sie ihn zu viel edleren Dingen als zu den Wissenschaften leiteten, die auch freilich einem Ehrenmann in seinem Fortkommen mehr hinderlich als beförderlich sind; aber – so schwer es unserm Wild anging, sein Exerzitium selbst zu machen, so leicht ward es ihm, es allen seinen Schulkameraden abzustehlen, und immer wußte er sein Spiel, sowohl hier, als in andern Fällen, wo er Gelegenheit hatte, seine großen Talente zu üben, die alle auf ein Ziel gerichtet waren – immer, sag ich, wußte er sein Spiel zu verheimlichen; angenommen einmal, als er sich einen Gradus ad Parnassum, das ist eine Leiter zum Parnaß, zu Gemüte geführt hatte: bei welcher Gelegenheit noch sein Schulmeister, ein alter witziger und sinnreicher Mann, gesagt haben soll, er wünsche, das möchte nicht für ihn ein Gradus ad Patibulum, das ist eine Leiter zum Galgen, werden.

Indessen – wollte er gleich nicht selbst auf die sogenannten gelehrten Sprachen einige Mühe verwenden, so hörte er doch mit großer Aufmerksamkeit zu, wenn andere etwas aus den Klassikern übersetzten; auch war er in solchen Fällen sehr hurtig mit seinem Beifall bei der Hand. Außerordentlich gefiel ihm die Stelle im elften Buch der Iliade, wo es heißt, daß Achill die Söhne Priams auf einem Berge gefesselt und für eine Summe Geldes wieder losgelassen habe. Dies, pflegte er zu sagen, wäre schon allein hinlänglich, alles über den Haufen zu werfen, was man gegen die Weisheit der Alten sagte, und es wäre zugleich ein unverwerfliches Zeugnis von dem hohen Altertum der Industrie. Er geriet in Entzücken über die Nachricht, die Nestor in eben diesem Buche von der reichen Beute gibt, die er den Eläern abgenommen (das ist gestohlen). Dies ließ er auch oft wiederholen, und bei jeder Wiederholung seufzte er tief und sagte: es war ein herrlicher Fang.

Ward ihm die Geschichte des Kakus aus dem achten Buch der Eneide vorgelesen, so bedauerte er aufs großmütigste das Schicksal dieses großen Mannes und meinte, Herkules wäre viel zu grausam gegen ihn gewesen. Einer seiner Kameraden lobte einst die List, mit der Kakus die Ochsen rückwärts in die Höhle zog – er aber lächelte und sagte mit einiger Verachtung, er hätte ihm ein besseres Mittel an die Hand geben können.

Er war ein leidenschaftlicher Bewunderer aller Helden, vorzüglich Alexanders des Großen, den er oft mit Karl dem Zwölften in Parallele zu setzen pflegte. Außerordentlich behagte ihm die Erzählung, wie der Zar einst auf einem Rückzuge die Einwohner aller großen Städte mitgenommen, um sein Land zu bevölkern. Daran, sagte er, hat Alexander doch niemals gedacht – aber vielleicht brauchte er sie nicht.

Glücklich für ihn, hätte er sich auf dieser Sphäre eingeschränkt; aber sein Hauptfehler und vielleicht sein einziger Fehler war, daß er sich aus einer gewissen für die wahre Größe zu verderblichen Niedrigkeit in seinem Charakter zu einer Vertraulichkeit mit Menschen und Dingen herabließ, die zu tief unter ihm waren. So war z. B. der spanische Gauner sein Lieblingsbuch, und Scapins Betrügereien sein Lieblingsschauspiel.

Da unser junger Held das achtzehnte Jahr erreicht hatte, brachte ihn sein Vater aus einem närrischen Vorurteil gegen unsere Universitäten und einer zu großen Sorgfalt für die Bildung seiner Sitten in die Hauptstadt, wo er mit ihm blieb, bis er alt genug war, auf Reisen zu gehen. Während dieser Zeit wandte man alle mögliche Sorgfalt auf seinen Unterricht, und sein Vater gab sich die größte Mühe von der Welt, ihm Grundsätze der Ehre und der guten Lebensart beizubringen.

VIERTES KAPITEL

Herr Wild tritt in die große Welt.
Seine Bekanntschaft mit dem Grafen La Ruse.

Gleich nach seiner Ankunft in der Stadt ereignete sich ein Vorfall, der seinem Vater alle Mühe über diesen Punkt abnahm und unsren jungen Herrn mit einem besseren Lehrer versorgte, als er selbst für bare Bezahlung hätte bekommen können.

Der alte Herr war dem Ansehen nach ein Anhänger des Herrn Snap, des Sohnes des obbenannten Gottfried Snap, der, wie der Leser sich noch zu erinnern belieben wird, eine ansehnliche Stelle unter dem Oberrichter von London und Middlesex bekleidete und dessen Tochter durch Heirat in die Wildsche Familie gekommen war. Herr Snap der Jüngere hatte sich mit allem Fug und Recht eines gewissen Grafen La Ruse, der um diese Zeit eine ansehnliche Figur spielte, bemächtigt oder ihn, nach dem gewöhnlichen Ausdrucke, arretiert und in seinem Hause eingesperrt, bis sich zwei Ehrenmänner finden würden, die auf ihr Wort versicherten, daß der Herr Graf zur gehörigen Zeit und gehöriges Orts auf alles antworten sollte, was ein gewisser Thomas Thimble, seines Zeichens ein Schneider, ihm zu sagen hätte: und dieser Thomas Thimble schien darauf zu bestehen, der Graf hätte ihm den Landesgesetzen gemäß seine eigene Person für ein neues Kleid verpfändet, das dickbesagter Thomas Thimble an ihn abgeliefert. Weil nun der Graf, obgleich sonst ein Mann von Ehre, diese beiden Bürgen nicht auf der Stelle auftreiben konnte, so sah er sich genötigt, fürs erste mit der Behausung des Herrn Snap vorlieb zu nehmen; denn das Gesetz lautet, daß jeder, der einem anderen zehn oder auch nur zwei Pfund schuldig ist, auf den Schwur seines Gläubigers sogleich eingezogen, von seinem eigenen Hause, von seiner Familie weggeschleppt und so lange anderswo in Gewahrsam gehalten werden soll, bis er, mag er übrigens wollen oder nicht, fünfzig Pfund schuldig ist; für welche Summe er in der Folge freilich nicht selten im Schuldturm schmachten muß, und das alles ohne vorhergegangene Untersuchung, ohne einen andren Beweis für die Schuld, als den obgedachten Schwur; und ist dieser falsch, wie es sich öfters ereignet, so bleibt auch gegen den Meineidigen kein Recht übrig: er hatte sich geirrt. Indessen – wenn der Herr Snap gleich den Grafen auf sein Ehrenwort nicht los und ledig lassen wollte (wie es vielleicht die strengen Gesetze der Ehre von ihm forderten), so sperrte er ihn doch auch nicht in seinem Zimmer ein, was er nach den Landesgesetzen gar füglich hätte tun können. Der Graf konnte im Hause gehen, wohin er wollte, nur daß Herr Snap die Vorsicht gebrauchte, seine Türen aufs sorgfältigste zu verschließen und zu verriegeln, und sich nun vom Grafen sein Ehrenwort geben ließ, daß er sich nicht davon machen wollte.

Herr Snap hatte zwei Töchter von seiner zweiten Frau, die eben in der Blüte der Jugend und Schönheit waren. Diese beiden Damen bemitleideten den gefangenen Ritter, wie Prinzessinnen in unseren Romanen zu tun pflegen, und gaben sich alle erstaunliche Mühe, ihm seine Gefangenschaft so erträglich zu machen, als es nur möglich war; so schön sie waren, gelang ihnen dies dennoch auf keine andere Weise, als daß sie Karten mit ihm spielten, in welchem Spiel der Graf, wie es sich in der Folge ausweisen wird, eine höchst seltene Geschicklichkeit besaß.

Kein Spiel war um diese Zeit so sehr im Gange, als Whist und Piket; um aber eine Partie zusammenzubringen, mußten sie sich nach dem vierten Mann umsehen. Herr Snap selbst pflegte sich dann und wann von den großen Mühseligkeiten seines Berufes an diesen unschuldigen Vergnügungen zu erholen; zuweilen gesellte sich auch ein junger Herr oder eine Dame aus der Nachbarschaft zu ihnen; aber ihr gewöhnlicher Gast war unser Wild, der von seiner Kindheit an mit den beiden Miß Snaps auferzogen war und den man in der ganzen Nachbarschaft schon als den künftigen Gemahl der Miß Lätitia, der jüngsten von den beiden Mädchen, ansah. Freilich war sie seine leibliche Cousine und daher, wenn man es genau nehmen wollte, ein wenig zu nahe mit ihm verwandt; aber die alten Leute, so schwierig sie auch sonst in delikaten Punkten waren, beschlossen ein für allemal, diesen kleinen Umstand zu übersehen.

Große Genies entdecken einander ebenso leicht, als die Freimaurer. Man darf sich daher nicht wundern, daß der Graf sehr bald eine innige Zuneigung zu unserm jungen Helden faßte, dessen außerordentliche Geschicklichkeit sich so einem feinen Kenner, wie der Graf war, nicht lange verbergen konnte; denn verstand sich dieser gleich so gut auf das Spiel, daß ihm, wie das Sprichwort sagt, alle Mitspieler so gut wie bares Geld waren, so fand er doch seinen Mann an unserm Wild, der trotz seiner wenigen Erfahrung, trotz der Geschicklichkeit, der Kunst und dem Glücke seines Gegners diesen allemal mit leereren Taschen vom Spieltische wegschickte, als er hingekommen war; in Wahrheit, Langfanger selbst hätte keine Börse mit so vieler Schlauigkeit wegstibitzen können, wie unser junger Held.

Seine Kunst hatte der Tasche des Grafen bereits etliche Male einen freundschaftlichen Besuch abgestattet, ehe dieser noch den geringsten Verdacht gegen ihn hegte, weil er den erlittenen Verlust allemal der süßen mutwilligen Laune der Miß Theodosia zuschrieb; und da sie ihm einige kleine, unschuldige Freiheiten mit ihrer Person erlaubte, so hielt er sich um so eher für verbunden, ein Auge zuzudrücken. Aber eines Abends, als Wild glaubte, der Graf wäre eingeschlafen, wagte er einen so unvorsichtigen Sturm auf seine Taschen, daß dieser ihn in flagranti ertappte. Indessen hielt er doch nicht für ratsam, unsern jungen Helden mit seiner Entdekkung bekannt zu machen; er begnügte sich damit, ihm für diesmal alle Gelegenheit zum Beutemachen zu benehmen, verwahrte in Zukunft seine Taschen besser und mischte die Karten mit größerer Aufmerksamkeit.

Diese Entdeckung störte übrigens den Frieden und die Einigkeit zwischen diesen beiden Schlauköpfen so wenig, daß sie sie vielmehr einander empfahl. Denn ein weiser Mann, das ist ein Spitzbube, sieht einen Pfiff, der ihm im gemeinen Leben gespielt wird, gerade so an, wie ein Spieler einen Kunstgriff im Spiele. So ein Vorfall macht ihn behutsam, aber er bewundert darum nicht minder die Geschicklichkeit seines Gegners. Diese und andre Proben der Erfindungskraft unseres Helden wirkten daher so stark auf den Grafen, daß er ungeachtet der schrecklichen Kluft, die die Ungleichheit des Alters, des Ranges und der Kleidung zwischen ihnen befestigt hatte, beschloß, sich in die engste Verbindung mit dem jungen Wild einzulassen. Hieraus entstand bald eine Vertraulichkeit von beiden Seiten, und dann eine Freundschaft, die in der Tat von längerer Dauer war, als sie sonst wohl zwischen Leuten zu sein pflegt, die sich zu dem großen Geschäft des Essens, Trinkens, Hurens und Geldborgens miteinander verbinden; denn da diese mächtigen Motive, ihrer Natur nach, bald ihre Wirksamkeit verlieren müßten, so verliert sich auch bald die Freundschaft, die auf ihnen gegründet war. Wechselseitiges Interesse, der größte unter allen Beweggründen, war das Band dieser Vereinigung, die folglich durch nichts in der Welt als durch ein höheres Interesse zu trennen war.

FÜNFTES KAPITEL

Ein Gespräch zwischen Freund Wild
und dem Grafen La Ruse.

Eines Abends, als sich die beiden Miß Snaps zur Ruhe begeben hatten, hob der Graf folgendermaßen zu unserm jungen Helden an: »Sie sind vermutlich zu gut mit Ihren eigenen Fähigkeiten bekannt, um es wunderbar zu finden, wenn ich Ihnen sage, daß ich mit Kummer und Erstaunen Ihre glänzenden Talente in einer Sphäre beschränkt sehe, wo sie Leuten nicht in die Augen fallen, die imstande wären, Sie in die große Welt einzuführen und zu einer Höhe zu erheben, auf welcher Sie sich die Bewunderung aller Sterblichen zuziehen würden. Wahrhaftig, meine Gefangenschaft freut mich, wenn ich bedenke, daß ich ihr die Bekanntschaft und hoffentlich auch die Freundschaft des größten Genies meiner Zeit verdanke; und was noch mehr ist, wenn ich meine Eitelkeit mit der angenehmen Aussicht schmeichle, Sie aus der Dunkelheit (ich weiß, Sie verzeihen mir diesen Ausdruck) hervorzuziehen, aus der Dunkelheit, worin noch nie ein größeres Talent verrostet; denn gleich nach meiner Befreiung, womit es doch nicht lange mehr Anstand haben kann, werd ich unstreitig imstande sein, Sie in Gesellschaften zu bringen, wo Sie den ganzen Lohn Ihrer erhabenen Vorzüge einernten können.«

»Ich will Sie mit Männern bekannt machen, die ebenso fähig sind, solche Talente nach ihrem wahren Wert zu schätzen, als Sie das Vermögen und den guten Willen haben, Sie die süßen Früchte derselben genießen zu lassen. So eine Bekanntschaft ist das einzige, was Ihnen abgeht, und ohne sie wird Ihr großes Verdienst nur Ihr Unglück machen – denn alle die Anlagen, die Sie in einer höheren Sphäre zu Ruhm und Vorteil berechtigen würden, dürften Ihnen in einer niedrigen vielleicht nichts als Gefahr und Schande zuwege bringen.«

Herr Wild erwiderte: »Verbunden – verbunden, sowohl für den zu hohen Wert, den Sie auf meine geringen Fähigkeiten legen, als für Ihr edelmütiges Anerbieten, mich in die große Welt einzuführen. Ich muß gestehen, mein Vater hat mich schon oft bereden wollen, bessere Bekanntschaften zu suchen: aber – um die Wahrheit zu sagen – ich besitze einen gewissen unseligen Stolz, der sich an der Spitze der niedrigsten Menschenklasse besser befindet, als im letzten Gliede der höchsten. So plump Ihnen auch der Gedanke scheinen mag, so erlauben Sie mir doch, zu bekennen, daß ich lieber auf der Spitze eines Misthaufens, als am Fuße eines Hügels vom Paradiese stehen will: ich denke immer, es macht wenig aus, in was für eine Sphäre mich das Schicksal gesetzt hat, wenn ich nur eine große Figur in derselben spiele, und ich würde meine Talente ebensogut als Anführer einer kleinen Bande zu brauchen wissen, als vor der Front einer mächtigen Armee: denn ich kann es Ihnen durchaus nicht zugeben, daß große Naturgaben in einer niedrigen Situation zugrunde gehen; im Gegenteil – ich halte das für unmöglich und habe mir oft eingebildet, Tausende von Alexanders Truppen hätten seine Taten ebensogut ausführen können, als Alexander selbst.

Aber weil diese Geister nicht zu Königen und Heerführern bestimmt waren, sollen wir darum glauben, daß sie niemals eine reiche Beute aufgetrieben, oder daß sie bei der Austeilung derselben sich ebenso armselig wie ihre Kameraden hätten abspeisen lassen? Gewiß nicht. Eben das Talent, eben das Genie, das im bürgerlichen Leben den Staatsmann macht, macht auch den Gauner und Langfinger. Eben dieselben Anlagen, wodurch sich ein Mann in großen Gesellschaften emporschwingt, sind auch erforderlich, ihm in einem kleinen Zirkel zur Oberherrschaft zu verhelfen; und ist der wesentliche Unterschied – etwa darin, daß der eine im Tower, und der andre zu Tiburn sein Leben beschließt? Was hat der Block vor dem Galgen, das Beil vor dem Strick voraus? Oder beruht nicht etwa die ganze Verschiedenheit auf Wahn und Vorurteil? Sie werden es mir daher nicht übelnehmen, wenn ich mich von der Außenseite der Dinge nicht sogleich irreführen lasse und ganz gegen die gewöhnliche Meinung einen Stand so gut finde, wie den andern. Eine Guinee ist mir ebenso lieb in einem ledernen, wie in einem gestickten Beutel.«

Der Graf nahm wieder das Wort und redete folgendergestalt: »Was Sie eben beigebracht, vermindert meine großen Begriffe von Ihren herrlichen Anlagen nicht im geringsten, aber es bestärkt mich auch in meiner Meinung von dem schlimmen Einfluß, den niedrige Gesellschaften auf uns haben. Wer kann es bezweifeln, daß es besser sei, ein großer Staatsmann, als ein gemeiner Dieb zu sein? Der Teufel soll sich oft ausgelassen haben, wo und gegen wen weiß ich nicht, er wolle lieber in der Hölle befehlen, als im Himmel ein armseliger Kammerdiener sein; aber wahrhaftig, hätt es bei ihm gestanden, in einem von den beiden Reichen zu herrschen, er würde gewiß den besseren Teil erwählt haben. Durch den beständigen Umgang mit gemeinen Leuten bekommen wir einen zu hohen Begriff von dem, was groß und vornehm heißt. Wir entsagen großen Absichten nicht aus Verachtung, sondern aus Verzweiflung.

Der Mensch, der sein Glück lieber auf der Landstraße, als durch anständigere Mittel zu machen sucht, tut dies bloß, weil er diesen Weg für leichter hält als jeden andern; aber behaupten Sie nicht selbst, und zwar ganz unbezweifelt, daß ein und dasselbe Talent, eben dieselben Mittel Sie in beiden Fällen zum Ziele bringen können? Gerade wie in der Musik die Melodie immer dieselbe bleibt, mögen Sie sie einen Ton höher oder tiefer greifen. Z. B. gehört nicht gleichviel Geschicklichkeit dazu, ob man sich bei einem Manne als Bedienter vermietet und ihm sein Zutrauen abgewinnt, um ihn hernach desto besser zu bestehlen, oder ob man die wichtigsten und geheimsten Geschäfte übernimmt, in der Absicht, sie zu verraten? Hält es nicht ebenso schwer, einen Ladenhüter durch falsche Zeichen um seine Waren zu bringen und damit Reißaus zu nehmen, als ihn durch erborgten Glanz und vorgespiegelten Reichtum zu blenden und ihn zu einem Kredit zu verleiten, wobei Sie zehnmal mehr gewinnen und er zehnmal mehr verlieren muß? Werden nicht geschicktere Finger erfordert, einem Ehrenmann, ohne daß ers merkt, seine Börse aus der Tasche zu ziehen oder einer Dame die Uhr von der Seite zu praktizieren (ein Talent, worin Sie, ohne Schmeichelei, wohl schwerlich Ihresgleichen haben), als erforderlich sind, einen Würfel zu verfälschen oder ein Spiel Karten zu mischen? Muß man nicht ebensoviel Kunst, ebensoviele Talente aufbieten, um in einem gemeinen Bordell als ein armseliger Kuppler zu bestehen, als man aufbieten muß, sein eignes Weib – oder das Weib und die Tochter seines Freundes vorteilhaft an den Mann zu bringen? Brauchen Sie nicht ein ebensogutes Gedächtnis, ebenso schnelle Erfindungskraft, eine ebenso dreiste Stirn, um in Westminsterhall einen falschen Eid abzulegen, als Sie zu einem vollkommnen Ministerialwerkzeug oder zum Minister selbst vonnöten haben? Ich darf Ihnen nicht alle einzelnen Fälle herrechnen; genug, wir finden überall ein genaueres Verhältnis zwischen den hohen und niedrigen Ständen, als man denken sollte, und werden bald gewahr, daß ein Ritter von der Landstraße zu mehrerer Ehre berechtigt ist, als man ihm gewöhnlich zu beweisen pflegt. Wenn also, wie ich glaube hinlänglich dargetan zu haben, dieselben Talente, die uns fähig machen, eine große Rolle in einer niedrigen Sphäre zu spielen, auch hinreichend sind, uns in einer höhern fortzuhelfen, so kann wohl gar die Rede nicht sein, was für eine man zu wählen hat. Ehrgeiz, diese mächtige Triebfeder jedes großen Mannes, wird ihn bald antreiben, um mich Ihres Gleichnisses zu bedienen, einen Hügel im Paradiese einem Misthaufen vorzuziehen; ja sogar die Furcht, eine Leidenschaft, die ihrer Natur nach mit der Größe nicht bestehen kann, wird ihm zeigen, wie viel sicherer und ruhiger er seinen mächtigen Talenten in einer hohen als in einer niedrigen Sphäre freien Lauf lassen kann; denn lehrt uns nicht die Erfahrung, daß in einem Jahr mehr zu Tiburn hingerichtet werden, als im Tower binnen einem ganzen Jahrhundert?«

Herr Wild erwiderte mit großem Ernst: »Ich leugne nicht, daß dieselben Anlagen, durch die sich ein Ritter von der Landstraße – oder ein Hausdieb – oder ein Langfinger in seinem Metier emporschwingt, auch allenfalls einen Mann zu einem sogenannten ehrenvollen Beruf fähig machen können: im Gegenteil, aus einigen von Ihren Beispielen erhellt aufs deutlichste, daß mehr Witz und Kunst in einer niedern, als in einer höhern Sphäre erfordert wird. Behaupten Sie daher nichts weiter, als daß ein Beutelschneider, wenns ihm gelegen ist, ebensogut ein Minister sein kann, so muß ich Ihnen vollkommen Recht geben: aber, wenn Sie den Schluß daraus ziehen, daß beides, Interesse und Ehrgeiz, ihm die Pflicht auflegen, wirklich ein Minister zu werden, oder daß dieser größer und glücklicher ist, als ein Beutelschneider: so kann ich Ihnen Ihre Behauptung unmöglich einräumen. Wir müssen uns nur sorgfältig hüten, daß uns die gewöhnliche Art, Menschen und Dinge zu schätzen, nicht täuscht, wenn wir diese beiden Gattungen miteinander vergleichen; denn die armen Sterblichen irren bei Untersuchungen dieser Art, wie die Ärzte, wenn sie bei einer Krankheit keine gehörige Rücksicht auf das Alter und das Temperament ihrer Patienten nehmen. Der Grad von Hitze, der dieser Leibeskonstitution natürlich ist, kann bei einer andern schon ein Fieber sein; ebenso kann vielleicht ein andrer das für Armut und Schande halten, was mir schon Reichtum und Ehre zu sein dünkt: denn alle diese Dinge muß man immer nur in Beziehung auf den Besitzer ansehen und schätzen. Eine Beute von zehn Pfund kommt dem Beutelschneider ebenso groß vor und macht ihn ebenso glücklich, als so viele Tausende einen Minister machen können; und verwendet ersterer seinen Raub nicht mit ebenso vielem Vergnügen an Huren und Bierfiedler, als letzterer den seinigen an Paläste und Gemälde? Was hat der Minister von der Schmeichelei und den falschen Komplimenten seines Anhangs, wenn er jeden Augenblick seine eignen Fehler verdammen und wider seinen Willen dem Glücke die ganze Ehre von allen seinen Unternehmungen beimessen muß? Was ist der armselige Stolz, der aus solchem Beifall entspringt, gegen die innere Zufriedenheit, mit welcher ein Beutelschneider auf einen wohlerfundenen und wohlausgeführten Plan zurücksieht? Die größere Gefahr ist freilich auf der Seite des

Beutelschneiders; aber dann müssen Sie auch bedenken, daß die größere Ehre es ebenfalls ist. Wenn ich von Ehre rede, so verstehe ich darunter die Ehre, die ihr Anhang ihnen erweist, denn die Schwachköpfe, die man gewöhnlich Weise nennt, stehen beide in keinem vorteilhaften Lichte; und wenn dem Beutelschneider ein höherer Grad von Ehre und Ansehen zuteil wird, so hat er überdem weniger Schande zu befürchten: denn die Welt glaubt seine sogenannten Missetaten hinlänglich durch einen Strick bestraft, der mit einem Male seiner Pein und seiner Schande ein Ende macht; wie im Gegenteile der andre nicht allein mitten im vollen Genusse seiner Macht gehaßt, sondern auch noch auf dem Schafott verwünscht und verflucht wird. Ja, künftige Jahrhunderte lassen noch ihren Geifer und ihre Galle gegen ihn aus, währenddessen jener sanft und ruhig schläft. Ferner, werfen wir doch mal einen Blick auf ihre Gewissensruhe: wie erträglich ist der Gedanke, einem Fremden, ohne Verletzung der Treue, ohne großen Schaden für ihn selbst, ein paar Schillinge oder ein Pfund abgenommen zu haben, gegen den Vorwurf, daß man eine öffentliche Kasse veruntreut oder an dem Ruin von Tausenden, ja vielleicht von einer ganzen Nation schuld ist. Es ist edler und braver, einen Mann auf der Landstraße, als am Spieltische anzufallen, und – ein Kuppler –« er wollte mit edlem Feuer der Beredsamkeit fortfahren, als er seine Augen auf den Grafen warf und bemerkte, daß er sanft eingeschlafen war. Er räumte also zuvörderst gar behende seine Taschen aus, schüttelte ihn dann aus dem Schlaf, um Abschied von ihm zu nehmen, versprach am folgenden Morgen wiederzukommen und ging seine Wege; der Graf begab sich nun zur Ruhe, und Wild verfügte sich in seinen Schlafkeller.

SECHSTES KAPITEL

Weitere Vorfälle zwischen dem Grafen und Herrn Wild – nebst andern Dingen von Bedeutung.

Am andern Morgen vermißte der Graf sein Geld und wußte recht gut, wer es hatte; weil er aber ebenfalls wußte, wie unnütz alle Beschwerden sein würden, so beschloß er diesen kleinen Umstand mit Stillschweigen zu übergehen. Es wird freilich einige meiner Leser befremden, daß diese Herren, die sich doch wechselweise als Gauner und Langfinger kannten, in ihren Gesprächen nie ein Wörtchen davon fallen ließen, sondern im Gegenteil die Worte

Rechtschaffenheit, Ehre und Freundschaft ebenso oft im Munde führten, wie andre Leute; vielen, sage ich, wird dies unbegreiflich scheinen; aber wer nur eine Zeitlang an Höfen, in großen Städten und in Gefängnissen gelebt hat, wird sich dieses Rätsel sehr leicht lösen können.

Sobald sich unsre beiden Freunde am folgenden Morgen wiedersahen, erhob der Graf (der freilich nicht ganz mit dem System seines Freundes, aber desto besser mit seiner Beweisart zufrieden war) ein mächtiges Klagelied über seine Gefangenschaft und über die Widerspenstigkeit der Menschen, einander in ihren Verlegenheiten hilfreiche Hand zu bieten; was ihn aber seinem Vorgeben nach am meisten schmerzte, war die Grausamkeit des schönen Geschlechts. Denn er machte gegen unsern Wild kein Geheimnis daraus, daß er seit seiner Gefangenschaft einen Liebeshandel mit Miß Theodosia, der älteren von den beiden Miß Snaps, gehabt hätte, aber sie noch auf keine Weise hätte bereden können, ihm zu seiner Freiheit behilflich zu sein. Wild antwortete lächelnd: Er wundre sich nicht, daß ein Frauenzimmer ihren Liebhaber gerne unter Schloß und Riegel hätte, um ihn desto sicherer für sich allein zu haben; indessen, fügte er hinzu, er wolle ihm ein gewisses Mittel vorschlagen, wie er sogleich auf freien Fuß kommen könnte. Der Graf bat inständig, es ihn doch wissen zu lassen. Wild meinte nun, er müsse versuchen, was Bestechung vermöchte. Der Graf dankte ihm freundschaftlich und erwiderte: er hätte keinen Pfennig Geld außer einer Guinee, die er ihr zum Einwechseln gegeben. »Ei nun«, gegenredete Wild, »so ersetzen Sie das durch Versprechungen, die Ihnen als einem ausgedienten Höfling unmöglich hart abgehen können.« Dieser Vorschlag gefiel dem Grafen außerordentlich, und er sagte, er gäbe noch nicht alle Hoffnung auf, ihn mit der Zeit zu bereden, daß er sich herabließe, ein großer Mann zu werden – wozu er solche herrlichen Anlagen hätte.

Als sie über dieses Mittel eins geworden waren, setzten sie sich zum Kartenspiel nieder. Ich würde diesen Umstand gar nicht erwähnt haben, wenn er nicht als ein Beweis von der wunderbaren Macht der Gewohnheit anzusehen wäre. Denn wußte gleich der Graf, daß er nie einen Schilling von unserm Wild bekommen würde, wenn er ihm noch so viel abgewönne, so konnte er doch nicht umhin, gleichsam mechanischerweise die Karten zu mischen; ebensowenig konnte Wild die Hände aus seines Freundes Taschen lassen, ob er schon recht gut wußte, daß da nichts zu holen war.

Kaum war das Mädchen nach Hause gekommen, so stellte der Graf ihr die Sache aufs dringendste vor – bot ihr alle seine Habseligkeiten an und versprach goldne Berge auf die Zukunft; aber umsonst: die Ehrlichkeit des Mädchens war und blieb unbezwinglich. Sie meinte, sie wollte ihre Treue nicht verletzen, und wenn sie hundert Pfund damit gewinnen könnte. Freund Wild ging endlich auf sie zu und sagte: sie dürfe sich gar nicht bange sein lassen, ihren Platz darüber zu verlieren, denn die Geschichte würde doch niemals an den Tag kommen; sie könnte ja nur ein paar Bettücher hinaus in die Straße lassen, dann würde es das Ansehen haben, als wenn der Graf durchs Fenster entwischt wäre; er für seinen Teil wolle gerne einen Schwur ablegen, daß er ihn hinaussteigen gesehen, das Geld falle ja doch immer in ihre eigne Tasche; denn außer den großen Versprechungen des Grafen, die er als ein Mann von Ehre zuverlässig halten würde, bekäme sie ja 20 Schillinge 19 Pfennige bar Geld von ihm, und endlich solle der Graf ihr nebst seinem Ehrenworte ein paar goldne Knöpfe zum Pfande lassen: die freilich nur von Kupfer waren, wie sich in der Folge auswies.

Das Mädchen blieb immer unerbittlich, bis sich Wild zuletzt erbot, seinem Freunde noch eine Guinee zu leihen und sie ihr bar in die Hände zu geben. Diese Verstärkung siegte endlich über des Mädchens Standhaftigkeit, und sie versprach hoch und teuer, dem Grafen noch diesen Abend die Tür zu öffnen.

So lieh unser junger Held seinem Freunde nicht nur seine Beredsamkeit, die doch selten jemand umsonst in Atem setzte, sondern sogar sein Geld, und noch dazu eine Summe, die mancher ehrliche Mann sich gewiß nicht ohne tausend Entschuldigungen und Ausflüchte hätte abzwacken lassen, und verschaffte ihm auf diese Weise seine Freiheit.

Aber unstreitig würde es dem großen Charakter unsres Helden einigen Abbruch tun, wenn der Leser etwa glauben sollte, er hätte seinem Freunde diese Summe ohne die mindeste Nebenabsicht geliehen. Weil wir uns daher sein ganzes Benehmen auf eine für seinen Ruhm vorteilhaftere Weise auslegen und nicht ohne Grund vermuten können, daß er einiges Interesse bei der Befreiung des Grafen gehabt, so hoffen wir, daß der Leser mit seinem Urteil hierüber billig und christlich verfahren werde, zumal da jene Voraussetzung durch die Folge nicht nur wahrscheinlich, sondern sogar notwendig wird.

Eine große Freundschaft und Vertraulichkeit entspann sich nun zwischen dem Grafen und dem Herrn Wild, der sich auf Anraten des letzteren gut ausstaffierte und in die besten Gesellschaften eingeführt wurde. Täglich besuchten sie Assembleen, Auktionen, die Spieltische und Schauspielhäuser; hier sahen sie jeden Abend zwei

Akte und gingen dann fort – ohne zu bezahlen; denn dieses Privilegium scheinen sich die jungen Herren nach der Mode seit vordenklichen Zeiten herausgenommen zu haben. Indessen behagte dies unserm Wild nicht, der es geradhin für einen groben Betrug erklärte, den jeder Dummkopf sich zunutze machen könnte, weil er durchaus keine Geschicklichkeit erforderte. Er meinte, diese Sitte schmecke sehr nach Hausdieberei, sei aber weder so ehrenvoll, noch mit so vielen Pfiffen verknüpft.

Wild machte für jetzt eine große Figur und passierte überall für einen reichen Kavalier, der sein Vermögen auf Aktien hätte. Vornehme Damen beehrten ihn mit ihrem Zutrauen, und junge Schönen suchten ihn durch ihre Reize anzukirren; doch bald ereignete sich ein Vorfall, der seinen Fortschritten auf einer Bahn Einhalt tat, die unstreitig zu einförmig und beschränkt für Talente war, welche das Schicksal zu größeren Dingen aufgehoben hatte, als den Stutzer oder feinen Herrn zu spielen.

SIEBENTES KAPITEL

Herr Wild geht auf Reisen und kommt wieder nach Hause.
Ein sehr kurzes Kapitel, das mehr Zeit und weniger Materie enthält, als jedes andre in dieser Geschichte.

Es tut uns leid, daß wir dem neugierigen Leser keine befriedigende Nachricht über diesen Umstand mitteilen können; aber da sich die Meinungen darüber widersprechen und doch nur eine oder – höchst wahrscheinlich – keine gegründet sein kann, so wollen wir sie lieber alle mit Stillschweigen übergehn; freilich wider die Gewohnheit andrer Geschichtschreiber, die in solchen Fällen meistenteils alle möglichen Gerüchte und Nachrichten niederschreiben und es dann der Willkür des Lesers überlassen, was für eine Wahl er treffen will. So viel ist gewiß, es ereignete sich ein kleiner Vorfall, der den Vater unsres Helden bewog, ihn drei Jahre auf Reisen zu schicken, und zwar – worüber man nicht wenig erstaunen wird – nach einer von unsern amerikanischen Pflanzungen; denn er meinte, dieser Weltteil sei freier von Lastern, als die Höfe und Städte Europas, und folglich lange nicht so gefährlich für die Sitten eines jungen Menschen. Und was den Endzweck des Reisens anbeträfe, so glaubte der alte Herr, dieser könne hier ebensogut erreicht werden als in polizierten Klimaten. Denn Reisen, sagte er, wären eben Reisen, gleichviel in welchem Teile der Welt; es liefe alles darauf hinaus, daß man eine Zeitlang von Hause wäre und so oder so viel Meilen machte; und dann berief er sich auf die tägliche Erfahrung, ob nämlich unsre jungen Herren, wenn sie aus Italien und Frankreich zurückkämen, nicht augenscheinlich bewiesen, daß man sie mit ebensogroßem Nutzen hätte nach Norwegen oder Grönland schicken können.

Dem Willen seines Vaters gemäß ging unser Held nun zu Schiffe und segelte mit sehr vieler und guter Gesellschaft in Gottes Namen der amerikanischen Hemisphäre zu. Wir können nicht genau bestimmen, wie lange er dort blieb; wahrscheinlich länger, als man anfangs dachte. Indessen ist dieser ganze Zeitraum ein leeres Blatt in unsrer Geschichte und enthält auch nicht eine einzige Begebenheit, die die Aufmerksamkeit des Lesers verdiente; es ist in der Tat nur eine ununterbrochene Folge von Huren, Saufen und Vagieren.

Die Wahrheit zu gestehen: wir schämen uns so sehr über dieses kurze Kapitel, daß wir gerne der Wahrheit unserer Geschichte Gewalt angetan und die Abenteuer eines oder des andern Reisenden hineingeflickt hätten; zu dem Ende borgten wir uns auch die Reisejournale verschiedener junger Herren, die eben die grande tour gemacht hatten; aber zu unserm großen Leidwesen trafen wir auch keinen einzigen Umstand darin, der interessant genug gewesen wäre, diesen Diebstahl vor unserm Gewissen zu rechtfertigen.

Wenn wir bedenken, welch eine lächerliche Figur dieses Kapitel, das doch nicht weniger als sechs Jahre enthält, unter den übrigen spielen muß, so trösten wir uns mit dem Gedanken, daß die Lebensbeschreibung mancher Ehrenmänner, von denen einige sogar Aufsehen in der Welt gemacht haben, ebenso leer und unwichtig sind, wie die Reisen unsres Helden. Wir eilen daher, um diese Lücke so bald als möglich wieder gut zu machen, zu außerordentlich großen und wichtigen Materien. Für jetzt bringen wir unsern Helden wieder dahin, wo wir ihn wegnahmen, und melden dem Leser nur, daß er auf Reisen ging, sieben Jahr von Hause blieb und dann gesund und wohlbehalten zurückkehrte.

ACHTES KAPITEL

Ein Abenteuer, bei dem Wild bei Verteilung der Beute eine bewunderungswürdige Probe seiner Größe an den Tag legt.

Der Graf war eines Abends sehr glücklich im Hazardspiele. Wild, der eben von seinen Reisen zurückgekommen war, war zugegen – und außer ihm noch ein junger Herr namens Robert Bagshot, ein Bekannter unseres Wild, auf den er große Stücke hielt; diesen nahm er nun beiseite und riet ihm, sich mit einem Paar Pistolen zu versehen und den Grafen, wenn er nach Hause ginge, anzufallen: er selbst wollte sich ebenso bewaffnet als ein Corps de Reserve in der Nähe halten und ihm zu Hilfe kommen, wenn es not täte. Dieser Plan ward denn auch richtig ausgeführt, und der Graf sah sich genötigt, der Gewalt zu weichen und alles wieder abzugeben, was er durch List und Geschicklichkeit an sich gebracht hatte.

Infolge der weisen und philosophischen Bemerkung, daß ein Unglück niemals allein komme, hatte der Graf kaum diese Visitation überstanden, als er dem Herrn Snap in die Hände fiel, der sich in Gesellschaft des älteren Herrn Wild und zwei bis drei anderer Ehrenmänner, vermutlich mit allem Fug und Recht, des unglücklichen Grafen bemächtigte und ihn nach eben dem Hause zurückbrachte, aus dem er ehedem durch die Hilfe seines guten Freundes entwischt war.

Herr Wild und Herr Bagshot gingen nun zusammen in die Taverne, woselbst Herr Bagshot sich (seiner Meinung nach) sehr demütig erbot, die Beute mit seinem Spießgesellen zu teilen, und, nachdem er das Geld in zwei ungleiche Teile gesondert und eine goldene Schnupftabaksdose neben den kleineren gelegt hatte, bat er unsern Wild, er möchte wählen.

Herr Wild steckte geschwind den größeren Teil des baren Geldes in die Tasche, und zwar nach einer Maxime, die er immer treulich zu befolgen pflegte: erst bringe, was du kannst, in Sicherheit, ehe du wegen dem Rest Zank und Streit anfängst. Dann warf er einen sauren Blick auf seinen Spießgesellen und fragte ihn, ob er wirklich die ganze übrige Summe an sich zu nehmen dächte? Herr Bagshot erwiderte mit einiger Befremdung, er glaubte, Herr Wild könne keine Ursache haben, sich zu beklagen; denn es wäre von seiner Seite gewiß alles mögliche, daß er sich mit dem kleinsten Teil der Beute abspeisen ließe, da er sie doch ganz allein gemacht.

»Das gebe ich zu«, erwiderte Wild; »aber sagen Sie mir doch, wer den Plan dazu entworfen? Haben Sie mehr getan, als meinen Entwurf ausgeführt? Und stand es nicht bei mir, das Geschäft einem anderen aufzutragen? Denn Sie werden doch hoffentlich wohl wissen, das niemand in der ganzen Stube sich geweigert haben würde, das Geld in Besitz zu nehmen, wenn man ihm nur ein sicheres und bequemes Mittel an die Hand gegeben hätte!«

»Wahr«, erwiderte Bagshot, »aber habe ich es nicht ausgeführt? Lief ich nicht die größte Gefahr dabei? Hätte man mich erwischt, würde nicht Schuld und Strafe auf mich allein gefallen sein? Und ist ein Arbeiter nicht seines Lohnes wert?«

»Ohne Zweifel«, sagte Jonathan, »das soll Ihnen werden. Aber das ist auch alles, wozu ein Arbeiter berechtigt ist. Ich erinnere mich, in der Schule einen Vers aus der Bibel gehört zu haben, der sich seiner Vortrefflichkeit wegen meinem Gehirn aufs tiefste einprägte und worin es heißt, daß die Vögel des Himmels und die Tiere des Feldes nicht für sich selbst arbeiten. Freilich gibt der Landmann seinen Ochsen Futter und treibt seine Schafe auf die Weide; aber dies geschieht alles nur zu seinem eignen, nicht zu ihrem Besten. Ebenso arbeiten auch die Pflugzieher, die Schäfer, Weber, Zimmerleute und Soldaten nicht für sich, sondern für andre; sie begnügen sich mit einer Kleinigkeit, nämlich mit dem Arbeitslohn, und lassen die Großen die Früchte ihres sauren Schweißes genießen. Ich weiß von meinem Schulmeister, daß Aristoteles im ersten Buch seiner Politik aufs Bündigste bewiesen hat, die niedrige, gemeine und nützliche Menschenklasse sei zur Sklaverei geboren und nicht minder das Eigentum des Vornehmen, als ihr Vieh. Mit allem Recht kann man von uns Leuten vom Stande sagen, daß wir bestimmt sind, die Früchte der Erde zu verzehren, und eben so füglich dürfen wir von dem gemeinen Mann glauben, daß er bloß zu dem Ende auf der Welt sei, um diese Früchte für uns hervorzubringen. Wird eine Schlacht nicht bloß durch den Schweiß und den Mut der gemeinen Soldaten gewonnen? Kommt nicht die Ehre und der ganze Vorteil des Sieges dem General zu, der den Plan dazu machte? Müssen nicht Ziegelbrenner und Zimmerleute unsre prächtigen Paläste aufführen, und wem kommen sie zugute? Einzig und allein dem Bewohner, der vielleicht nicht einen Ziegel auf den andern zu legen versteht. Erhalten nicht Tuch und Seide ihren Schnitt und ihren Farbenglanz durch Leute, die sich an der gröbsten und armseligsten Kleidung müssen begnügen lassen, währenddessen ihre Arbeit andern zustatten kommt? Sehen Sie sich einmal in der Welt um – wer am besten wohnt, seinen Gaumen mit den auserlesensten Leckerbissen kitzelt, die schönsten Gemälde und Statuen besitzt, die reichsten und feinsten Kleider trägt? Und dann frage ich Sie, ob dies nicht allein solchen Leuten zufällt, die weder Lust noch Geschicklichkeit haben, diese Bequemlichkeiten durch ihren Fleiß hervorzubringen. Warum sollte es in unserm ehrenvollen Beruf denn anders sein? Warum wollen Sie als ein bloßes Werkzeug meiner Erfindungskraft ein Recht auf die Ausbeute derselben haben? Darum – lassen Sie sich dienen, geben Sie mir die ganze Summe und verlassen sich Ihrer Belohnung wegen auf meine Großmut.«

Herr Bagshot stand einige Minuten schweigend da und sah aus – wie einer, den der Blitz getroffen hat. Endlich kam er wieder zu sich selbst, tat seinen Mund auf und sprach: »Sie irren sich gröblich, wenn Sie glauben, durch die Beweiskraft Ihrer Gründe mir das Geld wieder aus der Tasche zu räsonieren. Was soll mir dieser Gallimathias? Ich bin – Gott straf mich! – ein Mann von Ehre, und kann ich gleich nicht so gut schwatzen wie Sie, so laß ich mich doch nicht für einen Narren halten; und ist das Ihre Absicht – so muß ich eines heraus sagen, Sie sind ein Spitzbube.« Bei diesen Worten griff er nach seiner Pistole. Kaum merkte Wild, daß seine große Beredsamkeit nichts über seinen Spießgesellen vermochte und daß er ihn im Gegenteil nur in den Harnisch gesagt hatte, so zog er andere Saiten und sagte, er hätte nur gescherzt. Aber diese Kälte, mit der er den Hitzkopf behandelte, tat eher die Wirkung des Öls als des Wassers. Bagshot erwiderte voll Mut: »Gott straf mich – ich liebe solche Scherze nicht. Sie sind ein erbärmlicher Bursche, ein Schurke sind Sie.«

Wild gab ihm mit einer bewundernswürdigen Geistesruhe zur Antwort: »Ihre Schmähungen verachte ich – aber um Sie zu überzeugen, daß ich mich nicht vor Ihnen fürchte, so kommen Sie her. Lassen Sie uns die ganze Beute aufs Spiel setzen und der Sieger soll alles in Besitz nehmen.« Mit diesen Worten zog er seinen Hirschfänger, dessen Glanz den Herrn Bagshot so blendete, daß er in einem ganz veränderten Tone sagte: Nun, er für seinen Teil wäre mit dem zufrieden, was er hätte; es würde lächerlich sein, wenn sie sich untereinander die Hälse brechen wollten, sie hätten gemeinschaftliche Feinde die Hülle und die Fülle, gegen die sie ihre ganze Kraft zusammenhalten müßten. Er hätte ihn nur mißverstanden und es täte ihm herzlich leid; er könnte übrigens einen Spaß recht gut ertragen.

Wild, der sich außerordentlich auf die Leidenschaften der Menschen und auf den Gebrauch, der sich davon machen ließ, verstand, hatte jetzt die schwache Seite seines Freundes ausgefunden und merkte nachgerade, was für eine Beweisart wohl am kräftigsten auf ihn wirken möchte.

Er rief daher mit lauter Stimme: Er hätte ihn dahin gebracht, vom Leder zu ziehen, und nun die Plempe einmal heraus wäre, wollte er sie ohne hinlängliche Genugtuung nicht wieder einstekken. »Was für eine Genugtuung wollen Sie haben?« erwiderte jener. »Ihr Geld – oder Ihr Blut«, gegenredete Wild.

»Ei, ei, Herr Wild«, vermeinte Bagshot, »wenn Sie etwas Geld von mir borgen wollen, steht es Ihnen mehr wie gern zu Diensten; ich weiß, Sie sind ein Mann von Ehre. Zwar fürchte ich mich vor keiner lebendigen Seele, aber ehe ich mit einem Freunde breche – zudem – Sie brauchen es vielleicht notwendig.« Wild, der sich oft hatte verlauten lassen, Geld zu borgen sei ein so guter modus acquirendi als einer von der Welt, steckte seinen Hirschfänger ein, schüttelte seinem Freunde die Hand und sagte, er hätte den Nagel auf den Kopf getroffen, seine gegenwärtige Not habe ihn wider seinen Willen zu diesem eigenmächtigen Verfahren gezwungen; denn er hätte sein Ehrenwort darauf gegeben, morgen früh eine gewisse Summe zu bezahlen. Dann führte er sich die Hälfte von Bagshots Anteil zu Gemüte, nahm von seinem Spießgesellen Abschied und ging zu Bette.

NEUNTES KAPITEL

Wild macht Miß Lätitia Snap einen Besuch.
Beschreibung dieser jungen liebenswürdigen Kreatur.
Glücklicher Erfolg von Herrn Wilds Galanterie.

Als unser Held am folgenden Tage aufstand, fiel es ihm ein, der Miß Lätitia Snap einen Besuch abzustatten. So viele Verdienste und Edelmut diese junge Dame auch besaß, so hatte Herr Wild doch bereits die Bemerkung gemacht, daß er ihr in Begleitung eines kleinen Geschenks immer am willkommensten war, das sie freilich nur als ein Zeichen der Ehrfurcht bei ihrem Liebhaber ansah. Er ging daher geradeswegs in einen Galanterieladen und kaufte eine artige Schnupftabaksdose, womit er denn seiner Geliebten aufwartete, die er in dem niedlichsten Negligé antraf. Ihr schönes Haar, noch halb voll Puder, floß üppig um ihre Stirne; eine nette Schlafhaube, die sie erst einige Wochen getragen, war unter ihrem Kinn in eine Schleife gebunden; auf ihren Wangen schimmerte ein kleiner Überrest derjenigen Kunst, wodurch die Damen der Natur zu Hilfe kamen; der schlanke Körperbau war in kein Schnürleib eingezwängt, so daß ihr Busen völlige Freiheit hatte, seine schönen Halbkugeln bis zum Gürtel herab auszubreiten; ein dünnes Halstuch von Musselin verbarg sie fast dem spähenden Auge, außer an einigen Stellen, wo ein gutmütiges Loch ihnen Gelegenheit gab, sich zu produzieren. Ihr Oberkleid war von weißlichem Atlas mit kleinen silbernen Blumen, die so künstlich und verworren durcheinander gewebt waren, als ob das Ungefähr sie dahingeworfen. Wenn sich dies ein wenig öffnete, entdeckte man einen feinen gelben Unterrock mit einem Stück Goldspitzen garniert, das jetzt aber beinahe zu Fransen geworden war, und unter diesem blickte noch ein anderer Rock hervor, den man gewöhnlich eine Bouffante nennt und welcher wenigstens sechs Zoll tiefer auf der Erde hing, als der erstere; und ganz zuletzt ließ sich noch ein Dito sehen, und zwar von der Farbe, auf die Ovid deutet, wenn er sagt: »Was vormals weiß war, ist jetzt beinahe das Gegenteil geworden.« Auch streckte sie zwei niedliche Füßchen hervor, mit Seide bedeckt und mit Spitzen geziert, das rechte mit einem hübschen blauen Band umwunden; aber das bei weitem unwürdigere linke hatte sie bloß mit einem gelben Stück Zeug zugebunden, das ehedem vermutlich eine Strippe von einem Kamisol gewesen.

Dies ist das Porträt der liebenswürdigen Kreatur, welcher Herr Wild nun seine Aufwartung machte. Sie nahm ihn anfangs mit einer Kälte und Zurückhaltung auf, wie sie Damen von strenger Tugend, so sauer es ihnen auch wird, meistenteils gegen ihre Liebhaber affektieren, die artige Schnupftabaksdose ward das erstemal höflich und mit vieler Politesse ausgeschlagen, doch auf erneuertes Ansuchen gefälligst angenommen. Nun ließ man die Teetafel servieren, und die Unterhaltung, die hier vorfiel, würde gewiß sehr erbaulich und angenehm für den Leser sein. Schade nur, daß wir sie nicht Wort für Wort niederschreiben können; genug, der Witz und die Schönheit dieser jungen Dame setzten unsern Wild so in Feuer, daß er sich, so ehrlich er es auch übrigens mit ihr meinte, einige Freiheiten erlaubte, die für die strenge Keuschheit seiner Gebieterin ein wenig zu beleidigend waren; die Wahrheit zu sagen, so verdankte es die gute Miß Lätitia mehr ihrer eignen Stärke als der ehrfurchtsvollen Bescheidenheit ihres Liebhabers, wenn ihre Tugend für diesmal nicht scheiterte. Er war in der Tat so dringend, daß, wenn er ihr nicht mit tausend Eidesschwüren die Ehe versprochen, wir auf keine Weise hätten behaupten können, daß er es ehrlich mit ihr meinte; aber er hielt sich so genau an die Regeln der guten Lebensart, daß er keiner jungen Dame ohne Versprechungen dieser Art Gewalt antat; denn er meinte, das sei eine Zeremonie, die man der weiblichen Sittsamkeit schuldig wäre und die im Grunde so wenig kostete, daß nur ein äußerst brutaler Mensch sie übergehen und außer acht lassen könnte. Die liebenswürdige Lätitia, mochte es nun Klugheit oder Religion sein, von der sie eine große Verehrerin war, blieb taub bei allen seinen Versprechungen und unüberwindlich trotz aller seiner Stärke. Denn verstand sie gleich nicht die große Kunst, ihre geballte Faust zu gebrauchen, so hatte die Natur sie doch nicht ganz wehrlos gelassen. Sie trug nämlich an den Fingerspitzen gewisse Waffen, die sie mit so einer wunderbaren Geschicklichkeit zu applizieren wußte, daß Herrn Wilds heißes Blut an einigen Stellen auf seinem Gesichte zum Vorschein kam und seine hochroten Wangen demjenigen Gliede eines Knaben glichen, an welchem der Schulmeister sein großes Talent geübt hat und das die Sittsamkeit nirgendswo, außer in einer öffentlichen Schule, vorzuzeigen erlaubt. Wild zog sich nun aus dem Kampfe zurück, und die siegreiche Lätitia rief im Triumph und mit einem edlen Unwillen aus: »Hole Sie der Teufel! Ist dies Ihre Methode, Ihre Zärtlichkeit an den Tag zu legen? Bei meiner Seele – Sie sollen schön ankommen!«

Denn erhob sie ein großes Gerede von ihrer Tugend, mit der Wild sie zum Teufel gehen hieß, indem er sich auf und davon machte.

ZEHNTES KAPITEL

Eine Entdeckung bezüglich der keuschen Lätitia, die den Leser vielleicht überraschen und betrüben wird.

Kaum war Herr Wild seine Wege gegangen, so öffnete die schöne Siegerin ein kleines Kabinett und holte einen jungen Herrn heraus, den sie daselbst bei Wilds Ankunft eingesperrt hatte. Der Name dieses Paladins war Thomas Smirk. Er war Schreiber bei einem Advokaten, der größte Stutzer und der Liebling aller Damen des Viertels, in dem er wohnte. Da wir mit Recht die Kleidung für das Wesentlichste an einem Stutzer ansehen, so wollen wir unsern Lesern statt aller andern charakterischen Züge dieses Ehrenmannes bloß die Beschreibung seines Putzes zum besten geben. Auf seinen Füßen trug er ein Paar weiße Strümpfe und an seinen Schuhen solche ungeheure Schnallen, daß sie beinahe seinen ganzen vorderen Fuß bedeckten. Seine Hosen waren von rotem Plüsch und reichten ihm kaum bis ans Knie; seine Weste aber von weißem Halbtuch reichlich mit gelber Seide gestickt, und über derselben trug er einen blauen plüschenen Rock mit metallenen Knöpfen, kurzen Aufschlägen und einem Kragen, der ihm fast bis auf den Rücken ging. Er hatte eine bräunliche Perücke auf, die beinahe die Hälfte von seinem Hirnkasten einnahm, und an der einen Seite derselben hing ein kleiner, aber sehr modisch gestutzter Tressenhut. So sah der Ehrenmann aus, der, als er aus dem Kabinett trat, mit offnen Armen von der schönen Lätitia empfangen wurde. Sie nannte ihn ihren lieben Thomas und sagte ihm, wie sie das gehässige Geschöpf abgefertigt, das ihr Vater ihr zum Ehegespann bestimmt und der sie wenigstens für jetzt im Genusse ihres Glücks nicht stören sollte.

Du mußt es uns verzeihen, lieber Leser, wenn wir hier ein Weilchen innehalten, um den Eigensinn und die Laune der Mutter Natur zu beklagen, die sie bei der Bildung desjenigen Teils ihrer Schöpfung an den Tag gelegt, der dazu bestimmt sein soll, die Glückseligkeit des Mannes vollkommen zu machen, seine Wildheit durch sanfte Unschuld zu bezähmen, ihm seine Sorgen durch Heiterkeit zu erleichtern und durch Freundschaft und Beständigkeit ihn in allen Ursachen und fehlgeschlagenen Hoffnungen aufzurichten. Wenn dies nun die reellsten Vorteile und Genüsse sind, die man sich bei einem Weibe verspricht und die beinahe ein jedes Weib gewähren kann, wie sehr müssen wir dann nicht die Stimmung dieser liebenswürdigen Geschöpfe beweinen, die sie verleitet, ihre Gunst nur meistenteils solchen Personen von unserm Geschlechte zu schenken, welche die Natur wahrhaftig nicht als ihre Meisterstücke aufgestellt hat. Denn so nützlich diese Seelchen auch immer im ganzen sein mögen (und wissen wir nicht, daß kein Ding in der Welt, sogar keine Laus umsonst geschaffen ist), so sind doch diese Stutzer, ja selbst die glänzendste und ehrenvollste Klasse derselben, die sich in unserm Eiland durch rote Kleider auszuzeichnen beliebt, bei weitem nicht, wie einige vorgeben wollen, als die edelsten Produkte der Schöpfung anzusehen. Was mich anbetrifft, so mag sich, wer da will, zwei Stutzerchen aussuchen, sie mögen Kapitäne, oder Obersten, und noch so nett angezogen sein – genug, ich wag es, beiden Herren einen einzigen Isaac Newton, Shakespeare oder Milton entgegenzusetzen; ja, ich weiß nicht, ob es nicht besser fürs ganze gewesen sein würde, daß keiner dieser Stutzerchen je geboren worden, als daß die Welt der Vorteile hätte entbehren müssen, die ihr aus den Bemühungen dieser Genies zugewachsen.

Ist dies nun gegründet: wie traurig muß dann die Betrachtung sein, daß ein Stutzer, vorzüglich wenn er eine Kokarde an seinem Hute trägt, auf der Wagschale des schönen Geschlechts wenigstens zwanzig Isaac Newtons überwiegt. Wie muß der Leser, der vielleicht die Hartnäckigkeit, womit sich die schöne Lätitia gegen das Ungestüm des entzückten Wild wehrte, sehr weislich auf die Rechnung ihrer Tugend setzte, wie muß, sage ich, der Leser erröten, wenn er sie von ihrer geraden Bahn abweichen und sich und ihre Reize einem Smirk preisgeben sieht. Aber ach! Wenn wir erst der Wahrheit und Unparteilichkeit gemäß alles werden entdeckt und dem Leser erzählt haben werden, daß nach vielen vorhergegangenen Vertraulichkeiten der schönen Lätitia (denn wir müssen für diesmal dem Vergil nachbeten, und wie er sein Lieblingsbeiwort pius und pater, auch das unsrige: keusch fahren lassen) die schöne Lätitia unsern Smirk so glücklich machte, wie Wild zu werden wünschte – wie groß wird dann nicht sein Erstaunen, seine Beschämung sein. Wir ziehen darum, vermöge unserer angeborenen Liebe zum schönen Geschlechte, einen Vorhang über diese Szene und eilen zu Vorfällen, die, statt die menschliche Natur zu entehren, sie vielmehr erheben und veredeln werden.

ELFTES KAPITEL

Enthält eine so merkwürdige Probe menschlicher Größe, wie man dergleichen in der alten oder neuen Geschichte nur selten antrifft, und endet mit einigen nützlichen Fragezeichen für die lustige Klasse der Menschheit.

Als Wild von der schönen Lätitia Abschied genommen, fiel es ihm ein, daß sein Freund, der Graf, sein altes Logis in diesem Hause wieder bezogen hätte; er beschloß daher, ihn zu besuchen: denn er war keiner dieser erbärmlichen Gesellen, die sich schämen, ihren Freunden ins Gesicht zu sehen, wenn sie sie beraubt und verraten haben. In der Tat, diese niedrige und armselige Gemütsart ist auch oft an den größten Abscheulichkeiten schuld; denn es gibt Menschen, die ihre falsche Scham so weit treiben, daß sie einem Ehrenmann sobald als möglich vom Brote helfen oder ihn sonst völlig zugrunde richten, wenn ihr Bewußtsein ihnen sagt, daß sie sich einige kleine Vergehungen gegen sein Leben zuschulden kommen lassen, etwa, daß sie sein Weib oder seine Töchter entehrt, ihn belogen und betrogen haben, und was dergleichen Kleinigkeiten mehr sind. Bei unserm Helden fand man keinen Zug, der nicht auf Größe hinwies. Er konnte ohne Scham und Scheu ein Gläschen mit einem Menschen trinken, dessen Taschen er kurz zuvor rein ausgefegt, und wenn er jemanden bis auf die Haut ausgeplündert hatte, ließ er ihn wenigstens mit heiler Haut laufen; denn er trieb die Gutmütigkeit zu solch einem hohen und außerordentlichen Grade, daß er keinem, weder Mann noch Weibe, irgendein Unrecht zufügte, von dem er sich keine Vorteile versprach. Er sagte öfters: die anders verführen, hätten einen schlimmen Handel mit dem Teufel und täten ihm seinen Willen für nichts und wieder nichts.

Unser Held fand den eingesperrten Grafen voll Ergebung in den Willen des Schicksals. Er klagte nicht, er verzweifelte nicht, sondern bereitete einige Spiele Karten zu künftigen Unternehmungen. Der Graf, der gar keine Ahnung hatte, daß sein ganzes Unglück auf die Rechnung des Herrn Wild gehörte, stand auf, umarmte ihn recht herzlich, und Wild erwiderte diese Umarmung mit gleicher Wärme. Kaum hatten sie sich niedergelassen, als Wild, der die Karten auf dem Tische liegen sah, hiervon Gelegenheit nahm, gegen das Spielen zu deklamieren und mit einem lobenswürdigen Freimut erst die unglücklichen Umstände des Grafen recht lebhaft schilderte und dann sein ganzes Elend der verdammten Spielmanie zuschrieb, die ihn auch für jetzt in Arrest gebracht und ihn zuletzt in ein unabsehliches Verderben stürzen müßte. Jener verteidigte sein Lieblingsamüsement und rühmte seine Lieblingsbeschäftigung mit außerordentlichem Feuer, und als er seinem Freund von dem Coup Nachricht gegeben, den er den Abend zuvor noch gemacht, tat er ihm auch die Begebenheit kund, die darauf gefolgt, und von der Wild so gut wie der Leser schon vorher etwas Wind bekommen hatte; nur, daß er einen kleinen Umstand hinzufügte, den wir noch nicht wußten: daß er nämlich seine Börse mit großer Tapferkeit verteidigt und zwei oder drei von den Dieben sehr gefährlich verwundet hätte.

Das Betragen billigte unser Wild ganz ungemein – ob es ihm gleich nicht unbekannt war, mit welcher Bereitwilligkeit der Graf die Beute preisgegeben hatte und wie schwer seine Herzhaftigkeit in Feuer zu setzen war – und wünschte nichts mehr, als daß er doch zugegen gewesen wäre, um ihm beizustehen.

Dann machte der Graf noch einige Bemerkungen über die Nachlässigkeit der Wache, und welch ein Skandal es für die Gesetze wäre, daß ein ehrlicher Mann nicht sicher auf der Straße gehen könnte; und als sie mit dieser Materie zu Rande waren, fragte der Graf unsern Wild, ob er jemals ein so anhaltendes Glück gesehen hätte (denn so nannte er seinen Coup vom vorigen Abend, ob er gleich wußte, daß Wild eines Besseren belehrt und es ihm kein Geheimnis wäre, daß er falsche Würfel in der Tasche hätte); Wild antwortete: es wäre in der Tat ungeheuer und hinlänglich gewesen, einen jeden, der ihn nicht besser kennt, auf den Verdacht zu bringen, daß es mit seinem Spiel nicht richtig zuginge. »Das darf gewiß niemand sagen!« gegenredete jener. »Nein, wahrhaftig nicht«, rief Wild aus; »Sie sind ja bekannt als ein Mann von Ehre; aber – sagen Sie mir doch, haben Ihnen die Spitzbuben alles genommen?« – »Jeden Pfennig!« schrie der Graf; »sie haben mir, hol mich der Teufel, nicht einen Einsatz gelassen.«

Währenddessen sie sich so unterhielten, führte Herr Snap und noch ein Ehrenmann von seinem Gefolge auch unsern Herrn Bagshot in die Gesellschaft ein. Wie es scheint, verfügte sich Herr Bagshot gleich nach seiner Trennung von Wild wieder an den Spieltisch, wo er dem Glücke den Schatz anvertraute, welchen er durch seine Industrie gehoben hatte. Aber diese wankelmütige Göttin veruntreute ihm sein Hab und Gut und schickte ihn mit so leeren Taschen nach Hause, wie man immer nur in einem Tressenkleide im ganzen Königreich finden mag. Als unser Mann nun zu einem gewissen ehrbaren Hause auf Covent-Garden-Markt gehen wollte, stieß er von ungefähr auf den Herrn Snap, der soeben dem Grafen in seinem Hause ein Quartier angewiesen hatte und jetzt vor der Tür der Spieltaverne hin- und herwandelte; denn wenn du, geliebter Leser, niemals ein feiner Mann nach der Mode gewesen bist, so weißt du vermutlich nicht, daß, wie der gefräßige Raubfisch sich meistenteils dicht an der Mündung kleiner Bäche, die sich in einen großen Strom ergießen, lagert, um dort den kleinen Stecherlingen aufzulauern, ebenso auch Herr Snap und sein Helfershelfer stündlich an den Mündungen dieser Spielhäuser auf die Ankunft der obgedachten jungen Herren warten, denen sie kleine Stückchen Pergament übergeben, die eine freundliche Einladung in ihr Haus enthalten. Unter anderen Pièce n dieser Art hatte Herr Snap auch ein Billett an unsern Bagshot, und zwar auf Ansuchen einer ledigen Person namens Miß Anna Sample, in deren Hause dickbesagter Bagshot einige Monate logierte, dann aber für gut befunden hatte, ohne Abschied fortzugehen, weswegen denn

Miß Anna diese Methode ergriffen hatte, um noch ein Wörtchen mit ihm zu sprechen.

Weil Herrn Snaps Haus bereits voll Gesellschaft war, sah er sich genötigt, Freund Bagshot in das Zimmer des Grafen zu bringen; denn dieses war, wie er meinte, das einzige, das er verschließen konnte. Kaum sah Herr Wild seinen Freund, so stürzte er ihm in die Arme und stellte ihn flugs dem Grafen vor, der ihn auch mit vieler Höflichkeit aufnahm.

ZWÖLFTES KAPITEL

Einige Nachrichten über Miß Lätitia,
die aber jetzt schwerlich noch überraschen werden.
Beschreibung eines feinen Herrn.
Ein Gespräch zwischen Wild und dem Grafen.

Herr Snap hatte den Schlüssel kaum einige Minuten aus der Tür gezogen, als ein Bedienter vom Hause den Herrn Bagshot herausrief und ihm sagte, es wäre jemand da, der ihn sprechen wollte; dies war denn niemand andres als Miß Lätitia, für deren Bewunderer sich Herr Bagshot längst erklärt und in deren zärtlicher Brust er eine stärkere Leidenschaft angefacht hatte, als irgend einer von seinen Nebenbuhlern. In der Tat – sie war so verliebt in diesen Jüngling, daß sie ihren weiblichen Vertrauten öfters bekannte, wenn ihr je der Gedanke einfallen würde, nur für einen zu leben, so sollte es Herr Bagshot sein. Übrigens war sie nicht die einzige, die so dachte; manche andere junge Dame machte ihr diesen Liebhaber streitig, der auch alle notwendigen Eigenschaften eines Galanthommes in vollem Maß besaß, womit sonst die Natur so karg zu sein pflegt. Wir wollen also den Versuch machen, ihn hier so genau als möglich zu beschreiben. Er war sechs Fuß hoch, hatte dicke Waden, breite Schultern, ein bräunliches Gesicht, braunes und krauses Haar, eine bescheidene Zuversicht und sehr weiße Wäsche. Freilich hatte er auch seine kleinen Fehler, die diesen herrlichen Qualitäten das Gleichgewicht hielten; denn er war der dümmste Tropf von der Welt, konnte weder schreiben noch lesen und hatte keinen Funken von Ehre, Edelsinn und Gutmütigkeit in seinem ganzen Charakter.

Als Herr Bagshot das Zimmer verlassen, nahm der Graf unsern Wild bei der Hand und sagte, er hätte ihm etwas von Wichtigkeit anzuvertrauen. »Ich bin überzeugt«, rief er aus, »Bagshot war es, der mich geplündert!« Wild fuhr voll Erstaunen über diese Entdekkung zurück und antwortete mit dem ernsthaftesten Gesicht von der Welt: »Ich rate Ihnen, hüten Sie sich, solche Lästerungen gegen einen Mann von Bagshots Ehre auszustoßen; er ist in diesem Punkte sehr delikat und wird es gewiß nicht leiden.« – »Hol der Teufel seine Ehre«, rief der Graf, »auch ich kann es nicht leiden, daß man mich bestiehlt! Ich will mich an einen Friedensrichter wenden.«

Voll Unwillen gegenredete Wild: »Ich verschwöre allen Umgang mit Ihnen, wenn Sie solch einen Verdacht gegen meinen Freund hegen können. Herr Bagshot ist ein Mann von Ehre, mein Freund, und folglich keiner Niederträchtigkeit fähig.« Er fügte noch mehreres hinzu, das aber alles keinen Eindruck auf den Grafen machte; dieser blieb bei seiner Behauptung und war steif und fest entschlossen, sich an die Justiz zu wenden; denn dies, meinte er, wäre er sowohl sich selbst als dem Publikum schuldig.

Nun verzog Wild seine Miene zu einem höhnischen Lachen und redete folgendergestalt: »Angenommen, daß Herr Bagshot in einem Anfall von Mutwillen (denn anders kann ich es gar nicht nennen) diese Methode ergriffen hätte, Ihnen Ihr Geld abzuluchsen – was gewinnen Sie, wenn Sie ihm einen Prozeß an den Hals hängen? Ihr Geld – nicht; denn Sie haben ja gehört, daß er es am Spieltische wieder an den Mann gebracht (dies hatte ihnen Bagshot bereits erzählt). Im Gegenteil, der ganze Prozeß wird Ihnen nur noch mehr Geld aus dem Beutel locken. Indem können Sie alsdann sichere Rechnung machen, daß Sie in allen honetten Spielhäusern plantiert sind, und dann beruhigen Sie sich mit dem süßen Gefühl, Ihre Pflicht gegen das Publikum erfüllt zu haben. Ich Dummkopf, daß ich Sie auch für einen großen Mann hielt! Würde es nicht besser für Sie sein, wenn Sie schwiegen und durch eine kleine List wieder zu Ihrem Gelde zu kommen suchten? So arm Herr Bagshot auch immer sein mag, so ist doch Hoffnung, daß er mal bei Kasse sein wird; denn hat er Ihnen diesen Streich gespielt, wird er auch gewiß nicht ermangeln, sein Glück bei andern zu versuchen – und dann können Sie sich ja bezahlt machen. Zudem bleibt Ihnen die gerichtliche Hilfe immer noch, und dies ist doch nur die letzte Zuflucht, die ein ehrenhafter oder weiser Mann ergreifen wird. Überlassen Sie mir die ganze Sache; ich will Bagshot auf den Zahn fühlen, und finde ich, daß Ihr Verdacht gegründet ist, so geb ich Ihnen mein Ehrenwort, Sie sollen nicht zu kurz kommen.«

Der Graf erwiderte: »Wenn ich das nur gewiß wüßte, so wollte ich den Teufel so ein Narr sein und einen Ehrenmann des allgemeinen Besten wegen vor Gericht ziehen. Das sind Modewörter, die uns auf eine lächerliche Weise geläufig werden und die uns oft entwischen, ohne daß wir etwas dabei denken. Mein Geld ist alles, was ich verlange, und kann ich das durch andere Mittel und Wege wieder an mich bringen, so mag das Publikum meinetwegen« – Er schloß mit einer Redensart, die die Sittsamkeit auszuschreiben verbietet.

Nun ward ihnen gemeldet, daß das Mittagessen fertig sei und die Tischgesellschaft sich unten bereits versammelt hätte. Der Leser mag sie also dahin begleiten, wenn er anders Lust und Belieben hat.

An der Tafel saßen nun Herr Snap und seine beiden Töchter, die ältere nebst dem jüngeren Herrn Wild; ferner der Graf, Herr Bagshot und ein sehr gravitätischer Herr, welcher vormals die Ehre gehabt, unter einem Infanterieregiment zu dienen, nun aber in einem weit vorteilhafteren Posten stand, der ihm die Pflicht auferlegte, dem Herrn Snapp bei Vollziehung der Landesgesetze hilfreiche Hand zu leisten.

Bei Tische ereignete sich nichts Merkwürdiges. Die Unterhaltung drehte sich vorzüglich, wie es denn in allen feinen Gesellschaften Mode ist, um die Gerichte, die sie jetzt aßen und die sie vor kurzem gegessen hatten. Der Herr vom Militär, der in Irland gedient hatte, gab ihnen eine sehr umständliche Nachricht von einer neuen Manier, Kartoffeln zu braten, und jeder von der Gesellschaft folgte seinem Beispiel. Kurz, ein unparteiischer Zuschauer hätte aus ihrer Unterhaltung schließen sollen, sie wären einzig und allein in die Welt gesetzt, um ihren Ranzen zu füllen; und, die Wahrheit zu sagen, mochte dies leicht die unschuldigste, wenn auch nicht die Hauptabsicht sein, die die Natur bei ihrer Hervorbringung gehabt hatte.

Als die Tafel abgetragen war und die Damen sich entfernt hatten, schlug der Graf ein Hazardspielchen vor. Die ganze Gesellschaft pflichtete ihm bei; man brachte Würfel, und der Graf nahm den Becher in die Hand und fragte, wer gegen ihn setzen wolle.

Aber niemand getraute sich zu antworten, in der festen Meinung, daß des Grafen Taschen noch leerer wären als ihre eigenen; denn er hatte auch wirklich gleich nach seiner Ankunft beim Herrn Snap ein Stück Silberzeug zu einem mitleidigen Wucherer schicken müssen, um sich die Summe von zehn Guineen zu verschaffen, ungeachtet er Wild zugeschworen, daß er keinen Schilling in der

Tasche hätte. Als er aber jetzt die Zurückhaltung seiner Freunde und zugleich die Ursache derselben bemerkte, zog er flugs die obgedachten Guineen aus dem Sacke und warf sie auf den Tisch, worauf denn auch (so groß ist die Macht des Beispiels) alle übrigen ihre Fonds produzierten, so daß binnen zwei Minuten eine beträchtliche Summe Geldes auf dem Tische glänzte und das Spiel augenblicklich begann.

DREIZEHNTES KAPITEL

Ein Kapitel, auf das wir außerordentlich stolz sind, und welches wir in der Tat als unser Meisterstück ansehen. Es enthält eine wunderbare Geschichte, den Teufel betreffend, und eine sehr delikate Ehrensache.

Der Leser, auch wenn er selbst ein Spieler wäre, würde es mir schwerlich danken, wenn ich ihn mit einer umständlichen Nachricht von dem Glück und Unglück aller mitspielenden Personen heimsuchte; genug also, daß sie so lange spielten, bis das Geld völlig vom Tische verschwunden war. Ob es vielleicht der Teufel geholt, wie einige behaupten, wage ich nicht zu entscheiden; aber sonderbar war es doch, daß ein jeder hoch und teuer versicherte, er habe verloren, und daß niemand nur mutmaßen konnte, wer gewonnen hätte, wenn es, wie gesagt, nicht der Teufel gewesen.

Aber so wahrscheinlich es auch ist, daß der Erzfeind sein Teilchen von der Beute bekommen, so läßt sich doch nicht vermuten, daß er sie sich ganz und gar zu Gemüte geführt. Denn ungeachtet dieser Behauptungen des Gegenteils glaubte man doch, daß Herr Bagshot sehr glücklich gespielt hätte: man hatte ihn nämlich zu verschiedenen Malen ganz heimlich Geld in seine Taschen stecken sehen, und was noch mehr ist, der gravitätische Herr, von dem wir eben gesagt haben, daß er seinem Vaterlande in zwei ehrenvollen Posten gedient hatte, hatte, vermutlich weil er seinen Augen nicht getraut, häufige Untersuchungen in Bagshots Taschen angestellt, aus welchen er seiner eigenen Angabe nach freilich einige Geldstücke hervorzog, in welchen er aber, wie er ganz gewiß wußte, noch ihrer viele zurückließ.

Dieser Ehrenmann hatte seine Neugierde schon eine ganze Weile befriedigt, ehe es Bagshot in der Hitze des Spiels innegeworden; aber – als das Spiel nun zu Ende ging, bemerkte er die Wirkungen davon in seinen Taschen, sprang voll Wut von seinem

Stuhle auf und rief: »Ich glaubte, ich befände mich unter Leuten von Ehre, aber, hol mich der Teufel! Es gibt einen Taschendieb in der Gesellschaft.« Dies skandalöse Wort brachte den ganzen Tisch in Aufruhr, und sie hatten samt und sonders so einen fürchterlichen Schreck, wie ein Konsistorium, wenn es hört, daß ein Atheist in der Stube sei; vorzüglich aber jagte dies den Ehrenmann in den Harnisch, auf den es freilich nicht ausdrücklich gemünzt war. Er sprang ebenfalls von seinem Stuhle auf und schrie mit grimmigen Gebärden:

»Meinen Sie mich? Gott verdamme Sie, Sie sind ein Schurke, ein Spitzbube!« – Diese Worte würde gewiß ein Prügelregen begleitet haben, wenn sich nicht die Gesellschaft ins Mittel geschlagen und mit ausgestreckten Armen die beiden Antagonisten voneinander entfernt hätte. Doch dauerte es eine ganze Zeit, ehe man sie dahin bringen konnte, sich ruhig niederzusetzen, und da dies endlich geschah, so gab ihnen der ältere Herr Wild, der ein sehr gutmütiger, friedliebender Herr war, den Rat, sie sollten sich die Hände geben und Freunde sein; aber der beleidigte Teil schlug dies rund ab und schwor: Der Schurke solle ihm den Schimpf mit seinem Leben bezahlen. Herr Snap billigte den Entschluß höchlich und behauptete, keiner, der auf den Namen eines braven Kerls Anspruch machte, dürfte so eine Beleidigung einstecken, und wenn sein Freund diesen Schimpf auf sich sitzen lasse, wolle er in seiner Gesellschaft keinen Verhaftbefehl mehr exekutieren; er hätte ihn immer für einen Mann von Ehre gehalten und wüßte gewiß, daß er sich auch von der Seite zeigen würde; wäre ihm so etwas begegnet, er würde sich Genugtuung fordern, und wenn der Kopf darauf stände. Der Graf erklärte sich auch für diese Meinung, und die streitenden Parteien ließen auch schon einige Worte über ihre Absicht fallen.

Zuletzt erhob sich unser Held ernst und langsam von seinem Sitze, machte die ganze Gesellschaft auf sich aufmerksam und redete folgendermaßen: »Mit unendlichem Vergnügen habe ich alles angehört, wie die beiden Herren, die zuletzt ihre Meinung von sich gegeben, zum Behuf der Ehre gesprochen, und vielleicht kann niemand einen höheren und edleren Sinn mit diesem Worte verbinden, niemand den großen Wert desselben inniger schätzen als ich selbst. Ehre ist in der Tat die erste Eigenschaft eines braven Kerls, und ohne sie wird gewiß kein Mensch im Schlachtfelde oder, wie es andre ausdrücken, auf der Landstraße groß werden. Aber ach! Ist es nicht jammerschade, daß ein Wort von solcher Kraft, von solchem Nutzen so verschiedener und schwankender Anwendungen fähig ist, daß kaum vier Leute eine und ebendieselbe Sache damit meinen? Verstehen einige nicht unter Ehre: Großmut, Menschlichkeit, und was der Schwächling Tugend nennt? Wie? Müßten wir sie dann nicht allen Großen, allen Edlen und Braven, den Zerstörern ganzer Städte, den Plünderern reicher Provinzen und den Eroberern ganzer Königreiche absprechen? Waren sie nicht Männer von Ehre? Und doch verachteten sie diese Armseligkeiten, von denen ich eben sprach. Wenn ich nicht irre, schließen noch andre den Begriff von Ehrlichkeit mit in den Begriff von Ehre ein: und sollen wir demzufolge behaupten, daß ein Mann, der seinem Nächsten vorenthält, was ihm von Gott und Rechtswegen zukommt, oder der ihn sein Eigentum mit Gefahr seines Lebens abnimmt, kein Mann von Ehre sein? Der Himmel verhüte, daß ich solchen Unsinn in dieser oder jeder andern Gesellschaft behaupten sollte. Besteht das Wesen Ehre in Wahrheit? Nein: denn unsre Ehre wird ja nicht beleidigt, wenn wir eine Lüge sagen, sondern nur dann, wenn wir sie uns vorwerfen lassen. Beruht etwa die Ehre auf den sogenannten Kardinaltugenden? Mit dieser Voraussetzung würde ich Ihrem gesunden Menschenverstand zu nahe treten; denn wir sehen ja täglich Leute von Ehre, die keine dieser Tugenden besitzen. Worin besteht denn das Wort Ehre? Allein in sich selbst.

Ein Mann von Ehre ist jeder, den man einen Mann von Ehre nennt, und so lange er so heißt, bleibt er es auch wirklich, aber keinen Augenblick länger. Mag er tun und treiben, was er will – nichts auf der Welt kann seine Ehre beeinträchtigen. Sehen Sie sich im gemeinen Leben um: solange der Ritter von der Industrie seine Profession glücklich treibt, ist er ein Mann von Ehre; aber er ist es nicht mehr, wenn er im Gefängnis steckt oder am Galgen zappelt. Und wo schreibt sich dieser Unterschied her? Doch nicht von seinen Handlungen? Die kennt man öfters in der Epoche seiner Blüte ebensogut als hernach; er rührt bloß daher, daß die Menschen – ich meine seinen Anhang – ihn in seiner ersten Periode einen Mann von Ehre nennen und in diesen Namen in der letzteren verweigern.

Lassen Sie uns also die Anwendung machen und sehen, inwiefern Bagshot die Ehre des andern Herrn angegriffen hat. Er hat ihn einen Taschendieb genannt. Freilich, wenn man dieses Wort in der strengsten Bedeutung nehmen und recht beim Lichte besehen wollte, möchte es wohl ein wenig ehrenrührig scheinen. Lassen Sie uns dies nun auch als eine Beleidigung seiner Ehre ansehen, so wird Herr Bagshot ihm dennoch keine andere Genugtuung geben können, als daß er ihm geradezu und ausdrücklich versichert, er halte ihn für einen Mann von Ehre.«

Der Beleidigte sagte, er überlasse die Sache Herrn Wilds Entscheidung und wolle sich mit jeder Genugtuung zufrieden geben, die er ihm zugestände. Bagshot sagte: »Erst mag er mir mein Geld wieder ausbeuteln, dann will ich ihn herzlich gern einen Mann von Ehre nennen.« Jener beteuerte nun, er hätte nichts von ihm, und Snap bezeugte dies, indem er sagte, er habe die ganze Zeit über kein Auge von ihm verwandt. Aber Bagshot blieb hartnäckig bei seiner Meinung, bis Wild endlich mit einem fürchterlichen Schwur versicherte, jener habe keinen Heller genommen, und zugleich erklärte, wer das Gegenteil behaupte, strafe ihn Lügen und hätte es mit ihm zu tun. Der Ausspruch dieses großen Mannes hatte denn auch so viele Gewalt über Bagshot, daß er sich beruhigte und die Versöhnungszeremonie einging; und auf diese Weise ward dieser Streit aufs glücklichste beigelegt, der sonst für beide Teile, vorzüglich da sie so genau auf ihre Ehre hielten, die schrecklichsten Folgen hätte haben können.

Freilich war Herr Wild bei der ganzen Sache ein wenig interessiert; er hatte nämlich selbst den Ehrenmann, dessen Verteidigung er übernommen, in Tätigkeit gesetzt, auch den größten Teil der Beute richtig bekommen; und was das günstige Zeugnis des Herrn Snap betraf, so pflegte sich die Liebe zu seinen Freunden sehr oft in einem so hohen Grade bei ihm zu äußern. Er sagte immer, er müßte ein erbärmlicher Mensch sein, der sich einem Freunde zu Gefallen nicht über einen kleinen Meineid hinwegsetzen könnte.

VIERZEHNTES KAPITEL

Worin die Geschichte menschlicher Größe fortgesetzt wird.

Alles war nun wieder ins Geleise gerückt. Weil man aber gewisser Ursachen wegen, die wir auch eben angedeutet, nicht weiterspielen konnte, setzte sich die Gesellschaft heiter und vergnügt zum Zechen nieder. Sie tranken Gesundheiten, schüttelten sich die Hände und äußerten die wärmsten Freundschaftsversicherungen gegeneinander. Alles dieses ward auch durch die verschiedenen Pläne, über denen ein jeder von ihnen brütete, nicht im mindesten unterbrochen, ungeachtet sie alle darauf bedacht waren, diese Plänchen auszuführen, sobald nur der Wein die nötige Wirkung gegeben habe und diesem oder jenem von der Gesellschaft in den Kopf gestiegen sei. Bagshot und sein Antagonist dachten beide darauf, sich einander zu berauben; Herr Snap und der ältere Herr Wild grübelten nach, wie sie ihren Gefangenen noch mehr Gläubiger auf den Hals schicken könnten; der Graf hoffte das Spiel zu erneuern, und unser Held sann auf Mittel und Wege, den Bagshot fortzuschaffen, das ist: ihn bei der ersten Gelegenheit an den Galgen zu bringen. Aber keiner von diesen großen Entwürfen ließ sich auf der Stelle ausführen. Denn Herr Snap wurde nunmehr in wichtigen Geschäften, wozu er ebenfalls die Hilfe seiner beiden Freunde brauchte, abgerufen, und weil er die Behendigkeit des Grafen, von welcher er schon einmal ein Pröbchen erlebt, nicht recht trauen wollte, erklärte er, er müsse für jetzt zuschließen. Hier, lieber Leser müssen wir innehalten und ein kleines Gleichnis machen, falls du nichts dagegen hast.

Wie, wenn der Jäger nach geendeter Jagd die schnellfüßigen Hunde wieder zum Stalle treibt, sie alsdann mit hängenden Ohren und Schwänzen langsam fortschleichen, währenddessen er ihnen mit der Peitsche auf dem Nacken ist, ihre üble Laune nicht achtet und nicht eher ruht, als bis er sie in dem Stalle verschlossen hat, und dann erst wieder geht, wohin es ihm beliebt: so stiegen auch der Graf und Bagshot mit sauern Mienen und langsamen Schritten die Treppe hinauf, woselbst Herr Snap und sein Gefolge sie in sichere Verwahrung brachten, die Türe verschlossen und flugs und fröhlich ihre Wege gingen. Jetzt, lieber Leser, wollen wir der lobenswürdigen Sitte der Welt zufolge diese unsere beiden Freunde sich selbst überlassen und dem Glücke unseres Helden nachgehen, der mit einem für große Seelen sehr natürlichen Abscheu vor Zufriedenheit und Ruhe seine Pläne immerfort erweiterte; denn diese rastlose Tätigkeit, dieser edle Heißhunger, der durch Futter immer nur wächst und zunimmt, ist die erste und wesentlichste Eigenschaft aller großen Geister, denen es auf ihrem Wege zur Größe ebenso geht, wie den Reisenden auf ihrer Passage über die Alpen, oder, wenn dies Gleichnis zu weit hergeholt ist, wie einem, der westwärts über die Hügel von Bath reist. Er kann das Ende seiner Reise nicht mit einem Male übersehen; aber mit edler Standhaftigkeit von Tälern zu Tälern, von Hügeln zu Hügeln schreitend, fest entschlossen, die Höhe zu erreichen, die ihm vor Augen liegt, mögen auch die Straßen noch so kotig sein, langt er – endlich vor einer erbärmlichen Schenke an, wo er weder Speise und Trank, noch Bequemlichkeit und Ruhe findet.

Hast du, lieber Leser, jemals eine Reise in diese Gegenden

gemacht, so wird dir hoffentlich die eine Seite meines Gleichnisses klar genug einleuchten; aber glaube mir, wenn die andre nicht so anschaulich ist, so kommt es bloß daher, daß du keine Kenntnis von großen Männern und nie Gelegenheit oder Muße gehabt hast, die Schicksale solcher Helden zu studieren, die dem nachstreben, was man gemeiniglich Größe nennt. Denn wahrhaftig: hättest du nicht allein alle Gefahren in Rechnung gebracht, denen sie auf ihrem Fortgang täglich und stündlich unterworfen sind, sondern auch gleichsam durch ein Vergrößerungsglas das kleine Fleckchen Glückseligkeit wahrgenommen, was selbst das Erreichen ihrer Wünsche ihnen gewährt, so würdest du mit mir das traurige Schicksal dieser großen Männer beweinen, dieser Männer, denen es die Natur so recht vor die Stirn geschrieben, daß die ganze übrige Menschheit nur zu ihrem Nutzen und Vorteil da ist, und du würdest dich daher nicht entbrechen können, auszurufen: »Es ist doch jammerschade, daß diejenigen, für welche alle übrigen Menschen schwitzen und arbeiten, sich zerhauen und zerprügeln, plündern und zugrunde richten lassen, selbst so wenig Vorteil von dem Elend ziehen können, das sie andern verursachen.«

Was mich betrifft, so sehe ich mich selbst als ein Geschöpf von der niedrigen Menschenklasse an, die bloß zum Behuf dieses oder jenes großen Mannes geboren ist, und wüßte ich nur gewiß, daß die Arbeit und selbst der Ruin von tausend solchen Gewürmen, als ich bin, zu meiner Glückseligkeit etwas beitragen könnten, so wollte ich mit frohem Mute ausrufen: Sic, sic juvas. Aber wenn ich einen großen Mann Hungers sterben und vor Kälte zittern sehe in der Mitte von fünfzig Tausenden, die eben diese Übel bloß zu seiner Unterhaltung dulden; wenn ich einen anderen gewahr werde, dessen Geist ein verworfener Sklave seiner eigenen Größe ist, und der mehr durch das Gewicht derselben gedrückt und gequält wird, als alle seine Vasallen; wenn ich ganze Nationen endlich ausgerottet sehe, bloß um dem großen Manne Tränen auszupressen, freilich nicht, weil er so viele Menschen ausgerottet, sondern bloß, weil er nicht noch mehr ausrotten kann: dann wär ich fast geneigt zu wünschen, die Natur hätte uns mit diesen ihren Meisterstücken verschont und es wäre nie ein großer Mann in die Welt gekommen.

Doch fahren wir mit unserer Geschichte fort, die uns unstreitig besseren und nützlicheren Unterricht gewähren wird, als dies langweilige Geschwätz. Wild hatte sich nun in seinen Schlafkeller verfügt und stellte seine Betrachtung über den Nutzen an, der ihm heute aus dem Schweiß und der Mühe andrer Leute zugewachsen war: nämlich erst durch Herrn Bagshot, der zu seinem Besten den Grafen ausgeplündert hatte, dann durch den andren Herrn, der zu eben diesem Behuf Bagshots Taschen wieder ausgeleert. Dann begann er so mit sich selbst zu räsonieren: »Die Politik ist nichts andres, als die Kunst zu multiplizieren; die beiden kleinen Worte Mehr oder Weniger bestimmen die Grade der Größe. Man muß das Menschengeschlecht in zwei große Klassen teilen, nämlich in solche, die nur ihre eignen Hände brauchen, und in solche, die andrer Leute Hände in Bewegung setzen. Die ersten sind der Pöbel und der niedrige, die letztern aber der edlere Teil der Schöpfung. Die Kaufleute bedienen sich daher sehr weislich der Redensart: Hände in Bewegung setzen, und je mehr sie dieses zu tun imstande sind, um so höher schätzen sie sich. Und in der Tat würden auch die Kauf- und Handelsleute auf einen beträchtlichen Grad von Größe Anspruch machen können, wenn wir nicht noch eine Unterabteilung machen und diejenigen, welche viele Hände zum Nutzen des Staats, worin sie leben, in Bewegung setzen, von solchen Leuten unterscheiden müßten, die dies bloß zu ihrem eigenen Besten, ohne Rücksicht auf die Gesellschaft tun. Zur ersten Klasse gehört der Landmann, der Fabrikant, der Kaufmann, und auch vielleicht der Adel. Der Landmann muß seinen Acker bauen und zur Erzeugung der Naturprodukte anderer Leute Hände brauchen. Der Fabrikant muß diese Produkte bearbeiten, und der Kaufmann sie für den Überfluß fremder Nationen umtauschen lassen, damit jedes Land und jedes Klima die Produkte der ganzen Erde genießen möge. Auch der Edelmann muß zur Verschönerung seines Landes, zur Aufrechterhaltung der Gesetze und zum Wachstum der Künste und Wissenschaften das Seinige beitragen und zu diesem Behuf fremde Hände in Bewegung setzen.

Nun kommen wir zu der zweiten Abteilung, wohin wir alle diejenigen rechnen, die andrer Leute Hände einzig und allein zu ihrem eignen Besten in Bewegung setzen; dies ist jene edle große Menschenklasse, zu welcher die Eroberer, Despoten, Staatsmänner und Beutelschneider gehören. Diese unterscheiden sich in Rücksicht der Größe bloß darin, daß der eine mehr, der andre weniger Hände in Arbeit setzt. Alexander war bloß darum größer als ein Anführer einer arabischen oder tatarischen Horde, weil er an der Spitze eines mächtigeren zahlreicheren Heeres stand. Warum ist ein Taschendieb kleiner, als jeder andere große Mann? Weil er bloß seine eignen Hände braucht; aber da er sie zu seinem eignen Vorteil braucht, muß man ihn auch nicht mit dem Pöbel vermengen. Vorausgesetzt also, daß ein Langfinger ebensoviele Werkzeuge hätte wie ein Premierminister: wäre er dann nicht ebenso groß wie irgend ein Premierminister auf der ganzen Welt? Um groß zu werden, darf ich mir also nur eine Bande zulegen, von welcher ich der Mittelpunkt bin. Diese Bande soll für mich allein stehlen und von mir einen sehr mäßigen Lohn bekommen; die kühnsten und frevelhaftesten derselben will ich zu meiner Gunst erheben und die übrigen von Zeit zu Zeit hängen oder aus dem Lande transportieren lassen; und so will ich (denn dies ist unstreitig der höchste Grad Vortrefflichkeit, zu dem ein Ritter von der Industrie nur gelangen kann) die zum Schutz und Vorteil der Gesellschaft abzweckenden Gesetze zu meinem eignen Besten verdrehen.«

Der Ausführung dieses seines Lieblingsplanes stand nun nichts andres im Wege, als das, worauf sowohl der Anfang wie das Ende aller menschlichen Entwürfe beruht: Geld. Von diesem Artikel besaß er nur sechsundfünfzig Guineen; denn soviel war ihm von der doppelten Beute, die ihm Bagshot gegeben, nur übrig geblieben, und diese Kleinigkeit schien ihm nicht hinlänglich für ein großes Unternehmen. Er beschloß daher, sich auf der Stelle in ein Spielhaus zu verfügen, nicht sowohl in der Absicht, sein Glück im Spiel zu versuchen, als vielmehr mit dem festen Vorsatz, die sicherste Partie zu ergreifen und einen von den glücklichen Spielern auf dem Heimwege anzufallen. Doch meinte er bei seiner Ankunft, er könne es auch wohl einmal auf die Würfel wagen und sein kühnes Unternehmen auf den Notfall versparen. Er setzte sich also zum Spiel nieder, und da die Göttin des Glücks bei Verteilung ihrer Gunst ebensowenig auf große Geistesgaben zu sehen pflegt, als alle übrigen Weiber, so verlor unser Held jeden Pfennig, den er in der Tasche hatte. Indessen ertrug er diesen Verlust mit großer Standhaftigkeit und zog auch nicht eine sauere Miene dazu. In der Tat, er sah das Geld bloß an, als wenn es ihm auf eine kurze Zeit geliehen oder bei ihm wie bei einem Bankier in Verwahrung gegeben wäre. Jetzt beschloß er stehendes Fußes seinen sicheren Plan auszuführen, und indem er seine Augen in der Stube umherwarf, ward er einen Menschen gewahr, der sehr traurig dasaß und der ihm daher ein recht taugliches Werkzeug zu seinem Vorhaben schien. Kurz – damit wir uns bei solchen unwichtigen Dingen nicht zu lange verweilen: Wild ließ sich mit diesem Menschen ins Gespräch ein, sondierte ihn, schlug ihm die Sache vor und fand ihn auch sogleich bereit und willig. Nachdem sie sich also ihren Mann ausgesucht hatten, und zwar einen, der ihrem Vermuten nach diesen Abend den größten Coup gemacht hatte, legten sie sich in den Hinterhalt, um den Feind beim Nachhausegehen zu überfallen. Dies geschah denn auch, er ward richtig überrumpelt, auf die Erde geworfen und geplündert. Aber leider lohnte die Beute kaum der Mühe. Denn wie es scheint, spielte dieser Ehrenmann nicht für seine eigene Rechnung und hatte seinen Gewinn bereits gehörigen Orts abgegeben; denn er hatte nicht mehr als zwei Schillinge in der Tasche, als er angepackt wurde. Dies war für unsern Wild ein fürchterlicher Querstrich und wird unserm Leser vermutlich ebenso schmerzlich sein, wie uns selbst. Es macht uns in der Tat unfähig, für jetzt weiter fortzufahren; daher wollen wir ein wenig Atem schöpfen und hiermit das erste Buch schließen.

ZWEITES BUCH

ERSTES KAPITEL

Der Charakter des einfältigen Gesindels und wozu es imstande ist.

Eine Ursache, warum wir unser erstes Buch gerade oben geschlossen haben, ist diese, daß wir uns für jetzt genötigt sehen, Charaktere von einer ganz andern Art aufzuführen, als diejenigen, mit denen wir uns bisher beschäftigt haben. Diese Leute gehören zu der anmutigen Menschenklasse, die man spottweise gutmütig zu nennen pflegt und welche die Natur ungefähr in eben der Absicht in die Welt gesetzt, in welcher man kleine Fische in einen Karpfenteich setzt, damit sie nämlich von diesen gefräßigen Wasserhelden mögen verschlungen werden.

Doch fahren wir mit unsrer Geschichte fort. Nachdem Wild die Beute wie gewöhnlich geteilt, das ist drei Viertel davon an sich genommen hatte, wollte er sich in einer sehr üblen Stimmung zur Ruhe begeben, als er von ungefähr einen jungen Mann antraf, der vormals sein Schulkamerad und ein sehr guter Freund von ihm gewesen war. Man denkt sonst gewöhnlich, daß Gleichheit der Sitten und Denkart vieles zur Freundschaft beizutragen pflegt; aber an diesen beiden Burschen konnte man das Gegenteil sehen: denn war unser Wild habsüchtig und unerschrocken, so kam bei dem andern immer mehr seine Haut als seine Börse in Betracht. Wild bezeugte daher oft ein gewisses edelmütiges Mitleiden mit diesem Naturfehler seines Freundes und zog ihn aus mancher Verlegenheit, worein er ihn freilich allemal selbst gebracht hatte, indem er Schuld und Prügel auf sich nahm. Freilich ließ er sich immer bar dafür bezahlen; aber es gibt Leute, die sich bei dem besten Handel, den man treffen kann, immer noch einen Dank obendrein zu verdienen wissen. So ging es auch hier: denn dieser arme Junge glaubte wunder wieviel Verbindlichkeiten er unserm Wild schuldig wäre und hatte daher eine außerordentliche Zuneigung zu ihm gefaßt, deren Spuren in seiner Seele selbst eine Trennung von vielen Jahren nicht hatte verwischen können. Daher erkannte er unsern Wild kaum, als er ihn auch auf die freundschaftlichste Weise anredete und ihn, da es beinahe neun Uhr war, zum Frühstück einlud, wozu sich denn unser Held auch nicht lange nötigen ließ.

Der junge Mann war ungefähr von Wilds Alter und hatte sich eben als Juwelier niedergelassen, auch sein ganzes kleines Vermögen in diesen Handel gesteckt; überdem war er an ein liebenswürdiges Frauenzimmer verheiratet, von der er bereits zwei Kinder hatte. Da unser Leser näher mit diesem Manne bekannt werden muß, so ist es nicht mehr als billig, daß wir ihm hier eine kleine Skizze von seinem Charakter geben, zumal da sie dem edlen und großen Charakter unsres Helden zur Folie dienen mag und der eine bloß in die Absicht in die Welt gesetzt zu sein scheint, damit der andre seine Heldentaten an ihm üben könnte. Herr Thomas Hartfree, denn so hieß unser Mann, war von einer ehrlichen und offenen Gemütsart. Er gehörte zu den Leuten, die nur aus Erfahrung und nicht aus Instinkt lernen können, daß es so ein Ding wie Heuchelei und Betrug in der Welt gibt, und die sich folglich im fünfundzwanzigsten Jahre leichter prellen und anführen lassen, als ein alter schlauer Kauz. Sein Herz hatte außerordentlich viele schwache Seiten: er war gutmütig, freundschaftlich und dachte sehr edel. Freilich nahm er dann und wann zu wenig Rücksicht auf strenge Gerechtigkeit; denn er hatte verschiedenen Leuten von seiner Bekanntschaft beträchtliche Summen erlassen, bloß weil sie sie nicht bezahlen konnten: hatte auch einem Bankerottierer wieder auf die Beine geholfen, weil er wußte, daß es bei seinem Konkurs ehrlich zugegangen war und er bloß durch Unglück und nicht aus Betrug oder Nachlässigkeit falliert hatte. Überhaupt war er so ein alberner Mensch, daß er sich niemals die Unwissenheit seiner Kunden zunutze machte und sich immer an einem mäßigen Gewinn genügen ließ; dies konnte er freilich seiner Großmut ungeachtet um so eher tun, weil er sehr sparsam lebte und seine Ausgaben bloß auf ein fröhliches Abendessen und ein Glas Wein beschränkte, womit er dann und wann seine Freunde zu bewirten pflegte, und zwar im Beisein seiner Frau, die ungeachtet ihrer Schönheit ein kleingeisterisches, armseliges, häusliches Geschöpf war, sich mit nichts als mit ihrem Hauswesen beschäftigte, ihre ganze Glückseligkeit in ihrem Mann und ihren Kindern fand und nur selten aus dem Hause ging, außer wenn sie hier oder da in der Nachbarschaft einen Besuch abstattete oder etwa zweimal im Jahr in Gesellschaft ihres Mannes ins Schauspiel ging, wo sie immer nur im Parterre zu sitzen pflegte.

Zu diesem einfältigen Weibe brachte der ebenso einfältige Kerl den großen Wild und schwatzte ihr ein Langes und Breites von ihrer Bekanntschaft auf Schulen und von den vielen Verbindlichkeiten vor, die er gegen seinen Freund hätte. Kaum hatte die dumme Gans dies vernommen, so leuchtete ein gewisses Wohlwollen aus ihren Augen hervor, das aus dem Herzen entspringt und wovon sich große und edle Seelen, deren Herzen nur von Wut und Rache glühen, durchaus keine Vorstellung machen können. Es ist daher kein Wunder, wenn unser Held Mistreß Hartfrees unschuldige Gefälligkeit für den Freund ihres Mannes als die edle und erhabene Leidenschaft ansah, welche die Wangen einer modernen Heldin färbt, wenn ein Oberster so gütig ist, für heute mit der wohlbesetzten Tafel seine bürgerlichen Gläubiger und morgen mit einem Plätzchen in seinem Bette fürlieb zu nehmen. Wild erwiderte also das Kompliment mit seinen Augen und zwar, wie er es sich ausgelegt, und gleich nachher brach er in große Lobeserhebungen über ihre Schönheit aus, womit sie vielleicht – denn sie blieb immer ein Weib, obwohl ein gutes Weib – ebensowenig unzufrieden war, wie ihr Mann.

Als sie gefrühstückt hatten und die gute Frau wieder an ihre Geschäfte gegangen war, begann Wild, der die schwache Seite eines Menschen gleichsam auf den ersten Blick weg hatte und der außer den Erfahrungen, die er schon in früherer Jugend von dem guten oder vielmehr törichten Charakter seines Freundes gemacht, nun noch mehrere Züge von Freundschaft und Edelmut in seiner Seele entdeckt hatte, über die Begebenheiten ihrer Kindheit zu schwatzen und erinnerte ihn bei jeder Gelegenheit an die Freundschaftsproben, die er ihm, wie wir oben gemeldet, erwiesen haben wollte; dann brach er in die größten Versicherungen seiner ewigen Zuneigung und seiner Freude über die Erneuerung ihrer Bekanntschaft aus. Zuletzt sagte er ihm, er glaubte ihm einen Dienst tun zu können, indem er ihm die Kundschaft eines vornehmen Mannes verschaffen wollte, der im Begriff wäre, zu heiraten: »Und hat er sich nicht schon mit einem andern Juwelier eingelassen, so werd ich ihn gewiß dahin vermögen, daß er seine Braut mit Juwelen aus Ihrem Laden bedient.«

Hartfree dankte seinem Freunde aufs verbindlichste und sie trennten sich endlich, nachdem Wild alle dringenden Bitten seines Freundes, doch bei ihm zu Mittag zu essen, abgeschlagen hatte.

Doch eben fällt uns ein, daß es unsern Leser befremden könnte (welches in Geschichten dieser Art ebenso selten nicht ist), wie der ältere Herr Wild imstande gewesen sein sollte, seinen Sohn bei seinen geringen Vermögensverhältnissen in eine ansehnliche Schule zu tun; wir sehen uns daher genötigt, mit der Nachricht herauszurücken, daß Herr Wild ehedem ein wohlhabender Handelsmann gewesen, aber durch verschiedene Unglücksfälle – als da sind ausschweifendes Leben und Spiel – so heruntergekommen war, daß er das ehrsame Amt annehmen mußte, wovon wir oben gesprochen.

Nun, da wir diesen Skrupel aufgelöst, wollen wir nach unserm Helden sehn, der sich stehendes Fußes zum Grafen begab und diesem, nachdem er zuvörderst die Präliminarien betreffend die Teilung der Beute mit ihm abgeschlossen, von einem Projekt Nachricht gab, das er gegen Hartfree im Sinne hätte. Sie brüteten nun gemeinschaftlich über die Mittel zur Ausführung derselben, wozu doch nur erforderlich war, daß der Graf seine Freiheit erhielt. Geld war der erste und in der Tat der einzige Punkt, der hierbei in Betracht kam – freilich nicht sowohl, um seine Schulden zu bezahlen (denn das war er gar nicht willens), sondern vielmehr, um ihm Bürgen zu erkaufen; denn Herr Snap hatte viel zu gute Anstalten getroffen, als daß man sich nur mit der Möglichkeit einer heimlichen Flucht hätte schmeicheln können.

ZWEITES KAPITEL

Außerordentliche Proben von Wilds Größe,
teils zu ersehen aus seinem Benehmen gegen Bagshot,
teils aus seinem Projekt, Hartfree durch den Grafen
und dann den Grafen selbst um die Beute zu betrügen.

Wild unternahm es nun, etwas Geld von Bagshot zu erpressen, der ungeachtet der häufigen Besuche, die man seinen Taschen abgestattet, noch immer einen beträchtlichen Rest vom gestrigen Spiel zu sichern gewußt hatte. Herr Bagshot erwartete eben seinen Bürgen, als Wild zu ihm ins Zimmer trat und ihm mit einer wahren Ojemine-Miene, die er zu allen Zeiten annehmen konnte, erzählte, alles wäre entdeckt; der Graf hätte ihn erkannt und bestände darauf, ihn Diebstahls wegen zu belangen; »ich habe nur noch mein Möglichstes getan und ihn mit großer Schwierigkeit dahin vermocht, Sie laufen zu lassen – im Fall Sie das Geld wieder ausbeuteln.«

Bagshot: »Wie? Ich das Geld wieder ausbeuteln? Das mögen Sie tun – Sie wissen ja am besten, wie viel davon in meine Tasche gefallen ist.«

Wild: »Ist das der Dank dafür, daß ich Ihnen das Leben retten wollte? Ihr eignes Gewissen muß Ihnen ja Ihre Schuld vorwerfen und Ihnen sagen, welch ein gegründetes Recht der Graf hat, Sie zu belangen.«

Bagshot: »Bei meiner Seele! Nicht mein Leben allein steht auf dem Spiel! Andre Leute sind ebenso schuldig, wie ich. Wollen Sie mir noch vom Gewissen vorschwatzen?«

Wild (indem er ihn bei der Gurgel nahm): »Ja, Schurke! Das will ich; und weil du wagen kannst, mir zu drohen, will ich dir den Unterschied zwischen einem Hehler und einem Stehler zeigen. Ich muß gestehen, als du mit einer Summe Geldes prunktest, vermutete ich gleich, daß du nicht auf eine honette Art dazu gekommen seist.«

Bagshot (äußerst bestürzt): »Können Sie es leugnen?«

Wild: »Ja! Du Spitzbube! Ich leugne alles – nun magst du dir einen Zeugen auftreiben. Um dir zu beweisen, wie wenig ich deine Drohungen fürchte, so laß ich dich auf der Stelle arretieren –«. Mit diesen Worten wollte er sich von ihm losreißen, aber Bagshot hielt ihn beim Rockschoß zurück und bat ihn mit ganz veränderter Stimme, er sollte doch nicht so ungeduldig sein.

Wild: »So gib das Geld heraus, Schurke! Dann will ich mich deiner vielleicht erbarmen.«

Bagshot: »Was soll ich herausgeben?«

Wild: »Jeden Heller, den du in der Tasche hast: vielleicht beliebt es mir dann, mitleidig zu sein und dir nicht nur das Leben zu retten, sondern dir aus überschwenglicher Großmut noch selbst etwas zurückzugeben.«

Bagshot bedachte sich einen Augenblick; Wild aber griff entschlossen nach der Türe und stieß einen so fürchterlichen und nachdrücklichen Schwur aus, daß sein Freund nicht länger anstand, sondern ihn in Gottes Namen seine Taschen durchstöbern ließ, aus welcher er denn die Summe von zwanzig und einer halben Guinee hervorzog, wovon er ihm äußerst großmütig die halbe Guinee wieder zukommen ließ.

Zu gleicher Zeit bedeutete er ihm, jetzt könne er ruhig schlafen, aber in Zukunft möge er sich in acht nehmen, seinen Freunden zu drohen.

So bestand unser Held die größten Abenteuer mit einer wunderbaren Ruhe und Gelassenheit, und das alles vermöge der erhabenen Talente, womit die Natur ihn ausgerüstet, als da sind: ein kühnes Herz, eine donnernde Stimme und ein fester unveränderlicher Blick.

Wild begab sich nun wieder zum Grafen zurück und benachrichtigte ihn, er habe zehn Guineen von Bagshot bekommen (denn die andern zehn ließ er mit einer großen und lobenswürdigen Klugheit in seine eigne Tasche fallen); für diese Summe, meinte er, wolle er ihm Bürgen schaffen. Auf sein Zureden aber verbürgte sich sein Vater und noch ein Ehrenmann von dessen Gewerbe, jeder für zwei Guineen, so daß er sich noch deren sechs mit Fug und Recht zu Gemüte führte. Denn sein Geschick und der ganze Umfang seines Verstandes war so groß, daß er keinen Handel machte, ohne jeden, mit dem er zu tun hatte, übers Ohr zu hauen.

Als der Graf nun auf diese Weise in Freiheit gesetzt war, mieteten sie sich vor allen Dingen ein möbliertes Haus in einer von den neuen Straßen, schafften Bediente, Equipage und allen Prunk des Reichtums herbei, damit sie dem armen Hartfree um so eher eine Nase drehen und Kredit bei ihm haben könnten. Dann besuchte Wild seinen Freund wieder und meldete ihm mit freudiger Miene, seine Bemühungen seien nicht fruchtlos gewesen und der Kavalier hätte versprochen, die Juwelen, die er seiner Braut bestimmt, von ihm zu nehmen; sie müßten aber sehr schön und kostbar sein. Er beschied ihn daher auf den folgenden Morgen zum Grafen und band ihm an, ja seine reichsten und feinsten Brillanten mitzunehmen. Zu gleicher Zeit ließ er einige Worte über die geringe Kenntnis fallen, die der Graf von dieser Ware hätte, und wie Hartfree demzufolge recht seinen Schnitt machen könnte. Aber Hartfree sagte mit einigem Unwillen, er verachte solche Niederträchtigkeiten; und nachdem er sich aufs höflichste bei seinem Freunde bedankt hatte, versprach er, zur bestimmten Zeit mit seinen Juwelen im Hotel des Grafen aufzuwarten.

Wenn mein Leser nur den geringsten Begriff von wahrer Größe hat, so muß ihm durchaus die Dummheit dieses Kerls so verächtlich vorkommen, daß ihn all das Unglück wenig kümmern wird, das diesen Hartfree in der Folge vielleicht befallen möchte; denn – nicht zu argwöhnen, daß ein alter Schulkamerad, mit dem er in seiner zarten Jugend Freundschaft gepflogen und der bei Erneuerung ihrer Bekanntschaft das wärmste Interesse für ihn geäußert, imstande sein sollte, ihn zu hintergehn; überhaupt zu denken, daß ein Freund aus eigner Bewegung, ohne die mindeste Nebenabsicht, ihm einen Dienst leisten sollte: alles dieses setzt solch eine Schwäche der Seele, solch einen Mangel an Weltkenntnis, ein so argloses, simples, unbefangenes Herz voraus, daß man sich den Eigentümer desselben als die niedrigste Kreatur und den würdigsten Gegenstand des Spottes und der Verachtung vorstellen muß, wenn man anders auf den Namen eines klugen und gescheiten Mannes Anspruch machen will.

Wild bedachte jetzt, daß die schwache Seite seines Freundes mehr im Herzen als im Kopf zu suchen sei; daß er – obgleich unfähig, irgend einen Menschen zu übervorteilen, doch keineswegs ein Gimpel oder so leicht zu fangen wäre, falls ihm nicht sein Herz einen dummen Streich spielte. Er band daher dem Grafen aufs schärfste ein, bei Hartfrees erstem Besuche nur ein Juwel zu behalten, die übrigen aber zurückzugeben, unter dem Vorwande, sie wären zu grob, und mit der Ordre, noch reichere und feinere herbeizuschaffen. Er sagte: Bei diesem Verfahren werde Hartfree kein bares Geld für das Juwel, welches er mitgebracht, erwarten; nun solle der Graf diesen auf der Stelle verkaufen und mit dem darausgelösten Gelde, neben dem, was er durch seine große Geschicklichkeit im Spiel an sich bringen würde, Hartfree etwas auf die ganze Garnitur abzahlen; dann werde er gewiß keinen Anstand nehmen, ihm das übrige zu kreditieren.

Aus dieser Erfindung wird man sehen, daß Wild nicht allein willens war, Hartfree, der bis jetzt auch noch nicht den mindesten Verdacht hatte, um so gewisser zu betrügen, sondern auch den Grafen selbst um diese Summe zu betrügen. Mit Recht kann man diese Manier, die Werkzeuge unsres Betrugs hinters Licht zu führen, als den allerhöchsten Grad menschlicher Größe ansehn; in der Tat wird ein Geist, der noch am irdischen Staube klebt, es schwerlich darin höher bringen können; denn schon dieser Grad liegt zunächst an teuflicher Erhabenheit.

Dieser Plan ward denn auch richtig ausgeführt, und der Graf behielt den ersten Tag nur einen Brillanten, der ungefähr dreihundert Pfund wert sein mochte, und bestellte über acht Tage ein Halsband, Ohrringe und einen Solitaire etwa von dreitausend Pfund.

Die Zwischenzeit wandte Wild zur Errichtung einer Bande an, worin er auch so glücklich war, daß er binnen wenigen Tagen verschiedne entschlossene Burschen zusammenbrachte, die den kühnsten und größten Unternehmungen gewachsen waren.

Wir haben schon oben bemerkt, Unersättlichkeit sei das untrüglichste Zeichen der Größe. Wild hatte mit dem Grafen verabredet, er für seine Person solle drei Viertel von der Beute haben; zu gleicher Zeit war er mit sich selbst eins geworden, auch das letzte Viertel an sich zu bringen, hatte auch zu dem Ende ein sehr großes und edles Projekt im Kopf. Aber nun merkte er zu seinem nicht geringen Leidwesen, daß er in Gefahr stünde, die Summe, die an Hartfree abgeliefert werden mußte, gänzlich zu verlieren. Um sich also auch diese zu Gemüte zu führen, fädelte er es so ein, daß die Juwelen erst nachmittags abgeliefert und Hartfree einige Zeit aufgehalten werden solle, bevor er den Grafen spräche, so daß die Nacht ihn auf dem Rückwege überfiele; in welchem Falle bereits zwei rüstige Kerle von der Bande gemessene Ordre hatten, ihn anzuhalten und rein auszuplündern.

DRITTES KAPITEL

Enthält Szenen von Sanftmut, von Liebe und Ehre – und alles in großem Stil.

Der Graf hatte sein Juwel für den völligen Wert losgeschlagen und diese Summe noch überdem durch seine Geschicklichkeit bis zu tausend Pfund erhöht. Dies Geld lieferte er verabredetermaßen an Hartfree ab und versprach ihm das übrige binnen einem Monat. Sein Haus, seine Equipage, sein Ansehen, vor allen Dingen aber das Imposante in seinem Ton und seinem ganzen Benehmen würde jedermann betrogen haben, es hätte denn einer sein müssen, der im Innersten seines großen und weiten Herzen etwas gefunden, das ihn vor Betrug von außen her gesichert hätte. Hartfree trug daher nicht das mindeste Bedenken, ihm Kredit zu geben; weil er aber diese Juwelen selbst aufgenommen hatte, so bat er den Grafen, er möchte doch die Güte haben, ihm einen Wechsel für diese Summe auszustellen, womit der Graf auch sogleich zufrieden war. Er zahlte ihm also tausend Pfund bar, und für zweitausendachthundert gab er ihm seinen Wechsel, und der arme Hartfree glühte vor Dankbarkeit gegen unsern Wild, daß er ihm einen so guten Kunden verschafft hätte.

Kaum war Hartfree fortgegangen, so trat Wild in das Zimmer und empfing das Juwelenkästchen aus den Händen des Grafen. Sie hatten nämlich die Verabredung getroffen, es sollte bei Wild, als dem Urheber des ganzen Projekts, dem auch der größte Teil der Ausbeute zufallen mußte, niedergelegt werden. Wild erbot sich nun, spät abends wiederzukommen, um den Raub zu teilen; aber der Graf setzte solch ein großes Vertrauen in die Ehre unseres Helden, daß er sagte: Wenn es ihm die geringste Ungelegenheit machte, so könnten sie es füglich bis morgen aufschieben. Dies behagte unserm Wild noch besser; und nachdem sie sich hierüber gründlich besprochen hatten, eilte Wild nach dem Orte, wo die beiden Ehrenmänner ihrer Ordre gemäß Hartfree anfallen und plündern sollten. Diese Herrn entledigten sich denn auch ihres Auftrags mit vieler Entschlossenheit; sie griffen den Feind an und nahmen ihm die ganze Summe wieder ab, die er vom Grafen erhalten hatte.

Als das Scharmützel zu Ende war und Hartfree auf dem Boden zappelte, setzte unser Held den Siegern nach, weil er es eben nicht für gut befand, die Beute in ihren Händen zu lassen, ob er sie gleich sonst als Männer von Ehre kannte; und kaum waren sie mit ihrem Fang in Sicherheit gekommen, so nahm Freund Wild, weil sie es zuvor verabredet hatten, neun Zehntel von der Beute in Empfang. Die untergeordneten Helden äußerten zwar etwas mehr Widerspenstigkeit, ihren Kontrakt zu erfüllen, als nach den Gesetzen der Ehre erlaubt war; aber Wild wußte sie teils durch die Stärke seiner Gründe, aber bei weitem mehr durch Schwüre und Drohungen dahin zu vermögen, daß sie ihrem Versprechen nachkamen.

Als unser Held nun dieses große und rühmliche Abenteuer mit wunderbarer Geschicklichkeit bestanden hatte, beschloß er, sich bei dem schönen Geschlecht von so vielen Mühseligkeiten zu erholen. Er machte sich daher auf den Weg, um zu seiner liebenswürdigen Lätitia zu gehen, traf aber unterwegs eine liebenswürdige Dame seiner Bekanntschaft an, und zwar eine Miß Marie Stradle, die eben ein wenig frische Luft schöpfen wollte. Kaum war diese ehr- und tugendsame Dame unsern Wild gewahr, so ging sie auf ihn zu und schlug ihn mit einer gewissen Vertraulichkeit auf die Schulter und bat ihn zugleich, sie doch in einer benachbarten Taverne mit einem Nößel Wein zu traktieren. Liebte gleich unser Held die schöne Lätitia mit außerordentlicher Zärtlichkeit, so gehörte er doch nicht zu der niedrigen, kriechenden Menschenklasse, die sich, wie man gewöhnlich zu sagen pflegt, einem Weibe an die Schleppe hingen und von jener armseligen Tugend, welche man Beständigkeit nennt, angesteckt sind. Er willigte daher den Augenblick ein und begleitete sie in die Taverne, die ihres trefflichen Weins wegen in sehr gutem Rufe stand, woselbst sie sich ein eignes Zimmer geben ließen. Wild war sehr dringend in seinem verliebten Stürmen; aber umsonst, die junge Dame erklärte, sie wolle ihm ihre Gunst durchaus nicht eher schenken, als bis er ihr ein kleines Präsent gemacht. Herr Wild sträubte sich keineswegs, worauf sie ihn denn so glücklich machte, als er nur wünschen konnte.

Wilds unaussprechliche Zärtlichkeit für seine teure Lätitia erlaubte ihm nicht, sich lange bei Miß Stradle zu verweilen. Ungeachtet aller Liebkosungen dieser jungen Dame schützte er daher bald eine Entschuldigung vor, stieg die Treppe hinab und begab sich stehendes Fußes zu Lätitien, und zwar ohne Abschied von Miß Stradle oder vom Aufwärter zu nehmen, mit welchem sich die Dame in der Folge wegen der Rechnung, so gut sie konnte, abfinden mußte.

Als Herr Wild bei Snaps ankam, fand er bloß Miß Theodosia zu Hause; diese junge Dame war wie Penelope mit Stricken beschäftigt, nur mit dem Unterschiede, daß, wie Penelope bei Nacht wieder aufriß, was sie bei Tage gewebt oder gestrickt hatte, unsre junge Schöne bei Nacht wieder anstrickte, was sie bei Tage abgerissen hatte. Kurz, sie flickte ein paar blaue Strümpfe mit roten Zwickeln. Ich würde diesen Umstand gewiß nicht berührt haben, wenn man daraus nicht sehen könnte, daß es zu unsern Zeiten doch noch Damen gibt, die die einfache Sitte des Altertums nachzuahmen belieben.

Wild fragte augenblicklich nach seiner Geliebten und erhielt zur Antwort, sie wäre nicht zu Hause. Dann fragte er, wo er sie finden könne, und erklärte zugleich, er wolle nicht von der Stelle gehn, bis er sie gesehen, was noch mehr – bis er sie geheiratet hätte: denn seine Leidenschaft für sie war in der Tat edel, oder mit andern Worten: er hatte solch ein unbezwingliches Verlangen nach ihrem Besitz, daß er alles mögliche angewendet hätte, dies Verlangen zu befriedigen. Dann zog er das Kästchen hervor und schwur, es sei voll feiner Juwelen, sie sollte sie alle haben – und noch tausend Versprechungen obendrein. Dies wirkte denn auch so mächtig auf Miß Theodosia, deren Fehler Neid gegen ihre Schwester nicht war, daß sie unsern Wild bat, sich ein wenig niederzulassen, bis sie ihre Schwester aufgefunden und zu ihm gebracht hätte. Der Liebhaber dankte ihr aufs höflichste und versprach, bis zu ihrer Rückkehr zu warten; Miß Theodosia aber überließ ihn seinen einsamen Betrachtungen, riegelte die Küchentür hinter sich zu (denn die meisten Türen dieses Hauses waren von der Art, daß sie von außen verriegelt werden konnten), öffnete die Haustür mit großem Geräusch, aber ohne hinauszugehn, und schlich sich ganz sachte die Treppe hinauf, wo sie wußte, daß Miß Lätitia ein kleines Rendezvous mit Herrn Bagshot hatte. Als Miß Lätitia nun vernommen, Herr Wild wäre unten und hätte solche großen Versprechungen getan, sagte sie Herrn Bagshot, eine junge Dame sei zum Besuch gekommen, die sie aber so bald als möglich abfertigen und dann wieder zu ihm kommen wolle. Sie bäte ihn daher, geduldig ihrer Rückkunft abzuwarten; sie wolle die Türe auch nicht abschließen, obgleich ihr Vater es ihr nimmer verzeihen würde, wenn dies herauskäme.

Bagshot versprach ihr auf seine Ehre, er wolle nicht aus der Stube gehn, und die beiden jungen Damen schlichen sich ganz sachte die Treppe hinab, stellten sich, als kämen sie eben erst ins Haus, gingen dann in die Küche, wo selbst die Anwesenheit der keuschen Lätitia die Gesichtszüge ihres Liebhabers nicht gleich wieder in die gehörigen Falten rücken konnte; denn während Theodosiens Entfernung hatte er die Entdeckung gemacht, daß die Börse mit neunhundert Pfund Banknoten, die er dem Herrn Hartfree hatte abnehmen lassen, zum Teufel sei; und die Wahrheit zu sagen, so hatte Miß Stradle sie ihm auch in der Hitze ihrer verliebten Umarmungen gar behende aus der Tasche praktiziert. Indessen, da er eine vollkommene Herrschaft über seine Empfindungen oder vielmehr über seine Muskeln besaß, die auch ebenso erforderlich zur Bildung eines großen Charakters wie zur täuschenden Darstellung desselben auf der Bühne ist, so zwang er bald ein Lächeln auf seine Wangen, verbarg sowohl sein Unglück wie seinen Schmerz und begann, Miß Lätitia seine Liebe aufs dringendste zu empfehlen.

Unter andern guten Eigenschaften hatte diese junge Dame drei herrschende Leidenschaften: nämlich Eitelkeit, Wollust und Geiz. Die erste von diesen befriedigte Herr Smirk und Compagnie; die zweite Herr Bagshot und Compagnie; aber unser Held hatte einzig und allein die Ehre, der dritten ein Genüge zu leisten. Diese drei Arten von Liebhabern wußte sie auf einem ganz verschiednen Fuß zu behandeln. Bei Smirk war sie mutwillig und kokett, bei Bagshot verliebt und nachgiebig, bei Wild aber kalt und zurückhaltend. Sie sagte ihm daher mit der ernsthaftesten Miene von der Welt, es sei ihr lieb, daß er das Unrechtmäßige in seinem Betragen bei ihrer letzten Zusammenkunft eingesehen hätte, wo er sich so unhöflich aufgeführt, daß sie schon willens gewesen wäre, ihn niemals wieder zu sehen; sie befürchtete, ihr eignes Geschlecht würde ihr kaum die Schwachheit verzeihen, die sie sich zuschulden kommen ließe, indem sie von diesem Entschluß abginge, was sie freilich nimmer getan haben würde, hätte ihre Schwester, die ihre Aussage bestätigen könnte (und das tat sie denn auch mit vielen Schwüren), sie nicht wieder in seine Gesellschaft gelockt mit dem Vorwande, es sei eine Fremde da, sie zu besuchen; indes, da er es jetzt für gut befinde, ihr überzeugende Beweise von seiner Liebe zu geben, und da sie merke, daß es nicht auf ihre Tugend gemünzt sei, so müßte sie gestehen – daß –

Hier begann sie zu stottern, und Theodosia nahm das Wort: »Nein, Schwester! Du sollst dich nicht länger verstellen. Ich versichere Sie, Herr Wild: sie liebt Sie aufs feurigste. Und wahrhaftig, liebe Letti, wenn du nur Miene machst, fortzugehn, entdecke ich ihm alles, was du je zu mir gesagt hast, da ich merke, daß er es so ehrlich meint.« – »Wie, Schwester?« antwortete Lätitia, »du wirst mich doch nicht aus der Stube jagen wollen? Solch eine Behandlung habe ich nicht erwartet.«

Wild ließ sich nun auf ein Knie nieder, ergriff ihre Hand und wiederholte seine Beteuerungen, die ich mit Stillschweigen übergehe, weil der Leser sie sich leicht von selbst vorstellen kann. Dann legte er das Kästchen zu ihren Füßen, aber sie schlug es höflich aus; indessen, da er seine dringende Bitte, es anzunehmen, wiederholte, fragte sie mit niedergeschlagenen Augen und gedämpfter Stimme, was darin enthalten sei? Wild öffnete es auf der Stelle und langte (mit Kummer schreibe ich es nieder, und mit Kummer wird es jeder gutdenkende Leser vernehmen) eins von jenen schönen Halsbändern hervor, womit auf einem Jahrmarkt der weiße Busen einer Königin Talestris, Anna Bullen oder Elisabeth geziert zu sein pflegt. Die Wahrheit zu sagen, so bestand es aus dem Stoff, womit Dardäus Magnus, ein berühmter Tabulettkrämer, die Schönen vom zweiten Range um einen sehr zivilen Preis bedient. Denn um dem Leser mit einem Male aus dem Traume zu helfen, so sei hiermit kund und zu wissen, daß der vorsichtige Graf aus Furcht, irgend ein kleiner Umstand möchte den Herrn Wild morgen am bestimmten Ort zu erscheinen verhindern, die Juwelen sorgfältig in die eigne Tasche gesteckt und an ihrer Stelle diese falschen Steine in das Kästchen praktiziert hatte, welche freilich in den Augen eines wahren Philosophen, vorzüglich wenn er noch obendrein ein Kenner von recht künstlerischer Komposition ist, mehr Wert haben mußten, als in den Augen der keuschen Lätitia, die sich in der Tat sehr gut auf Juwelen verstand. Denn Herr Snap, von dem großen Vorteil überzeugt, den die Kenntnis dieser Dinge jungen Damen gewähren könne, hatte diesen Teil ihrer Erziehung beileibe nicht vernachlässigen wollen und sie zu dem Ende in einem Alter, wo die Mädchen gewöhnlicherweise nichts, als sich zu putzen, lernen, bei einem berüchtigten Pfandjuden als Stubenmädchen vermietet.

Der Blitz, der von den Juwelen flammen sollte, flammte eher aus den Augen der keuschen Lätitia, und der Donner ihrer Stimme folgte schnurstracks nach. Sie gab unserm Helden alle Ehrentitel, die ihr nur geläufig waren, und er stand schweigend vor Erstaunen und errötend vor Scham und Unwillen da, daß er sich hatte übertölpeln lassen. Endlich kam er wieder zu sich selbst, warf das Kästchen wütend zur Erde, nahm den Schlüssel vom Tische, flog aus der Türe, ohne den Damen, die beide weidlich über ihn herfielen, eine Antwort zu geben oder um Abschied von ihnen zu nehmen, und eilte, was er konnte, der Behausung des Grafen zu.

VIERTES KAPITEL

Worin Wild nach vielen fruchtlosen Versuchen, seinen Freund wiederzufinden, in einer Rede über sein Unglück sinniert.

Mit mehrerem Ungestüm klopft der dickwanstige Lakai einer wohlgeborenen Dame an keine Tür, als Wild an die Türe des Grafen klopfte, die ein wohlgekleideter Bedienter ihm auch sogleich öffnete, ihm aber dabei zu wissen tat, sein Herr sei nicht zu Hause. Wild ließ sich damit nicht abspeisen, sondern durchsuchte das ganze Haus – aber vergebens. Dann durchstöberte er alle Spielhäuser in der ganzen Stadt: kein Graf war zu finden. Die Wahrheit zu sagen, dieser Herr hatte von seinem Hause Abschied genommen, sobald Wild nur den Rücken gewendet, und ohne Bedienten, Kleider und andre für die Bequemlichkeit eines großen Mannes gehörigen Dinge mit sich zu nehmen, war er so eilig davon geritten, daß er bereits achtundzwanzig Meilen auf der Straße von Dover zurückgelegt hatte.

Als Wild merkte, daß all sein Suchen fruchtlos sei, beschloß er, die Sache für diese Nacht aufzugeben. Er verfügte sich also zum Sitz seiner stillen Betrachtungen, nämlich in einen Schlafkeller, und, ohne einen Groschen in der Tasche zu haben, forderte er ein Maß Punsch, setzte sich einsam auf eine Bank und brach ganz leise in das folgende Selbstgespräch aus:

»Wie eitel ist doch menschliche Größe! Was helfen uns höhere Talente? Was hilft uns der edle Trotz, den wir den Gesetzen bieten, von denen sich nur der Pöbel einschränken läßt, wenn unsre feinsten und tiefsten Pläne so zu Wasser werden? Wie unglücklich ist der Zustand eines Ritters von der Industrie! Wie ist es der menschlichen Klugheit doch unmöglich, jeden Betrug vorauszusehen und sich davor zu hüten! Es geht im Leben, wie im Schachspiel: währenddessen der Springer, der Läufer oder die Königin zu einem großen Coup gebraucht wird, wirft sich ein elender Bauer dazwischen und verdirbt das ganze Spiel. Besser für mich, ich hätte die Gesetze der Freundschaft und Sittlichkeit beobachtet, als daß ich nun meinen Freund zum Behuf andrer zugrunde gerichtet. Seine Börse hätte mir vielleicht immer zu Dienste gestanden, und nun hab ich ihn selbst außerstand gesetzt, mir zu dienen. Aber dies war doch meine Absicht nicht. Wenn ich also mein eignes Betragen in allen Stücken rechtfertigen kann, warum soll ich mich denn hinsetzen und wie ein Weib oder ein elender Knabe über so einen Querstrich weinen? Aber kann ich mich selbst so ganz von Nachlässigkeit freisprechen! Fehlte ich nicht, indem ich andern die Gewalt in Händen ließ, mich zu überlisten! Doch – dies ist unvermeidlich. Ein Ritter von der Industrie ist hierin unglücklicher, als jeder andre: wenn ein Vorsichtiger ins Gedränge kommt, kann er seine Hände in der Tasche halten; aber wie soll ein Langfinger seine eignen Taschen verteidigen, wenn er seine Hände brauchen muß, um andrer Leute Taschen zu durchsuchen? In diesem Lichte betrachtet, kann man sich nichts Elenderes denken als einen Langfinger. Wie gefahrvoll ist nicht sein Modus acquirendi! Wie unsicher und prekär seine Besitzungen! Warum sollte man denn jemals wünschen, ein Ritter von der Industrie zu werden? Oder – wo liegt seine Größe? In seiner Seele – antworte ich. Die innere Ehre, das stille heimliche Bewußtsein, große, wunderbare Taten ausgeführt zu haben, dies ist es, was allein den wahrhaft großen Mann aufrecht zu erhalten vermag, sei er übrigens ein Eroberer – ein Tyrann – ein Minister – oder ein Dieb. Dies muß ihn beruhigen bei allen Flüchen von Privatpersonen, bei den Verwünschungen des Publikums, das muß ihn mit sich selbst zufrieden machen, während alle Menschen ihn hassen und verabscheuen. Was anders als so eine innere Zufriedenheit könnte einem Menschen, der Macht, Reichtum und jede irdische Glückseligkeit besitzt, die Stolz, Geiz und Üppigkeit nur wünschen kann, auch dahin bewegen, sein Haus und seine Ruhe zu verlassen und mit Gefahr, alles zu verlieren, was das Glück ihm so freigebig geschenkt, mit unsäglichen Kosten und unendlichen Beschwerden, an der Spitze einer ganzen Herde von Dieben, die man eine Armee nennt, seine Nachbarn zu beunruhigen und Raub, Verwüstung und Blutvergießen nebst allen Arten von Elend über seine Nebenmenschen zu verbreiten? Was anders, als so ein edler Drang des Herzens könnte Prinzen auf der höchsten Staffel der Ehre, im Genuß der herrlichsten Einkünfte mit dem Verlangen beseelen, ihre Untertanen ihrer Freiheit zu berauben, die gerne für ihre Schwelgereien und dem Stolz dieser Prinzen ihr Knie beugen? Was anders kann sie bewegen, die eine Hälfte ihrer Untertanen aufzureiben und die andre ihrem oder dem Willen ihrer brutalen Nachfolger zu unterwerfen? Was anders kann einen Untertan, der selbst große Besitztümer hat, dahin vermögen, seine Mitbürger zu verraten und sich selbst, seine Brüder und seine ganze Nachkommenschaft dem Mutwillen solcher Prinzen preiszugeben? Warum sollte endlich sonst der Ritter von der Industrie alle Mittel und Wege, sich einen sicheren und anständigen Unterhalt zu verschaffen, aus der Acht lassen und mit Lebensgefahr und Furcht vor sogenannter Schande geradezu den Gesetzen seines Vaterlandes für einen prekären und unsicheren Gewinn Trotz bieten? Ich darf mich also immerhin mit der Betrachtung zufriedengeben, daß ich klug genug, aber freilich unglücklich war, und daß ich folglich ein großer, wenn auch nicht ein glücklicher Mann bin.«

Sein Selbstgespräch ging zugleich mit seinem Punsch zu Ende; denn bei jeder Pause labte er sich mit einem kleinen Schluck. Und nun fiel es ihm erst ein, daß es ihm saurer werden würde, den Punsch zu bezahlen, als es ihm geworden war, ihn zu trinken, als er zu seinem großen Vergnügen am andern Ende der Stube einen von den Ehrenmännern sitzen sah, den er bei dem Abenteuer mit Hartfree gebraucht hatte, und der ihm, wie er gar nicht zweifelte, von Herzen gern eine oder zwei Guineen leihen würde; aber zu seinem nicht geringen Leidwesen erfuhr er, daß das Spiel ihn um alles Geld gebracht, was seine Großmut ihm gelassen hatte. Er sah sich also genötigt, seinen gewöhnlichen Weg einzuschlagen: d. h. er drückte sich den Hut in die Augen und ging zum Tempel hinaus, ohne eine Entschuldigung zu machen, und ohne daß irgend jemand Lust oder Courage gehabt hätte, ihm einen Heller abzufordern.

FÜNFTES KAPITEL

Enthält einige wunderbare Abenteuer,
die unser Held mit größer Größe besteht.

Wir wollen jetzt unsern Helden der Ruhe überlassen und zum Hause des Herrn Snap zurückkehren, wo sich Miß Theodosia, nachdem Wild davon gegangen, wieder an ihre Strümpfe gemacht hatte, indem Miß Lätitia zum Herrn Bagshot hinaufstieg; aber dieser Ehrenmann hatte sein Wort gebrochen, war in Gottes Namen die Treppe hinabgestiegen, hatte sich hinter einer Tür verborgen und war von da zu gleicher Zeit mit unserm Wild ins Freie geschlüpft. Wir müssen noch bemerken, daß Miß Lätitias Erstaunen um so größer war, als sie ungeachtet ihres Versprechens doch die Vorsicht gebraucht hatte, die Türe abzuschließen; aber in der Eile war ihr das nicht recht gelungen. Wie unglücklich war doch die Lage dieser jungen Dame, die auf diese Weise nicht nur den Geliebten ihres Herzens verlor, sondern sich noch obendrein auch der Wut eines beleidigten Vaters ausgesetzt sah, der außerordentlich auf sein Ehrenwort hielt, welches er dem Sheriff von London und Middlesex für die sichere Bewachung des dickbesagten Bagshot gegeben und wofür sich obendrein noch zwei Ehrenmänner mit Haut und Haar verbürgt hatten.

Aber fort von diesem melancholischen Gegenstande! Sehen wir dafür lieber nach unserm Helden, welcher, nachdem er Miß Stradle freilich ohne Erfolg aufgesucht hatte, mit einer wunderbaren Geistesgröße und mit der ruhigsten Miene von der Welt in aller Frühe seinen Freund Hartfree besuchte, und das zu einer Zeit, wo der Troß gewöhnlicher Freunde ihn unstreitig würde verlassen haben.

Er trat mit einem fröhlichen Gesicht in die Stube, dem er aber sogleich eine Falte der Bestürzung und des Erstaunens zu geben wußte, als er seinen Freund im Schlafrock, mit verbundenem Kopf und außerordentlich blaß im Armstuhle sitzen sah. Als Hartfree ihm von seinem Unfall Nachricht gegeben, äußerte er zuvörderst sein aufrichtiges Beileid und brach darauf in fürchterliche Paroxysmen der Wut gegen die Räuber aus. Hartfree, der sich den tiefen Eindruck zu Herzen nahm, den sein Unglück auf seinen Freund zu machen schien, bemühte sich, es in einem so schwachen Lichte darzustellen, als nur immer möglich war, indem er zu gleicher Zeit die Verbindlichkeiten zu erheben und herauszustreichen wußte, die er seiner Meinung nach gegen unsern Wild hatte; hierin stand ihm auch seine Frau treulich bei, und sie frühstückten mit mehr guter Laune, als man nach so einem Vorfall hätte erwarten sollen. Hartfree bezeugte seine Zufriedenheit, daß er den Wechsel des Grafen in ein anderes Taschenbuch gesteckt hätte, denn so ein Verlust, meinte er, würde ihn gänzlich ruiniert haben; »denn, die Wahrheit zu sagen, lieber Freund, so hab ich vor kurzem einige Verluste erlitten, die meine Umstände sehr in Unordnung gebracht haben; und hab ich gleich noch Schulden bei Leuten von Stand ausstehen, so weiß ich doch für jetzt nicht einen Schilling zu bekommen.« Wild wünschte ihm Glück, daß er wenigstens den Wechsel gerettet, und dann fuhr er mit großer Heftigkeit über die Grausamkeit solcher Standespersonen her, die einem Handelsmann sein Geld vorenthielten.

Währenddessen sie sich so unterhielten und Wild noch mit sich selbst uneins war, ob er von seinem Freunde borgen oder ihn bestehlen, oder ob ihm nicht vielmehr beides gelingen sollte, brachte der Lehrbursche eine Banknote von fünfhundert Pfund herein und sagte zu Hartfree, eine Dame, die im Laden einige Juwelen besehen hätte, lasse ihn bitten, ihr diese Note zu wechseln. Hartfree sah die Nummer an und erkannte sogleich, daß dies eben die Note wäre, die man ihm gestohlen. Er machte nun unsern Wild mit dieser Entdeckung bekannt, der ihm mit einer merkwürdigen Gegenwart des Geistes und ohne im mindesten sein Gesicht zu verändern, riet, ja bedächtig zu Werke zu gehen; zu gleicher Zeit erbot er sich unter dem Vorwande, Herr Hartfree sei zu unruhig, um die verdächtige Person mit gehöriger Kunst zu befragen, sie in einem Zimmer ganz allein zu vernehmen. Er sagte, er wolle sich für den Herrn des Ladens ausgeben, wolle ihr einige Juwelen vorzeigen, und es solle ihm nicht schwer werden, die nötige Kundschaft von ihr einzuziehen und ihm so wieder zu seinem verlorenen Gelde zu verhelfen. Diesen Vorschlag nahm Hartfree mit allem Dank an. Wild verfügte sich in eine Stube im zweiten Stocke, wohin auch der Bursche das Frauenzimmer brachte, wie sie es verabredet hatten.

Kaum war die Dame ins Zimmer getreten, so ward der Bursche unten abgerufen, und nachdem Wild die Türe verschlossen hatte, ging er mit einem grimmigen Blick auf sie zu und deklamierte über die Schändlichkeit des Verbrechens, dessen sie sich schuldig gemacht; aber so schön seine Moral auch sein mochte, so zweifeln wir doch aus gegründeten Ursachen, daß sie viel Wirkung auf den Leser machen werde, und lassen sie daher in Gottes Namen aus; nur daß wir das Ende seiner Rede nicht mit Stillschweigen übergehen dürfen, wo er nämlich fragte: ob sie wohl einige Rechnung auf seine Gnade machen könne? Miß Stradle – denn diese junge Dame war Miß Stradle in eigner Person –, die eine gute Erziehung genossen hatte und mehr als einmal in Old Bailey zugegen gewesen war, leugnete die Schuld keck und dreist und sagte, sie habe die Note von einer Freundin bekommen. Wild aber erhob seine Stimme und sagte, er würde sie augenblicklich einziehen lassen, und dann könne sie sicher darauf rechnen, daß sie werde überwiesen werden – »doch«, fügte er hinzu, indem er einen andern Ton annahm, »ich liebe dich aufs zärtlichste, meine teure Stradle; und willst du meinem Rate folgen, so verspreche ich dir bei meiner Ehre, dir nicht nur zu verzeihen, sondern dich auch niemals wieder dieser Sache wegen zur Rechenschaft zu ziehen.«

»Was ist es denn, das ich tun soll, Herr Wild?« erwiderte die junge Dame mit freundlicher Miene. »Wisse denn«, gegenredete

Wild, »daß ich das Geld, welches du mir aus der Tasche gemaust (und das tatest du – oder wenn du es leugnen willst, werde ich Mittel finden, dir den Mund zu öffnen), daß ich das Geld im Spiele von einem Buben gewonnen habe, der es, wie mir vorkommt, meinem Freunde gestohlen; darum mußt du ein Zeugnis und einen Eid gegen einen gewissen Thomas Fierce ablegen und sagen, du habest die Note von ihm bekommen; das weitere überlasse mir. Gewiß – du wirst deine Verbindlichkeit gegen mich erkennen; denn laß ich dir nicht auf diese Weise Gnade für Recht widerfahren?« Die Dame gab von ganzem Herzen ihre Einwilligung und machte Miene, Herrn Wild zu umarmen, der aber ein wenig zurücktrat und ausrief: »Halt, Maria! Du bist mir noch Rechenschaft wegen zwei anderen Noten, jede zu zweihundert Pfund, schuldig: Wo sind sie?« Die Dame beteuerte mit vielen Schwüren, sie wüßte von keiner anderen Note, und als sich Wild damit nicht abspeisen ließ, schrie sie: »Durchsuchen Sie meine Taschen!« – »Das soll geschehen«, erwiderte Wild; »man wird dich visitieren, und zwar bis aufs Hemde.« Dann machte er sich an die Arbeit und durchstöberte alle ihre Taschen – aber umsonst; bis sie endlich in einen Strom von Tränen ausbrach und erklärte, sie wolle ihm reinen Wein einschenken. Dies geschah denn auch; sie bekannte nämlich, sie hätte die eine Note einem Irländer namens Hans Swagger gegeben: dieser war ein großer Liebling der Damen, war erst Schreiber bei einem Advokaten gewesen, dann aber von einem Dragonerregiment weggepeitscht worden; jetzt machte er in Newgate den Sachwalter und trieb sich in allen Bordells herum; was die andre Note anbetreffe, so habe sie sie bereits diesen Morgen für Seide und Brabanter Spitzen ausgegeben.

Wild sah sich genötigt, mit dieser Nachricht, die in der Tat wahrscheinlich genug war, zufrieden zu sein; auch ließ er jeden Gedanken fahren, das wiederzubekommen, was ihm unwiederbringlich verloren schien, und gab der Dame statt dessen fernere Instruktionen, wie sie sich verhalten sollte; dann befahl er ihr, seine Rückkunft zu erwarten, ging zu seinem Freunde und sagte ihm, er hätte die ganze Spitzbüberei entdeckt; das Mädchen hätte bekannt, von wem sie das Geld erhalten, auch versprochen, ihr Geständnis bei einem Friedensrichter niederzulegen; es täte ihm nur leid, daß er ihn nicht dahin begleiten könnte, weil er nach dem andern Ende der Stadt gehen müßte, um dort dreißig Pfund zu heben, die er diesen Abend bezahlen müßte. Hartfree sagte, dieser Umstand solle ihn nicht um seine Gesellschaft bringen, denn er könne ihm so eine Kleinigkeit sehr leicht vorstrecken. Dies nahm Wild auch an, und so gingen sie beide in Gesellschaft der Dame zu einem Friedensrichter.

Als nun der Verhaftsbefehl ausgefertigt und der Constable von dem Mädchen (die ihrerseits von Wild gestempelt war) die gehörige Nachricht von Fierces Aufenthalt eingezogen hatte, ward dieser in Verhaft genommen und mit Miß Stradle konfrontiert, die auch keck gegen ihn schwur, ob sie ihn gleich in seinem Leben nicht gesehen hatte; er ward nun nach Newgate gebracht, woselbst er unsern Wild sogleich von seinem Unglück Nachricht geben ließ, der ihn auch denselben Abend noch besuchte.

Wild stellte sich außerordentlich betrübt über den Unfall seines Freundes und verwunderte sich höchlich über die Art und Weise, wie die ganze Geschichte an den Tag gekommen. Indessen, meinte er, müsse Fierce sich doch in dem Punkte irren, daß er keine Bekanntschaft mit Miß Stradle gehabt; doch, fügte er hinzu, wolle er sie aufsuchen und sich alle ersinnliche Mühe geben, ihr Zeugnis zu entkräften, das überhaupt nicht gültig genug sei, sein Leben in Gefahr zu bringen; überdem wolle er ihm noch Zeugen für ein Alibi und fünf oder sechs andere für seinen Charakter verschaffen, so daß er auf jeden Fall ganz ruhig sein könne. Fierce, den diese Versicherungen unseres Freundes außerordentlich trösteten, stattete ihm seinen herzlichsten Dank ab, und nachdem sie sich recht freundschaftlich die Hände gedrückt und geschüttelt hatten, gingen sie auseinander.

Unser Wild überlegte nun, daß das bloße Zeugnis der Miß Stradle nicht hinlänglich sein würde, Fierce zu verdammen, den er aber durchaus an den Galgen bringen wollte, weil er sich unter allen am meisten geweigert hatte, die Beute nach Wilds Muster zu teilen. Er suchte daher Herrn Jakob Sly auf, der zugleich mit Fierce das Abenteuer bestanden hatte, und, als er ihn gefunden, gab er ihm von Fierces Gefangennehmung Nachricht; zu gleicher Zeit äußerte er seine Besorgnis, Fierce möchte Sly ebenfalls anklagen, und riet ihm daher, jenem das Prävenire zu spielen und sich dem Friedensrichter als Zeuge gegen Fierce anzutragen. Sly billigte dieses außerordentlich, ging stehenden Fußes zu der Magistratsperson, ließ sich festnehmen und versprach, als Zeuge gegen seinen Spießgesellen aufzutreten.

Binnen wenigen Tagen wurde Fierce nun in Old Bailey inquiriert und wunderte sich nicht wenig, seinen alten guten Freund neben Miß Stradle gegen sich als Zeugen erscheinen zu sehen. Seine einzige Hoffnung war noch Wilds Beistand, der blieb aber aus. Weil nun das gültigste Zeugnis gegen ihn beigebracht wurde, er sich auch auf keine Weise verteidigen konnte, so erkannten ihn die Geschworenen für schuldig. Der Gerichtshof verdammte ihn, und Herr Ketsch richtete ihn hin.

Mit solch unendlicher Geschicklichkeit wußte dieser wahrhaft große Mann auf die Leidenschaften der Menschen zu wirken, sie miteinander in Streit zu bringen und Furcht, Neid und Eifersucht zu seinen Plänen anzuspannen; welche Leidenschaften er durch Hilfe jener großen Künste leicht zu erregen wußte, die der Pöbel Verräterei, Verstellung, Versprechungen, Lügen, Falschheit usw. nennt, die der große Mann aber in dem Namen Politik zusammenfaßt; eine Kunst, in der es unser Held ebenso gewiß am weitesten gebracht hatte, wie es nicht zu leugnen steht, daß sie der höchste Grad der menschlichen Vortrefflichkeit ist.

SECHSTES KAPITEL

Von Hüten.

Wild hatte sich nun eine ansehnliche Bande zugelegt, die meistenteils aus ruinierten Spielern, bankerotten Kaufleuten, müßigen Lehrburschen, aus Schreibern bei Advokaten und jungen Taugenichtsen bestand, die, ohne Glücksgüter geboren, zu keinem Metier aufgezogen, ohne zu arbeiten gut leben wollten. Da diese Leute verschiedene Grundsätze, d. i. verschiedene Hüte hatten, so erhoben sich häufige Streitigkeiten unter ihnen. Eigentlich gab es zwei Parteien unter ihnen, nämlich diejenigen, die ihre Hüte keck aufstutzten, und die, welche einen runden Hut trugen und den Rand über die Nase zogen. Erstere nannten sich Kavaliere, die letzteren aber Rundhüte. Diese beiden Parteien lagen sich einander immer in den Haaren und glaubten am Ende, es gäbe einen wesentlichen Unterschied zwischen ihnen und ihr wechselseitiges Interesse ließe sich gar nicht vereinigen, da die einzige Verschiedenheit doch nur im Schnitte ihrer Hüte bestand. Wild berief sie daher den Abend nach Fierces Hinrichtung in ein Bierhaus, und als er aus ihrem Betragen die deutlichsten Zeichen eines Mißverständnisses vermerkte, redete er sie folgendermaßen an: »Meine Herren! Ich schäme mich in der Seele, Leute unter sich selbst uneins zu sehen, die sich doch zu dem großen und ehrenvollen Geschäft, das Publikum zu plündern, verbunden haben. Glauben Sie wirklich, die ersten Erfinder der Hüte oder ihrer verschiedenen Schnitte wären der Meinung gewesen, eine Form könne einen Menschen zum Gottesgelehrten, die andre zum Rechtsverständigen, die dritte zum Arzt machen, oder die vierte ihn wohl gar mit Mut und Tapferkeit beseelen? Nein – durch diese äußeren Zeichen wollten sie bloß dem Pöbel eine Nase drehen und große Männer der Mühe überheben, sich die zu ihrem Beruf erforderlichen Eigenschaften zu erwerben, indem sie sich nur herablassen dürfen, die Larve oder das Gewand derselben zu tragen. Es ist daher sehr weislich, wenn Sie, meine Herren, in öffentlichen Gesellschaften den Janhagel mit Ihrem Zwist über solche Kleinigkeiten amüsieren, damit Sie ihm desto bequemer die Taschen ausräumen können, währenddessen er mit offenem Munde auf Ihren Gallimathias hört; aber – nehmen Sie die Sache wirklich ernstlich und können Sie auch zwischen diesen vier Wänden so einen lächerlichen Streit fortsetzen, so muß ich Ihnen sagen, daß dies ein wenig nach Narrheit und Aberwitz schmeckt. Wissen Sie doch, daß Sie insgesamt Ritter von der Industrie sind: was für einen Vorzug kann denn ein runder oder spitzer Hut einem vor dem andern geben? Ist ein Beutelschneider weniger ein Beutelschneider, wenn er einen breiten Rand trägt? Wäre auch das Publikum schwach genug, sich für diese Streitigkeiten zu interessieren und eine Partei der andern vorzuziehn, währenddessen alle beide nach seinen Börsen trachten, so müssen Sie über die Torheit lachen, aber sie um Gottes willen nicht nachahmen. Wie lächerlich für Sie, über Ihre Hüte Hader und Streit zu beginnen, da kein einziger unter Ihnen ist, dessen Hut einen Pfennig wert sein kann! Wozu braucht man seinen Hut anders, als sich den Kopf warm zu halten oder seine kahle Platte vor dem Publikum zu verstecken? Bei Männern von Stande ist es Sitte, seinen Hut bei jeder Gelegenheit zu rücken, und am Hofe oder in den Assembleen des Adels trägt man nicht einmal einen Hut. Lassen Sie mich daher kein Wort mehr von diesem kindischen Zwist hören, sondern stoßen Sie hübsch Ihre Hüte zusammen und bedenken Sie, daß das der beste Hut sei, der die meiste Beute faßt.«

Hier endigte er seine Rede, die von lautem Beifall begleitet wurde, und augenblicklich stießen sie alle ihre Hüte zusammen, wie er befohlen hatte.

SIEBENTES KAPITEL

*Folgen von Wilds Abenteuer mit Hartfree,
allen armseligen Geschöpfen zur Warnung,
die sich mit großen Männern abgeben;
nebst einigen Kopien von Briefen,
die jedem zum Muster dienen können,
der einen unverschämten Gläubiger abzuweisen hat.*

Kehren wir jetzt zu Hartfree zurück! Ihm wurde der Wechsel des Grafen, den er fortgegeben hatte, mit Protest und mit der Nachricht wiedergeschickt, der ihn ausgestellt, sei nirgends zu finden, auch hätte man nach genauerer Untersuchung vernommen, daß er davon gelaufen wäre; folglich verlange man das Geld jetzt von Hartfree. Die Aussicht auf so einen Verlust würde jeden Geschäftsmann erschreckt haben; um so mehr einen, dessen unvermeidlicher Ruin damit verbunden war. Auch äußerte Hartfree bei dieser Gelegenheit so viel Angst und Bestürzung, daß der Eigentümer des Wechsels einen großen Schreck hatte und den Entschluß faßte, eilig und schleunig alles zu sichern, was sich nur sichern ließe. Herr Snap erhielt also noch denselben Nachmittag den Auftrag, unserm Hartfree eine Visite zu machen; dies tat er denn auch mit den gewöhnlichen Formalitäten und schleppte ihn mit sich in seine Behausung.

Kaum hörte Mistreß Hartfree das harte Schicksal ihres Mannes, so wütete sie wie eine Rasende. Aber als der erste Sturm der Leidenschaft sich durch Tränen und Klagen Luft gemacht hatte, dachte sie auf alle möglichen Mittel, ihrem Mann wieder zu seiner Freiheit zu verhelfen. Sie eilte zu ihrer Nachbarin, um sie dahin zu vermögen, für ihren Mann Bürgen zu werden. Weil sich aber die unglückliche Neuigkeit schon überall ausgebreitet hatte, so fand sie keinen von ihnen zu Hause, außer einem ehrlichen Quäker, dessen Domestiken nicht lügen durften. Indessen glückte es ihr bei ihm um kein Haar besser; denn unglücklicherweise hatte er eben den Tag zuvor aufs heiligste versichert, daß er sich für keine Seele verbürgen wollte.

Nach vielen fruchtlosen Versuchen dieser Art verfügte sie sich endlich zu ihrem Mann, um ihn wenigstens durch ihre Gegenwart zu trösten. Sie fand ihn, wie er eben einige Briefe zusiegelte, die er an seine Freunde und an seine Schuldner abschicken wollte. Ein Strahl von Freude funkelte in seinen Augen, als er sie erblickte; dies aber war nicht von langer Dauer, und er konnte nicht umhin, seine zärtliche Besorgnis für ihr Schicksal und für das Schicksal ihrer kleinen Familie zu äußern. Ihrerseits tat sie alles mögliche, ihn zu beruhigen, ihm seinen Verlust nicht allein in einem erträglichen Lichte vorzustellen, sondern auch die Hoffnung in ihm rege zu machen, daß der Graf vielleicht nur aufs Land gegangen sei. Auch verwies sie ihn auf seine Freunde, die ihn gewiß nicht stecken lassen würden; vorzüglich, da er einigen von ihnen auf gleiche Weise gedient hatte. Zuletzt beschwor sie ihn bei aller seiner Liebe zu ihr, nur seine Gesundheit, worauf ihre ganze Glückseligkeit beruhte, nicht durch allzugroßen Kummer in Gefahr zu setzen, und versicherte ihn, kein Zustand würde ihr an seiner Seite unglücklich scheinen, falls er ihn nicht durch Unmut und Mißvergnügen unglücklich für sie machte. So bemühte sich dieses schwache armselige Weib, den Schmerz ihres Mannes zu lindern, den sie doch eigentlich hätte vergrößern sollen. Die Törin! Warum malte sie ihm sein Elend nicht mit den lebhaftesten Farben? Warum warf sie ihm nicht hübsch seine Narrheit und sein übel angebrachtes Zutrauen vor, die es veranlaßt hatten? Warum bejammerte sie nicht ihr eignes trauriges Schicksal, das ihr die Verbindlichkeit auflegte, seine Leiden mit ihm zu teilen?

Hartfree nahm die sogenannte Güte seines Weibes mit dem wärmsten Danke auf, und sie brachten eine Stunde nebeneinander zu, worin aber nichts als Armseligkeiten vorfielen, die wir unserm großen Leser mit Recht vorenthalten, da sie nur das Schwache und Lächerliche der menschlichen Natur ins Licht zu setzen dienen.

Nun kamen die Boten mit der Antwort auf seine Briefe zurück. Wir wollen hier einige Kopien davon einrücken, da sie manchem zum Muster dienen können, der sich in der so gewöhnlichen Verlegenheit befindet, die Unverschämtheit eines Gläubigers abweisen zu müssen.

Erster Brief

Herr Hartfree!

Mein Herr befiehlt mir, Ihnen zu sagen, daß er sich höchlich über Ihre Unverschämtheit, Geld zu fordern, wundert, da er Ihnen erst so kurze Zeit schuldig ist. Indessen, da er nicht länger mit Ihnen handeln will, so hat er mir befohlen, Ihre Rechnung zu bezahlen, sobald ich nur bei Kasse sein werde, und damit möchte es wohl noch eine Weile Anstand haben, angesehen ich in diesen Tagen große Auszahlungen gehabt. Ich bin

Ihr ergebener Diener
Roger Morkraft.

Zweiter Brief

Lieber Herr!

Freilich haben Sie recht, daß ich schon drei Jahre in Ihrer Schuld bin, aber es ist mir heute bei meiner Seele nicht möglich, Ihnen einen Heller zu bezahlen, doch hoffe ich bald imstande zu sein, nicht allein diese Kleinigkeit abzumachen, sondern auch noch beträchtliche Summen zu verdienen zu geben. Übrigens hoffe ich, dieser kleine Aufschub werde Ihnen keine Ungelegenheiten verursachen.

Ihr wahrer Freund und gehorsamer Diener Carl Courtli.

Dritter Brief

Herr Hartfree!

Haben Sie doch die Güte, meinem Manne nichts von meiner Schuld zu sagen! Ich weiß, Sie sind ein sehr gutmütiger Mann, und darum will ich Ihnen ein Geheimnis anvertrauen. Er gab mir das Geld schon vor langer Zeit – ich hatte aber das Unglück, es im Spiele zu verlieren. Seien Sie versichert, daß ich bei der ersten Gelegenheit an Sie denken werde.

Ich bin Ihre gehorsame Dienerin
Catherine Rubbers.

Machen Sie doch Mistreß Hartfree meine Empfehlung!

Vierter Brief

Mein Herr!

Dero Geehrtes habe empfangen, aber was die verlangte Summe anbetrifft, so kann ich jetzt nicht dienen.

Ihr ergebener
Peter Pounce.

Fünfter Brief

Mein Herr!

Es tut mir außerordentlich leid, daß ich Ihrem Verlangen für jetzt kein Genüge leisten kann, vorzüglich bei allen den Verpflichtungen, die Sie mir auferlegt und die ich zeitlebens mit dem dankbarsten Herzen erkennen werde. Ihr Unglück geht mir sehr zu Herzen, und ich würde Ihnen persönlich aufgewartet haben, wenn ich nicht ein wenig unpaß wäre und überdem nicht noch diesen Abend nach Vauxhall gehen müßte. Ich bin

Ihr ergebener Diener
Carl Eas.

Dero Frau Liebste und werten Kinder befinden sich doch wohl?

Es liefen noch mehrere Briefe in eben dem Stile ein; aber wir wollen unserm Leser nur so viel zur Probe geben. Der letzte war unserm Hartfree bei weitem der schmerzlichste; denn er kam von einem Manne, dem er eine beträchtliche Summe geliehen hatte, als er in Verlegenheit steckte, und von dessen glücklichen Umständen er jetzt vollkommen unterrichtet war.

ACHTES KAPITEL

Worin unser Held seine Größe zu einer außerordentlichen Höhe bringt.

Fort also, sobald als möglich, mit diesem abscheulichen Gemälde menschlicher Undankbarkeit, und laßt uns dafür lieber bei der Darstellung der edlen Zuversicht verweilen, welcher die Franzosen nicht ohne Grund das Beiwort gut anhängen. Hartfree hatte kaum die obigen Briefe gelesen, als unser Held vor ihm erschien, und zwar nicht mit dem Blick, womit ein erbärmlicher Dorfpfarrer seinem Patron vor Augen kommt, wenn er ihm bei einer Parlamentswahl zuwider gewesen, oder den ein Doktor annimmt, wenn er von einer Türe wegschleicht, wo man ihm die tröstliche Nachricht von dem Tode seines Patienten gegeben; auch nicht mit der niedergeschlagenen Miene, die einen Menschen verrät, der nach einem langen Kampfe zwischen Tugend und Laster endlich für das letztere entschieden hat und der nun bei seinem ersten Schelmenstück entdeckt wird: nein – unser Held trat auf mit der edlen, kühnen und großen Zuversicht, womit ein Premierminister seinen Klienten versichert, das Amt, das er ihm versprochen, sei bereits lange zuvor vergeben worden.

Ebenso eine Unruhe, ebenso einen Kummer, wie dieser bei solchen Gelegenheiten äußerte, äußerte Wild auch gegen seinen Freund; und wie dickbesagter Premier euch der Nachlässigkeit zu bezichtigen pflegt, weil ihr ihn nicht früher um seine Verwendung angesprochen, ebenso fiel auch unser Held über den armen Hartfree her, daß er dem Grafen Kredit gegeben; und ohne ihn zu Worte kommen zu lassen, überhäufte er ihn mit Vorwürfen, welche, so gut sie auch übrigens gemeint waren, Hartfrees ärgster Feind nicht wütender hätte ausstoßen können. Hartfree, der sonst wohl einen kleinen Unwillen gegen Wilds Dienstfertigkeit, ihn dem Grafen zu empfehlen, geäußert haben möchte, ward hierdurch außerstand gesetzt, dies zu tun, und gleich einem Eroberer, wenn er in seinem eignen Lande angegriffen wird, sah er sich genötigt, seine ganze Macht aufzubieten, um sich nur selbst zu verteidigen. Dies gelang ihm denn auch durch das Gewicht, das er auf das äußere Ansehn des Grafen und seine Equipage legte, so wohl, daß Wild nach und nach ruhiger wurde und endlich mit einem Seufzer sprach: »Ich muß bekennen, unter allen Menschen auf Gottes Erdboden habe ich das wenigste Recht, andern Leuten ihre Unvorsichtigkeit vorzuwerfen, da man mir selbst so leicht eine Nase drehen kann, was denn auch dieser Graf getan hat. Denn – kann er nicht bezahlen, so verlier ich fünfhundert Pfund durch ihn. Indes, was mich betrifft, so will ich nicht verzweifeln, und auch Sie verzweifeln nicht! Mancher findet für ratsam, sich eine Weile aus dem Staube zu machen oder sich irgendwo zu verbergen, bis er entweder seine Schulden bezahlt oder doch wenigstens mit seinen Gläubigern akkordiert hat. Und sollte dies der Fall sein, so verlier ich nur ganz allein bei dem Handel; denn meine Ehre verpflichtet mich, Sie so viel wie möglich schadlos zu halten, ob Sie gleich gestehen müssen, daß Sie allein an Ihrem Verluste schuld sind. Teufel! Hätte ich es für nötig gehalten, würde ich Sie zuverlässig gewarnt haben, aber ich dachte, das Viertel der Stadt, worin er lebte, wäre Warnung genug. Und solch eine Summe! Der Teufel muß Sie geritten haben.«

Dieser Grad von Unverschämtheit ging über Mistreß Hartfrees Vorstellung. War sie gleich kurz zuvor in schreckliche Verwünschungen gegen Wild ausgebrochen, so glaubte sie ihn jetzt doch ganz unschuldig und bat ihn, ihrem Manne nur nicht länger so unbarmherzig zuzusetzen. Ohne Kredit, sagte sie, könne kein Handel bestehen, und wahrhaftig, niemand würde es ihrem Manne verdenken, daß er einem Kavalier von des Grafen Ansehn Kredit gegeben. Überdem: Vorwürfe über Dinge, die nicht zu ändern seien, könnten zu nichts helfen; jetzt müsse man nur daran denken, den üblen Folgen vorzubeugen, die ihnen drohten; vor allen Dingen aber müsse man ihrem Manne seine Freiheit zu verschaffen suchen. »Wie«, erwiderte Wild, »hat er sich nach keinem Bürgen umgesehen?« – »Freilich wohl«, antwortete sie, »aber vergebens; alle Leute unserer Bekanntschaft haben sich mit Entschuldigungen abgefunden.« – »Keinen Bürgen aufgetrieben!« schrie Wild in einem Anfall von Leidenschaft. »Nun, er soll einen Bürgen haben, wenn es noch einen auf der Welt gibt! Es ist für heute schon spät; aber bauen Sie auf mein Wort: morgen in der Frühe schaffe ich ihm einen Bürgen.«

Mistreß Hartfree nahm diese Versicherung mit dankbaren Tränen auf und sagte, Wild sei in der Tat ein echter Freund. Dann wollte sie die Nacht bei ihrem Manne zubringen; aber er wollte dies seiner kleinen Familie wegen nicht zugeben, die er unter solchen bedenklichen Umständen nicht gerne den Händen der Domestiken überlassen wollte.

Man schickte nun sogleich nach einer Mietskutsche – aber vergebens, denn diese sind gleich Mietlingen von Freunden nur im Sonnenschein, selten aber, wenn ihr sie notwendig braucht, bei der Hand. Eine Sänfte hätte sie freilich aus der Verlegenheit reißen können, aber Herr Snap lebte in einem Viertel der Stadt, wohin sich Sänftenträger selten zu verirren pflegen. Die gute Frau sah sich also genötigt, den Weg nach Hause zu Fuße anzutreten, und Wild bot sich ihr sehr galant zum Begleiter an. Diese Höflichkeit schlug sie auch nicht aus, und nachdem die beiden Eheleute aufs zärtlichste Abschied genommen hatten, ließen die dienstfertigen Hände des Herrn Snap die Frau hinaus und schlossen den Mann ein.

Da dieser Besuch des Herrn Wild eine von den Stellen zu sein scheint, die ein Schriftsteller bloß darum seiner Geschichte einverleibt, weil es ihm niemand wehren kann; da es ferner die Größe unseres Helden beeinträchtigen und als ein Zug von Freundschaft, der zu sehr nach Schwäche und Unvorsichtigkeit schmeckt, seinen Charakter herabwürdigen könnte, so halten wir es für nötig, unsern scharfsichtigen Lesern, um deren Beifall es uns vorzüglich zu tun ist, von diesem Besuche Rechenschaft zu geben.

Kund und zu wissen denn, daß in dem Herzen unseres Wild gleich bei seiner ersten Zusammenkunft mit Mistreß Hartfree so eine Leidenschaft, Zuneigung oder so ein Verlangen nach dem Besitz dieses hübschen Weibes entstanden war, als dasjenige ist, welches man heutzutage Liebe nennt und welches man füglich mit dem Heißhunger vergleichen kann, den ein wohlzubereiteter Hammel- oder Rinderbraten einem feisten Dorfpfaffen einflößt, wenn ihm nach vollbrachtem Gottesdienst sein hocherbauter Patron in der Dankbarkeit seines Herzens so einen fetten Bissen vorsetzt, den er kaum gesehen hat, als er ihn auch schon (so heftig ist seine Liebe) in der Einbildung verschlingt. Ebenso glühend war der Heißhunger unseres Helden, der von dem Augenblick an, da ihm dieser Lekkerbissen zu Gesichte gekommen, schon gleich auf Mittel und Wege gesonnen hatte, sich denselben zu Gemüte zu führen. Seiner Meinung nach ließ sich das am besten durch Hartfrees gänzlichen Ruin bewerkstelligen, den er überdies schon aus anderen Beweggründen beschlossen hatte. Aber alle Operationen dieser Art setzte er beiseite, bis ihm erst der Coup gelungen wäre, der ihm den Weg zu dieser letzten Absicht bahnen sollte. Mit solcher Regelmäßigkeit führte unser Held seine Pläne durch, und so erhaben war er selbst über die Macht der Leidenschaft, die sonst bei anderen Menschen die größten und edelsten Entwürfe zu zerrütten und zu vernichten pflegt.

NEUNTES KAPITEL

Noch mehr Größe bei Wild. Eine häßliche Szene zwischen Mistreß Hartfree und ihren Kindern, nebst einem Plan unseres Helden, der die höchste Bewunderung, ja, sogar Erstaunen verdient.

Als Wild seine Geliebte oder vielmehr (um unsere Metapher fortzusetzen) sein niedliches Wildpret nach Hause führte, fiel es ihm zuvörderst ein, sie in eins von den Speisequartieren in Coventgarden zu bringen, wo man die jungen Herren mit köstlich zubereitetem Weiberfleisch zu bedienen pflegt; weil er aber befürchtete, er möcht nicht bald genug zum Zwecke kommen oder sich wohl gar durch allzuvoreilige Hitze um seine künftigen Erwartungen bringen, ihn auch noch überdem ein edler Plan beifiel, durch den er zu gleicher Zeit sein Vergnügen und seinen Vorteil sichern könne, so begleitete er Mistreß Hartfree geradewegs nach Hause und nahm Abschied von ihr nach vielen Freundschaftsversicherungen und mit dem Versprechen, morgen in aller Frühe bei der Hand zu sein, um sie wieder zu ihrem Manne zu führen.

Wild begab sich nun in einen Schlafkeller, wo er verschiedene seiner Bekannten antraf, mit denen er den Überrest der Nacht verschwelgte; auch störte ihn kein Gedanke an Hartfree in seinem Vergnügen. Seine Seele war so groß, daß nichts ihren Frieden unterbrach, außer der Furcht, Miß Lätitia möchte eine Entdeckung machen; denn er wußte, daß sie nicht gut auf ihn zu sprechen war. Dies allein unterbrach die vollkommene Heiterkeit des Geistes, die er sonst würde genossen haben. Weil er sie nun diesen Abend nicht mehr sehen konnte, so schrieb er ihr einen Brief voll tausend Beteuerungen seiner Liebe und ebensovielen Versprechungen, auf die er übrigens am meisten baute; alles nur, um die Dame wieder in gute Laune zu bringen; denn von seinem Verdacht ließ er sie nicht das mindeste merken, empfahl ihr auch keine Vorsicht und Verschwiegenheit, weil es seine beständige Maxime war: Bringe keinen Menschen auf den Gedanken, dir zu schaden, indem du ihn merken läßt, daß es in seiner Gewalt stehe.

Wir müssen uns nun wieder nach Mistreß Hartfree umsehen, die eine schlaflose Nacht unter ebenso großem Schmerz und Verzweiflung wegen der Abwesenheit ihres Mannes zubrachte, als ein wohlerzogenes Frauenzimmer fühlen würde, wenn der ihrige unvermutet von einer langen Reise wieder nach Hause käme. Als ihre Kinder am Morgen zu ihr gebracht wurden, fragte der ältere, wo der liebe Vater wäre? Sie konnte nicht umhin, in Tränen auszubrechen. Das Kind ward dies gewahr und rief: »Weinen Sie nicht, Mutter! Ich weiß gewiß, Vater würde nicht ausbleiben, wenn er nicht müßte!« Bei diesen Worten schloß sie das Kind in ihre Arme, warf sich in einem Anfall von Verzweiflung in einen Stuhl und rief: »Nein, mein Kind, die ganze Bosheit der Hölle soll uns nicht länger trennen!«

Dieser Umstände würden wir gar nicht gedacht haben, da sie doch höchstens sechs bis sieben Lesern Unterhaltung gewähren können, hätten wir dadurch nicht beweisen wollen, daß es Schwachheiten im gemeinen Leben gibt, die großen Seelen so fremd sind, daß sie sich nicht einmal eine Vorstellung davon machen können, und wäre es ferner nicht unsere Absicht gewesen, durch die Darstellung solch einer armseligen Kreatur die Größe desto besser ins Licht zu setzen, von der wir in dieser Geschichte ein so interessantes Gemälde zu geben suchen.

Als Wild in die Stube trat, fand er die Mutter mit dem einen Kinde im Arm, das andre kniete zu ihren Füßen. Nachdem er ihr die gewöhnlichen Komplimente gemacht, bat er sie, doch die Kinder nebst der Magd aus der Stube zu schicken, weil er ihr etwas von Wichtigkeit anzuvertrauen habe.

Sie ließ ihm seinen Willen, und als die Tür abgeschlossen war, fragte sie ihn mit großer Ängstlichkeit, ob es ihm geglückt sei, ihrem Manne einen Bürgen zu schaffen? Er antwortete, er habe sein Heil noch nicht versucht; aber er sei auf ein Mittel gefallen, wodurch sie ihren Mann, ihre Familie und sich selbst gewiß würde retten können. Demzufolge sollte sie sich stehenden Fußes mit ihren kostbarsten Juwelen nach Holland machen, und zwar ehe noch eine Bankerottstatute sie daran hindern könnte; er selbst wolle sie dahin begleiten, sie in Sicherheit bringen und dann zurückkommen, um ihren Mann zu befreien, der seine Gläubiger alsdann sehr leicht würde befriedigen können. Er sagte, er komme geradewegs von ihrem Manne, dem er diesen Entwurf mitgeteilt, der ihn auch außerordentlich gebilligt habe und sie bitten lasse, ihn so bald als möglich auszuführen, weil jeder Augenblick kostbar sei.

Der Umstand, daß ihr Mann dies Mittel gebilligt, ließ keinen Zweifel bei dem armen Weibe übrig: sie bat sich nur einen Augenblick Zeit aus, um ihn zu besuchen und Abschied von ihm zu nehmen. Aber dies schlug ihr Wild rund ab; durch den kleinsten Aufschub, sagte er ihr, beschleunige sie den Ruin ihrer Familie; sie solle sich ja nur auf einige Tage von ihm trennen, denn sobald er sie sicher nach Holland geschafft, wolle er zurückkommen, ihrem Manne zu seiner Freiheit verhelfen und denselben zu ihr bringen. »Ich war die unglückliche, obgleich unschuldige Ursache des Unglücks meines lieben Thomas, und ich will entweder mit ihm sterben oder ihn wieder herausreißen.« Mistreß Hartfree äußerte den lebhaftesten Dank für seine Güte, bat aber noch immer um eine kurze Unterredung mit ihrem Mann. Wild bestand darauf, jede Minute sei kostbar, und fügte mit einem mehr gerührten als ärgerlichen Ton hinzu, wenn sie nicht Entschlossenheit genug habe, dem Willen ihres Gemahls nachzukommen, so würde sie an seinem Unglück schuld sein; denn was ihn beträfe, so müsse er es verschwören, sich wieder in seine Angelegenheiten zu mischen.

Dann tat sie ihm den Vorschlag, sie wolle ihre Kinder mitnehmen. Auch dies schlug Wild ihr ab, unter dem Vorwand, sie würden sie nur auf ihrer Flucht aufhalten und es wäre schicklicher, wenn ihr Mann sie nachbrächte. Die gute Frau mußte sich endlich zum Ziele legen und sie packte also ihre besten Sachen zusammen, nahm den zärtlichsten Abschied von ihren Kindern und empfahl sie der Sorgfalt ihrer sehr treuen Wärterin. Dann riefen sie eine Mietkutsche, welche sie nach einem Gasthof brachte, woselbst sie eine Kutsche mit Sechsen nahmen und immer nach Harwich zueilten.

Wild war unterwegs froh und guten Mutes: schon glaubte er sich im Besitze seiner Geliebten und der reichen Ladung, die sie führte. Kurz, er empfand schon den Vorgeschmack aller der Glückseligkeit, die zügellose Lust und unersättliche Habsucht ihm versprechen konnten. Das liebenswürdige Geschöpf, das diese Leidenschaften befriedigen sollte, dachte an nichts, als an den unglückseligen Zustand ihres Mannes und ihrer Kinder. Kaum ein Wort kam über ihre Lippen, obwohl viele Tränen ihrem strahlenden Auge entquollen, die (wenn wir uns anders so einen groben Ausdruck erlauben dürfen) bloß zur Sauce dienten, den Appetit unseres Wild zu erhöhen.

ZEHNTES KAPITEL

Neue wunderbare Seeabenteuer.

Als sie nach Harwich kamen, fanden sie ein Schiff, das eben nach Rotterdam absegeln wollte. Sie gingen also sogleich an Bord und stachen mit gutem Winde in die See; aber kaum hatten sie das Land aus dem Gesichte verloren, so entstand ein gräßlicher Sturm, der sie südwestwärts trieb, so daß der Kapitän es für unmöglich hielt, den Sandbänken von Goodwin auszuweichen und sich zusamt der Equipage für verloren gab. Mistreß Hartfree, welcher der Tod bloß darum furchtbar war, weil er sie von ihrem lieben Manne und ihren Kindern trennte, fiel auf ihre Knie, um sich den Schutz des Allmächtigen zu erflehen. Wild aber verachtete großherzig jede Gefahr und faßte einen Entschluß, der vielleicht mehr Bewunderung verdient, als irgendeiner, den uns die ältere oder neuere Geschichte aufbewahrt hat, einen Entschluß, der aufs deutlichste zu erkennen gab, daß er zwei für einen Helden sehr notwendige Eigenschaften besaß, nämlich über Furcht und Mitleid erhaben war. Er sah, wie der tyrannische Tod ihm eine Beute zu entreißen drohte, die er bis jetzt erst in der Einbildung verschlungen hatte. Er schwor daher, er wolle ihm zuvorkommen, und bestürmte die arme Unglückliche erst mit Bitten, dann mit Gewalt.

Sobald Mistreß Hartfree ihn verstand, und das war bei ihrer jetzigen Stimmung und bei der guten Meinung, die sie von ihm hatte, so leicht nicht, wies sie ihn mit allen den Äußerungen von Unwillen und Erstaunen ab, die ihre Lage ihr nur in den Mund legen konnte; und als unser Held Gewalt brauchte, füllte sie die Kajüte mit so lautem Geschrei, daß es dem Kapitän zu Ohren kam, da der Sturm sich ohnehin ein wenig gelegt hatte. Dieser Mann, den mehr seine Erziehung und das Element, auf dem er sich umhertrieb, als sein eigenes Temperament roh gemacht hatte, eilte ihr augenblicklich zu Hilfe, und als er sie auf dem Boden ausgestreckt mit unserm Helden kämpfend fand, rettete er sie aus den Klauen ihres Räubers, der seine Beute fahren lassen mußte, um mit dem unvermuteten Feinde anzubinden, von dem er aber weidlich mit Prügeln zugedeckt wurde.

Doch würde unser Held vielleicht nicht den kürzeren gezogen haben, wenn er nicht der Menge hätte erliegen müssen, die ihrem Kapitän zu Hilfe kam. Als nun das Treffen zu Ende war, stieß der Kapitän einen derben Schwur aus und fragte Wild: ob das christlich wäre, einem Frauenzimmer in einem Sturm Gewalt anzutun? Wild antwortete mit vieler Größe und mit sehr finsterem Blick: es wäre recht gut, aber der Teufel solle ihn holen, wenn er nicht Genugtuung haben wollte, sobald sie an Land kämen. Der Kapitän erwiderte äußerst verächtlich: »Küß mich –!« Dann stieß er Wild aus der Kajüte, schloß Mistreß Hartfree ein und ging wieder an seine Geschäfte.

Der Sturm war nun ganz vorüber, außer daß die See noch ein wenig unruhig blieb. Mit einem Male entdeckte einer von den Matrosen in der Ferne ein Segel, und der Kapitän fürchtete, es könne ein französischer Freibeuter sein (wir hatten gerade Krieg mit Frankreich). Er ließ daher alle Segel beisetzen, aber seine Vorsicht war umsonst. Denn das bißchen Wind, das eben wehte, war ihm zuwider, so daß das Schiff auf unsern Engländer zukam, der es nun auch wirklich für einen französischen Freibeuter erkannte. Er war durchaus unfähig, Widerstand zu leisten, und strich also die Segel nach dem ersten Kanonenschuß. Der französische Kapitän kam mit einigen von seinen Leuten an Bord; das Schiff ward ausgeplündert und unter andern verlor auch Mistreß Hartfree alle ihre Habseligkeiten. Dann nahm der Kaper die ganze Equipage wie auch die beiden Passagiere mit sich an Bord, und beschloß, das englische Schiff in den Grund zu bohren, weil es ihm nur lästig sein würde und überdies schon alt und leck war. Er behielt daher nur das Boot, weil sein eigenes nichts taugte, ließ eine gute Ladung auf das Schiff geben und bohrte es glücklich in den Grund.

Der französische Kapitän, ein junger, galanter Herr, verliebte sich augenblicklich in seine schöne Gefangene, und weil er unsern Wild aus einigen Worten, welche dieser fallen ließ, ungeachtet der Unzufriedenheit mit ihm, die sich in ihren Blicken offenbarte, für ihren Mann hielt, so fragte er sie, ob sie Französisch verstünde? Sie bejahte es. Dann fragte er, wie lange sie mit diesem Herrn (wobei er auf Wild deutete) verheiratet sei? Sie antwortete mit einem tiefen Seufzer und mit vielen Tränen, sie sei freilich verheiratet, aber nicht an diesen Bösewicht, der die Ursache ihres ganzen Unglücks sei. Dieser Ehrentitel machte die Neugierde des Kapitäns rege, und er drang solange aufs höflichste in sie, ihm doch ihre Beschwerden gegen Wild zu entdecken, bis sie sich zuletzt überreden ließ, ihm die ganze Geschichte ihrer Leiden mitzuteilen. Den Kapitän, der gar keinen Begriff von Größe hatte, rührte dies so außerordentlich und setzte ihn gegen unsern Helden so in Wut, daß er den Entschluß faßte, ihn zu strafen, und ohne Kriegsrecht zu achten, ließ er sogleich sein schadhaftes Boot auswerfen, gab Wild ein halbes Dutzend Schiffszwieback, um sein Elend zu verlängern, stieß ihn ins Boot, überließ ihn der Gnade der Wellen und setzte seine Fahrt fort.

ELFTES KAPITEL

Das mustergültige Benehmen unseres Helden im Boot.

Vermutlich hatte das Verlangen, sich bei seiner schönen Gefangenen oder vielmehr Siegerin in Gunst zu setzen, keinen geringen Anteil an dieser raschen Handlung des Kapitäns: denn dieser Ehrenmann fühlte ungefähr dieselbe Leidenschaft oder besser denselben Hunger für Mistreß Hartfree, welchen Wild gefühlt hatte; auch war er nicht minder entschlossen, ihn bei der ersten Gelegenheit, gleichviel durch welche Mittel, zu befriedigen. Jetzt wollen wir ihn aber seinen Plänen überlassen und unserm Helden in das Boot folgen: denn im Unglück pflegt sich wahre Größe am besten zu offenbaren. Wenn sich ein Prinz in der Mitte seiner Höflinge, die sich um die Wette bemühen, ihm mit seinem Lieblingstitel oder in allen anderen Dingen zu schmeicheln, oder ein Eroberer an der Spitze von hunderttausend Mann, die alle bereit sind, seinen Willen zu vollziehen, mag er noch so grausam abenteuerlich und ausschweifend sein – wenn sich diese Helden im Triumph ihres Stolzes über ihre Werkzeuge erheben, so ist dies ganz natürlich. Aber daß ein Mann in Ketten, im Gefängnis, ja selbst im tiefen Kerker mit hartnäckigem Stolze und innigem Bewußtsein seiner Würde seine Erhabenheit über andere Menschen, die doch einem gewöhnlichen Beobachter viel glücklicher erscheinen als er, an den Tag legen kann; ja, daß er selbst in diesen Augenblicken den Himmel und die Vorsehung (deren vorzüglichste Sorge er ist) werktätig für sich und seine Entwürfe finden kann: das gehört zu den Geheimnissen der Größe, die nur ein Adept in dieser Kunst fassen und begreifen mag.

Läßt sich etwas elenderes denken, als die Lage unseres Helden, der sich nun in einem kleinen Boot auf offner See umhertrieb, ohne Ruder und Segel in der Gewalt des Windes und der Wellen, die ihn mit dem ersten Stoß umwerfen und begraben konnten? Dies ist noch in der Tat die gute Seite seiner Lage, wenn man bedenkt, daß ihm außerdem das schreckliche Schicksal bevorstand, bei anhaltender Windstille verhungern zu müssen.

Als unser Held sich nun in diesem Zustande sah, stieß er zuvörderst eine ganze Ladung von Flüchen aus, deren Wiederholung uns der Leser, ohne darum eben ein Frömmling zu sein, gerne erlassen wird. Dann verwünschte er das ganze weibliche Geschlecht, vorzüglich seine Leidenschaft (denn so beliebte er seinen Hunger zu nennen) für Mistreß Hartfree, die die einzige Ursache seines gegenwärtigen Unglücks sei. Zuletzt, weil er fühlte, daß er zu tief in die Sprache der Niedrigkeit und Klage verfiel, brach er kurz ab und deklamierte folgendermaßen: »Verdammt! Man kann nur einmal sterben. Was liegt denn daran? Jedermann muß sterben: wenns vorbei ist, ist es vorbei. Bis jetzt habe ich mich vor nichts in der Welt gefürchtet und sollte nun zu fürchten anfangen? Hole mich der Teufel, wenn ich das will! Was soll die Furcht auch? Wer wollte denn eine Memme sein!« Bei diesen Worten nahm er einen sehr fürchterlichen Blick an, aber plötzlich besann er sich, daß niemand zugegen war, milderte das Schreckliche in seiner Miene, machte eine kleine Pause und hob wieder an: »Teufel! Gesetzt, ich würde nun verdammt, wovon ich mir in der Tat noch niemals etwas habe träumen lassen. Ich habe oft darüber gelacht und meinen Spaß damit getrieben, und doch – wer weiß – ob es nicht möglich ist. Gibt es eine andre Welt, so wird es mir schlimm gehen, das ist gewiß. Was ich an Hartfreen verschuldet, kann mir nicht vergeben werden. Ich gehöre dem Teufel mit Leib und Seele. Dem Teufel? Pah! Ich werde auch vor ihm nicht zittern, daß ich so ein Narr wäre. Nein – nein – wenn der Mensch tot ist, ist es aus mit ihm. Wenn ich das nur gewiß wüßte! denn wie ich gehört haben will, sollen ganz gescheite Leute das Gegenteil glauben. Gibt es keine andre Welt, ei nun, so bin ich wenigstens ebensogut daran, wie ein Klotz oder ein Stein; aber – wenn – verdammt! ich will nicht länger daran denken. Memmen mögen vor dem Tode zittern, ich will ihm gerade ins Gesicht sehen. Aber soll ich hier Hungers sterben? Nein, ich will mir den Schiffszwieback des französischen Schurken schmecken lassen und dann in die See springen, um eins dazu zu trinken; denn der gewissenlose Halunke hat mir nicht einmal einen Schluck Branntwein gelassen.«

Mit diesen Worten machte er sich über seinen Proviant her, und kaum hatte er den letzten Bissen davon im Munde, so stürzte er sich, seinem Vorsatze zufolge, über Hals und Kopf in die See.

ZWÖLFTES KAPITEL

Die wunderbare und doch natürliche Rettung unseres Helden.

Unser Held hatte sich nun mit bewundernswürdiger Entschlossenheit in die See gestürzt, wie wir im vorigen Kapitel erzählten – aber siehe da, binnen zwei Minuten saß er wieder im Boot; und zwar ohne die Dazwischenkunft eines Delphins oder Seepferds, die immer bei der Hand sind, wenn ein Poet oder Geschichtschreiber sie zu Hilfe ruft, um seine Helden durch die See zu führen, gerade wie ein Sänftenträger sich in der Nähe von St. James hält, um einen Stutzer über die Straße zu tragen und seine Eskarpins rein zu erhalten. Die Wahrheit zu sagen, nehmen wir unsere Zuflucht nicht gerne zu Mirakeln, und zwar aus Achtung vor der Horazischen Regel:

Nec deus intersit, nisi dignus vindice nodus,

was soviel heißt wie: Bemüht keinen Gott, wenn ihr euch ohne ihn behelfen könnt. Und in der Tat verstehen wir uns auch besser auf natürliche, als auf übernatürliche Dinge. Darum wollen wir uns auch Mühe geben, diesen sonderbaren Fall auf eine natürliche Weise zu erklären, und eben deswegen müssen wir dem Leser ein tiefes Geheimnis aufschließen, das wohl bekannt zu sein verdient, und woraus er sich manches Phänomen wird erklären können, worüber man sich in unserer Hemisphäre weidlich die Köpfe zerbrochen.

Kommt es auch gleich manchem kurzsichtigen Beobachter so vor, als ob die Natur bei Hervorbringung vieler Leute gar keinen Zweck gehabt, so ist doch nicht zu leugnen, daß niemand ohne eine gewisse Bestimmung in die Welt gesetzt worden, wie z. B. einige, um Könige, andere, um Staatsmänner, noch andere, um Ambassadeure, Bischöfe, Generale und so weiter zu werden. Von diesen gibt es zwei Klassen; nämlich die, welche die Natur mit den zu ihrem Berufe erforderlichen Gaben auszustatten für gut befand, und die, durch welche sie bloß ihre unumschränkte Gewalt an den Tag legte und für deren Beförderung zu diesem oder jenem Platz der weise Salomon selbst keine andere Ursache hätte ausfinden können, als daß die Natur sie einmal dazu bestimmt. Diese letzteren haben einige Philosophen mit dem ehrenvollen Namen der Dummköpfe belegt, um dadurch anzudeuten, daß sie die Schoßkinder der Natur seien. In der Tat scheint der Grund von der Unwissenheit der meisten Menschen in diesem Punkt darin zu liegen, daß die Natur ihre

Absichten öfters durch Mittelursachen ausführt, die gar nicht in ihren Plan zu gehören scheinen, und die der schwache, immer nur gerade vor sich hinsehende Verstand eben darum verkennt und mit dem Ganzen nicht zusammenzureimen weiß. Daher kann er nicht begreifen, wie ein hübsches Weib oder eine hübsche Tochter zu ihrer Absicht, diesen oder jenen zum General zu machen, beitragen kann, oder wie Schmeichelei oder ein halbes Dutzend armselige Häuser in einem Marktflecken einem Bischof oder Richter zu seinem Platz verhelfen können. Wahrhaftig, so weise wir uns selbst auch dünken, räsonieren wir doch bloß ab effectu, und hätte man uns gefragt, wozu die Natur jene Menschen bestimmt, ehe sie ihre Absicht durch die Tat selbst an den Tag gelegt, so würden wir uns in keiner geringen Verlegenheit befunden haben; denn, man muß gestehen, auf den ersten Anblick möchte es einem Geist, der nicht inspiriert ist, scheinen, die Natur habe eher einen Mann von großen Talenten und Kenntnissen zu Ehre und Einfluß bestimmt, als einen Gimpel; aber die tägliche Erfahrung überzeugt uns vom Gegenteil und zwingt uns, die Meinung anzunehmen, die wir eben geäußert.

Weil nun die Natur unsern großen Mann zu der Erhöhung bestimmt hatte, die man eigentlich allen großen Männern wünschen sollte, so ließ sie sich durch nichts von ihrem Vorsatz abbringen. Sie erblickte ihn also kaum im Wasser, als sie ihm auch schon zuflüsterte, er sollte doch einen Versuch machen, wieder ins Boot zu kommen; diesem Rufe folgte er augenblicklich, und da er ein guter Schwimmer und die See sehr ruhig war, so gelang ihm dies sehr bald.

So glaub ich, haben wir denn von dieser Stelle in unserer Geschichte, die anfangs so unerklärbar schien, hinlängliche Rechenschaft gegeben und unsere Erzählung von dem Fehler des Wunderbaren gerettet, der einem sonst in andern Biographien nur zu oft aufstößt, vor dem man aber angehende Schriftsteller nicht genug warnen und den man ihnen nur dann verzeihen kann, wenn die Geschichte außerdem gänzlich zu Ende sein würde. Zweitens haben wir unserm Helden gegen den Vorwurf der Unentschlossenheit gesichert, der seine Größe außerordentlich beeinträchtigt haben würde.

DREIZEHNTES KAPITEL

Beschluß des Bootabenteuers, wie auch des zweiten Buches.

Unser Held brachte den übrigen Teil des Tages, wie auch die Nacht und den folgenden Tag in einem Zustande zu, den nur höchstens ein Ehrgeiziger beneidenswürdig finden kann, der, vorausgesetzt, daß er sich nur selbst mit dem entferntesten Laut aus Famas Trompete zu schmeicheln und zu beruhigen imstande ist, alle Vergnügungen der Sinnlichkeit, noch mehr aber jenen ernsten und ruhigen Trost, den ein gutes Gewissen einem christlichen Philosophen gibt, gerne und willig entbehrt.

Die Zeit verfloß ihm unter Betrachtungen, das ist unter Fluchen, Lästern, Singen und Pfeifen. Zuletzt, als Hunger und Kälte seinen Trotz fast ganz gebeugt hatten, ward er ungefähr nach Mitternacht durch die schwarze Dunkelheit ein Licht gewahr, das er nicht für einen Stern ansehen konnte, weil der Himmel ganz mit Wolken bedeckt war. Doch schien sich ihm dieses Licht nicht zu nähern, oder vielmehr, es näherte sich ihm so langsam, daß es ihm wenig Trost versprach; auch verlor es sich endlich ganz aus dem Gesichte. Nun erneuerte er seine vorigen Betrachtungen, und zwar bis Tagesanbruch; dann sah er zu seinem unaussprechlichen Vergnügen in einer kleinen Entfernung ein Segel, das zum Glück auf ihn zukam. Auch spähten ihn die Leute im Schiff gar bald aus, denn es bedurfte keiner Signale, um ihnen von seiner Not Nachricht zu geben, weil die See außerordentlich still und das Schiff nur fünfhundert Ruten von unserm Wild entfernt war; sie warfen daher sogleich ihr Boot aus und holten ihn an Bord.

Der Schiffskapitän war ein Franzose, hatte in Norwegen geladen und durch den letzten Sturm sehr gelitten. Er gehörte zu der Menschenklasse, die sich eine gewisse Humanität zur Pflicht macht und deren Mitgefühl beim Schmerz ihrer Nebengeschöpfe rege gemacht wird, wenn sie auch von einer Nation sind, mit der ihr König Krieg führt. Wilds unglücklicher Zustand jammerte ihn also, zumal da dieser ihm einen ganz hübschen Roman aufheftete. Er sagte ihm daher, er würde wissen, daß er bei seiner Ankunft in Frankreich ein Kriegsgefangener sein müsse, aber er wolle sich alle erdenkliche Mühe geben, ihm seine Freiheit wieder zu verschaffen; unser Held dankte ihm aufs verbindlichste. Indem sie nun sehr langsam fortsegelten (sie hatten nämlich ihren großen Mast im Sturm verloren), sah Wild in der Entfernung ein anderes Segel, und nach eingezogener Untersuchung vernahm er, daß es ein englisches Fischerboot sei; denn sie waren nur einige wenige Seemeilen von der englischen Küste. Weil die See nun sehr ruhig war, so erbot er sich, wenn man ihm nur ein paar Ruder geben wollte, das Fahrzeug zu gewinnen oder ihm wenigstens so nahe zu kommen, daß er es abrufen könne. Da die Viktualien, vorzüglich aber der Branntwein, den der Franzose ihm gereicht, seinen Mut ein wenig wieder hergestellt hatten, so setzte er dem Kapitän solange mit Bitten zu, bis dieser endlich einwilligte und ihm ein paar Ruder, etwas Brot, Schweinefleisch und eine Bouteille mit Branntwein geben ließ. Dann nahm er von seinen Rettern Abschied, stieg wieder in sein Boot und ruderte so wacker, daß der Fischer ihn bald zu Gesicht bekam, auf ihn loslegte und ihn glücklich an Bord nahm.

Kaum war Wild in Sicherheit, so bat er ihn, sobald als möglich nach Deal zu eilen; denn das Schiff, welches sie noch im Gesicht hätten, sei ein französisches, gehe nach Havre de Grace und könne leicht aufgetrieben werden, wenn nur ein Schiff segelfertig im Hafen läge, um es zu verfolgen. Auf so eine edle und große Weise schlug unser Held alle Verbindlichkeiten aus der Acht, die die Feinde seines Vaterlandes ihm erwiesen hatten; gerne hätte er alles, was nur in seinen Kräften stand, angewendet, seinen Wohltäter zum Gefangenen zu machen, dem er Leben und Freiheit verdankte.

Der Fischer ließ sich den Vorschlag gefallen, und sie kamen glücklich nach Deal, wo sie aber zu Wilds großem Leidwesen auch nicht ein Schiff vorfanden, das auf diese Expedition hätte auslaufen können.

Unser Held sah sich nun wieder auf dem festen Lande; aber zum Unglück war er zu weit von der Stadt entfernt, wo Leute von Kopf allen ihren Bedürfnissen ohne Geld abhelfen oder wo sie sich vielmehr auf die bequemste Weise Geld für alle ihre Bedürfnisse verschaffen können. Indessen waren seine Talente größer als alle Schwierigkeiten; er schmiedete eine so glaubwürdige Nachricht von seinem Schicksale: daß er nämlich Kaufmann sei, den der Feind auf der Reise ausgeplündert, der aber noch großes Vermögen in London hätte, daß der Fischer ihn nicht nur in seinem Hause gut bewirtete, sondern ihm noch obendrein eine beträchtliche Summe borgte (Wilds System über das Borgen kennen wir schon) und ihn dadurch in den Stand setzte, mit der Landkutsche zu reisen, die ihn denn auch zur rechten Zeit wohlbehalten in einem Gasthof in der Hauptstadt absetzte.

Und nun, geliebter Leser, kannst du unmöglich mehr für das Schicksal unseres Helden besorgt sein; denn haben wir ihn nicht glücklich auf den Haupttummelplatz seines Ruhms zurückgebracht? Darum wirst du erlauben, daß wir uns jetzt ein wenig nach Herrn Hartfree umsehen, den wir eben nicht in der angenehmsten Lage verließen.

Doch davon im folgenden Buche!

DRITTES BUCH

ERSTES KAPITEL

Hartfrees niedriges und armseliges Benehmen, nebst der närrischen Aufführung seines Lehrburschen.

Sein Unglück hinderte Hartfree nicht ganz am Schlaf. Im Gegenteil, in der ersten Nacht seiner Gefangenschaft schlief er verschiedene Stunden. Doch kam ihm seine Ruhe und ein süßer Traum, der damit verbunden war, teuer zu stehen; ein Traum, der ihm eine von den zärtlichsten Szenen vor die Seele brachte, die oft zwischen ihm und seiner kleinen Familie in den Tagen des Glücks vorgefallen waren, wenn Pläne auf die Zukunft, Pläne für das Fortkommen ihrer Kinder ihre Lieblingsunterredung war, womit sie sich oft bis spät in die Nacht unterhielten. Diese liebliche Erscheinung diente bloß, sein Elend beim Erwachen zu vermehren und die schrecklichen Vorstellungen zu verdoppeln, die sich seinem Gemüte aufdrängten.

Schon war er eine beträchtliche Weile von seinem Bette aufgestanden, auf welches er sich in seinen Kleidern geworfen hatte, und wunderte sich nun über das lange Ausbleiben seiner Frau; aber da der menschliche Geist aus jedem Umstande immer die schmeichelhaftesten Forderungen zu ziehen pflegt, so hoffte auch er, je länger sie ausbleibe, desto sicherer könne er auf seine Freiheit rechnen. Zuletzt siegte seine Ungeduld, und schon war er im Begriff, einen Boten nach seinem Hause zu schicken, als sein Lehrbursche kam, ihm einen Besuch abzustatten, und ihm auf sein Befragen die Nachricht gab, seine Frau sei vor einigen Stunden mit Herrn Wild abgereist und habe alle ihre Kostbarkeiten mitgenommen; sie habe übrigens gemessene Ordre dazu von ihrem Manne vorgeschützt und gesagt, sie ginge nach Holland.

Viele geistreiche Köpfe, die die Anatomie des menschlichen Geistes mit mehr Aufmerksamkeit studiert haben, als unsere jungen Ärzte meistenteils auf die Anatomie des menschlichen Körpers zu verwenden pflegen, sollen bemerkt haben, daß eine große und heftige Überraschung sich gewöhnlich ganz anders zu äußern pflegt, als diejenige Bestürzung, worein eine gute Hausmutter gerät, wenn sie einige Unordnungen in ihrer Küche gewahr wird, die sie nicht selten über ihre ganze Familie, ja öfters sogar über die ganze Nachbarschaft verbreitet. Diese großen Unglücksfälle, vorzüglich, wenn sie unvermutet kommen, betäuben alle Seelenkräfte, statt sie aufzuwecken; und demzufolge erzählt uns Herodes auch, Krösus, König von Lydien, habe bitterlich geweint, als er seine Bedienten und Hofleute in der Gefangenschaft gesehen, sei aber stumpf und bewegungslos dagestanden, als er seine Kinder in eben dem Zustande gesehen. Ebenso seelenlos stand auch Hartfree bei der Nachricht, die ihm sein Lehrbursche brachte, und nichts bewegte sich an ihm, außer seiner Farbe, die sein Gesicht gänzlich verließ.

Der Bursche, welcher keinen Augenblick an der Aufrichtigkeit seiner Gebieterin gezweifelt hatte, verlor ebenfalls die Sprache, als er die Bestürzung seines Herrn merkte, und so standen sie beide einige Minuten stumm da und gafften sich einander mit Schrecken und Entsetzen an. Endlich rief Hartfree voll Verzweiflung aus: »Mein Weib verläßt mich im Unglück!« – »Das verstehe der Himmel!« antwortete der Bursche. – »Was ist aus meinen armen Kindern geworden?« – »Sie sind zu Hause.« – »Gott sei gelobt! Sie hat auch diese verlassen. Den Augenblick hole sie mir! Geh, mein lieber Jakob, bring mir alles, was mir nun noch übrig bleibt. Eile, liebes Kind! Wenn du mich anders nicht auch im Elend verlassen willst.« Der Bursche antwortete, er wolle eher sterben, als solch einen Gedanken hegen, und nachdem er seinen Herrn gebeten hatte, sich zu beruhigen, gehorchte er seinem Befehl.

Als der junge Mann fort war, warf sich Hartfree in einem Anfall von Raserei aufs Bett; aber kaum hatte er sich von dem ersten Sturm der Leidenschaft ein wenig erholt, so zog er die Untreue seines Weibes, als eine fast unmögliche Sache, in Zweifel. Er überdachte die beharrliche Zärtlichkeit, welche sie immer gegen ihn geäußert hatte, und warf sich seinen Unglauben an ihre Treue bitter vor, bis endlich verschiedene Umstände: daß sie ihm nämlich nicht einmal geschrieben, noch sonst eine Nachricht von ihrer Abreise erteilt, daß sie mit Wild davongegangen, gegen den er schon etwas Argwohn hegte, und vorzüglich, daß sie seinen Befehl vorgeschützt – der Sache den Ausschlag gaben und ihn völlig von ihrer Treulosigkeit überzeugten.

Während er noch in dieser angstvollen Unruhe war, brachte der gute Bursche, der sich fast außer Atem gelaufen hatte, seine Kinder zu ihm. Er umarmte sie mit der größten Zärtlichkeit und drückte unzählige Küsse auf ihre Lippen. Das Mädchen flog ihm mit ebenso vieler Heftigkeit in die Arme, als er selbst bei dieser Gelegenheit äußerte, und rief aus: »Lieber Vater! Warum kamen Sie diese ganze Zeit über nicht zu Mama nach Hause? Ich hätte nicht gedacht, daß Sie Ihr kleines Hannchen so lange verlassen könnten!« Dann fragte er sie nach ihrer Mutter und erhielt zur Antwort, sie habe sie diesen Morgen alle beide geküßt und sehr über seine Abwesenheit geweint. Alles dieses brachte einen Tränenstrom in die Augen dieses schwachen närrischen Kerls, der nicht Größe genug besaß, die niedrigen Ausbrüche der Zärtlichkeit und des Menschengefühls zu besiegen.

Dann examinierte er die Magd, die aber ebenfalls nichts mehr sagen konnte, als daß ihre Gebieterin des Morgens unter Tränen und Küssen von ihren Kindern Abschied genommen und sie ihr auf die dringendste Weise empfohlen hätte; sie habe auch die äußerste Sorgfalt versprochen und wolle gewiß Wort halten. Hartfree dankte ihr für dieses Versprechen, und als er seinen Kindern noch einige Liebkosungen gemacht, übergab er sie den Händen ihrer Wärterin und entließ sie.

ZWEITES KAPITEL

Ein Selbstgespräch Hartfrees voll jämmerlicher Ideen, worin auch nicht eine Silbe von Größe vorkommt.

Als er nun allein war, saß er erst einige Minuten schweigend da, dann brach er in das nachstehende Selbstgespräch aus:

»Was soll ich tun? Soll ich mich der mutlosen Verzweiflung überlassen oder wohl gar dem Himmel trotzen? Wahrhaftig, beides schickt sich nicht für einen Weisen; denn was kann törichter sein, als über mein Elend zu jammern, wenn es nicht abzuändern ist, oder, wenn ich noch nicht alle Hoffnung aufgeben darf, das Wesen zu beleidigen, das mich allein wieder emporbringen kann? Doch – hängen meine Empfindungen von mir selbst ab? Stehen sie so unter meiner Gewalt, daß ich gebieten kann; nur so weit soll mein Schmerz gehen? Nein, wahrhaftig nicht. Mögen wir uns noch so viel auf unsere Vernunft zugute tun, sie hat nicht so viel Herrschaft über uns, daß sie die Stimme der Natur und des Schmerzes im ersten Augenblick zum Stillschweigen bringen kann. Was haben wir denn für Nutzen von ihr? Sie ist entweder ein leeres Wort, und wir täuschen uns, wenn wir Vernunft bei uns annehmen, oder sie ist uns vom allweisen Schöpfer zu irgendeinem Endzweck gegeben.

Ist dies der Fall, so muß es ihr Geschäft sein, den Wert der Dinge richtig abzuwägen und uns zu der Weisheit zu leiten, die jedem Gute seinen verhältnismäßigen Wert beilegt und uns verbietet, was wir hoffen, besitzen oder verlieren, zu hoch oder zu gering zu schätzen. Unsere Vernunft sagt uns nicht auf eine törichte Weise: freue dich nicht, betrübe dich nicht, das hieße den reißenden Strom in seinem Laufe aufhalten und dem rasenden Winde zu blasen verbieten. Sie befiehlt uns bloß, nicht wie Kinder zu frohlocken, wenn uns ein Spielzeug geschenkt wird, oder in Tränen zu zerfließen, wenn wir es wieder verlieren. Gesetzt nun: ich bin um alle Freuden dieser Welt gekommen, gesetzt: alle meine Aussichten auf eine glückliche Zukunft sind mir versperrt – was für einen Trost kann mir die Vernunft da gewähren? Zeigen kann sie mir, daß ich meine Liebe an Armseligkeiten verschwendet habe: daß der Gegenstand meines Verlangens von keinem Weisen weder ungestüm begehrt, noch untröstlich beweint werden müsse. Denn gibt es nicht Spielzeuge für jedes Alter? Spielzeuge von der Kinderklapper bis zum Throne? (Der Thron ist wohl eigentlich seiner Bestimmung nach keine Kinderklapper – aber wie viele Fürsten gibt es, die ihn nicht für eine Kinderklapper ansehen?) Und in den Augen ihrer Besitzer haben alle diese Dinge gleichen Wert: denn wie das Ohr des Kindes sich an der Klapper ergötzt, so ergötzt sich das Ohr des Monarchen an dem süßen Ton der Schmeichelei. Letzterer dringt ebensowenig in das Wesen und den Ursprung seines Vergnügens, als das erstere: täten sie das – müßten sie beide den Gegenstand ihrer Wünsche verächtlich finden. Und wahrhaftig, sehen wir diese Dinge von der ernsthaftesten Seite an, vergleichen wir sie miteinander, so werden wir bemerken, daß all der Prunk, all die Vergnügungen, wonach der Mensch strebt und ringt und die er oft durch so viele Gefahren und Gewalttätigkeiten erkaufen muß, nicht mehr oder weniger armselig sind, als das Spielwerk, das man in einem Galanterieladen zum Verkauf ausbietet. Wie oft habe ich nicht meine kleine Tochter einen Hampelmann mit gierigen Blicken betrachten sehen; was für Bitten, was für Liebkosungen hat sie nicht verschwendet, bis ich mich überreden ließ, ihr das Dingelchen zu kaufen; welch eine Freude glänzte in ihrem Gesicht, wenn ich es ihr hingab; mit welch einem Entzücken nahm sie es nicht in Besitz! Und wie wenig befriedigte es ihre Wünsche, wie viel Mühe kostete es ihr nicht, ihm wieder Geschmack abzugewinnen. Sein Putz mußte verändert werden, der Flitter, der zuerst ihr Auge fesselte, zieht sie nicht mehr an; vergebens bemüht sie sich, es zum Stehen und Gehen zu bringen, es sieht sich sogar genötigt, es mit

Worten zu unterhalten. Binnen zwölf Stunden liegt es im Winkel, und ein anderes, vielleicht weniger kostbares Spielzeug muß seinen Platz einnehmen. Wie gleicht der Zustand dieses Kindes doch dem Zustande eines jeden erwachsenen Menschen; welchen Schwierigkeiten muß er sich unterziehen, um seine Wünsche erfüllt zu sehn! Und wie bald wird er der Genüsse satt, die ihm dauerhaftes Vergnügen zu versprechen schienen! Die Ergötzlichkeiten der meisten Menschen sind ebenso kindisch, wie die Spiele meines kleinen Mädchens; eine Feder, eine Fiedel ist der Gegenstand ihrer Wünsche bis zu den reifen Jahren, wenn man anders behaupten kann, daß diese Menschen je zu reifem Alter gelangen. Aber werfen wir einen Blick auf diejenigen, deren Verstand erhabener und verfeinerter ist: wie bald finden sie die Welt und alle Genüsse derselben ihrer Mühe und ihres Strebens unwürdig! Wie bald ziehen sie sich in Einsamkeit und Ruhe zurück, beschäftigen sich mit dem Gartenbau, mit Pflanzen und solchen ländlichen Ergötzlichkeiten, genießen mit den selbstgezogenen Bäumen eine Luft und eine Sonne und vegetieren mit ihnen um die Wette. Gesetzt aber, es ließe sich in allen diesen Glücksgütern auch wesentlicher, echter Genuß ausfinden: würde nicht schon allein die Ungewißheit, mit der wir sie besitzen, ihren Wert herabsetzen? Welch ein erbärmlicher Zustand, von einem Gute abzuhängen, das uns Zufall, Gewalt und List mit jedem Tage entreißen kann und oft um so eher entreißen wird, je fester unser Herz an ihm hängt! Heißt das nicht unsere Liebe auf eine Wasserblase oder auf ein gemaltes Luftbild werfen? Nur ein Tor wird sein Haus oder einen schönen Garten auf ein Stück Land bauen, dessen Besitz ihm so ungewiß und prekär ist. Aber gesetzt, das Glück erteilte uns auch den Besitz aller dieser Dinge auf Lebenszeit: wie wenig kommt selbst dies in Betracht! Angenommen, daß alle diese Annehmlichkeiten uns gar nicht können entrissen werden, so ist doch nichts gewisser, als daß wir ihnen entrissen werden müssen! Vielleicht schon morgen, oder wohl gar noch früher. Denn wie der vortreffliche Dichter sagt: ›Wo ist morgen? In der andern Welt. Für Tausende ist dies gewiß, das Gegenteil ist es für niemand.‹ Aber wenn mir in dieser Welt nichts mehr zu hoffen bleibt, ist es darum aus mit meinen Hoffnungen? Wahrhaftig, jene dienstfertigen Schriftsteller, die sich so viele Mühe gegeben haben, den Beweisen für ein künftiges Leben ihre Kraft zu nehmen, haben uns doch wenigstens die Hoffnung dazu nicht rauben können. Die immer wirksame Selbstliebe, die uns unaufhörlich durch Schwierigkeiten und Mühseligkeiten jagt, wenn wir uns nur mit der entferntesten Aussicht auf ein Glück schmeicheln können, läßt uns auch sehnsuchtsvoll nach jenen schönen Wohnungen hinblicken, die doch immer, man mag sie für so chimärisch ausschreien wie man will, das Schönste sind, was sich die menschliche Einbildungskraft denken kann; zudem hat die rechte Straße zu diesen Wohnungen der Dornen und Disteln so wenig und es reist sich so bequem darauf, daß man sie mit Recht die Straße des Vergnügens und den Weg des Friedens nennen kann. Haben die Beweise für das Christentum so viel Grund, wie sie mir zu haben scheinen, so kann man sich aus dieser Quelle schon Trost genug schöpfen, um sich im größten Elende aufrecht zu erhalten. Das wenigstens sagt mir meine Vernunft: wenn die Verteidiger des Unglaubens recht haben, so lohnt es sich nicht der Mühe, über den Verlust zu weinen, den man durch den Tod leidet; aber – haben sie unrecht, wie es mir sehr wahrscheinlich dünkte, so kann man das Glück, das der Tod uns bringt, nicht eifrig und feurig genug begehren.

Für mich habe ich also nicht Ursache zu klagen – aber für meine Kinder. Doch: eben das Wesen, in dessen Hand meine Glückseligkeit steht, wird ja auch imstande sein, wird ja auch den Willen haben, für sie zu sorgen. Gleichviel welch einen Stand, welch eine Lebensart es ihnen anweist, ob sie sich ihr Brot durch ihrer Hände Arbeit verdienen müssen, oder ob andere es ihnen im Schweiße ihres Angesichts erwerben. Überlegen wir alles mit gehöriger Aufmerksamkeit und gehen dabei ohne Vorurteil zu Werke, so ist der erstere Weg, durch die Welt zu kommen, bei weitem der süßeste. Der Bauer ist vielleicht glücklicher als sein Herr; denn hat er nicht weniger Begierden, weniger zu fürchten und mehr zu hoffen, als dieser? Ich will mein Äußerstes tun, den Grund zum Glücke meiner Kinder zu legen, ich will sie ihrem Stande und ihrer Lage gemäß erziehen und für alles übrige das Wesen sorgen lassen, das noch keinen in der Not verlassen hat.«

So armselig räsonierte dieser jämmerliche Mensch, bis er sich in einen Enthusiasmus gesetzt hatte, der ihn für Schmerz und Leiden unverwundbar machte. Als daher Herr Snap ihm die Nachricht gab, er müsse ihn nach Newgate bringen, so nahm er diese Botschaft mit eben der Gleichgültigkeit auf, als weiland Sokrates die Nachricht, daß er sich zum Tode bereiten müsse.

DRITTES KAPITEL

Unser Held macht große Fortschritte auf seinem Wege zur wahren Größe.

Doch halten wir den Leser nicht länger mit diesen niedrigen Charakteren auf! Ohne Zweifel ist er ebenso ungeduldig, wie das Parterre in einem Schauspiele, wenn der Hauptcharakter des Stücks seinen Augen zu lange entzogen wird. Wir wollen uns daher nach seinem Willen bequemen und mit den Taten des großen Wild fortfahren.

In der Kutsche, mit welcher Wild von Dover abfuhr, befand sich ein junger Herr, der ein Landgut in Kent verkauft hatte und nun nach London ging, um daselbst das Geld in Empfang zu nehmen. Auch ein hübsches junges Mädchen machte die Reise mit, und zwar in der Absicht, in London ihr Glück zu machen; sie war aus Canterbury und hatte ihre Eltern heimlich verlassen. In dieses Mädchen verliebte sich obgedachter junger Herr so heftig, daß er die Absicht seiner Reise öffentlich kundtat und ihr eine beträchtliche Summe anbot, wenn sie mit ihm in die Provinz zurückkehren wollte, wo er sie auf immer vor ihren Eltern verbergen könnte. Wir können nicht mit Gewißheit bestimmen, ob sie diesen Vorschlag annahm oder nicht; indessen hörte Wild von dem Gelde, als er auch schon den Plan zu entwerfen begann, wie er sich dasselbe zu eigen machen könnte. Er schwatzte demzufolge ein Langes und Breites über die sicherste Manier, Geld auf der Landstraße fortzubringen, und sagte, er hätte eben jetzt zwei Banknoten, jede zu hundert Pfund, in seinen Rock genäht, und setzte hinzu:

»Da steckt es so sicher, daß mir vor dem listigsten Straßenräuber nicht bange ist.«

Der junge Herr, der eben kein Abkömmling des weisen Salomo war oder doch ebensowenig wie ein andrer Abkömmling weiser Leute die Weisheit seiner Vorfahren geerbt hatte, billigte Wilds Klugheit außerordentlich, dankte ihm für seinen guten Rat und meinte, bei seiner Rückfahrt wolle er seinem Beispiel folgen. Nun hatte Wild nichts angelegentlicheres zu tun, als sich nach dem Tage seiner Reise zu erkundigen, welchen er auch vor ihrer Trennung glücklich in Erfahrung brachte.

Bei seiner Ankunft in der Stadt suchte er sich zwei beherzte Kerle zu diesem Abenteuer aus, und, nachdem er seiner Meinung nach den kecksten und entschlossensten von diesen beiden auf die Seite genommen hatte (denn er pflegte sich immer jedem besonders zu entdecken), schlug er ihm vor, den jungen Herrn quaestionis zu plündern und zu ermorden.

Herr Marybone (so hieß der Ehrenmann, dem Wild dies zumutete) ließ sich das Ausplündern herzlich gern gefallen, aber gegen den Mord machte er einige Einwendungen. Er meinte, einen Straßenraub wolle er leicht auf sein Gewissen nehmen, wenn er die Sache recht bei Licht betrachte; denn so selten sich auch ein kühner Straßenraub der menschlichen Feigheit wegen ereignete, so wäre die bei weitem sichere Art, zu stehlen und zu betrügen, wo man sich bei den Gesetzen vorbeizuschleichen wüßte, nur zu gemein; und darum machte er sich gar nichts daraus, ebensowenig ehrlich zu sein wie andre Leute. Aber mit dem Gedanken eines Mordes könnte er sich keineswegs aussöhnen; dies sei eine so schreckliche Sünde, daß Gottes Gericht sie auf der Welt verfolge und allemal an den Tag kommen lasse.

Mit einem äußerst verächtlichen Blick gab unser Wild ihm folgende Antwort: »Du, den ich aus der ganzen Bande vor allen andern zu diesem großen Unternehmen mir ersehen habe, du kannst von Gottes Rache schwatzen? Wie es scheint, hast du dich in Rücksicht eines Diebstahls mit deinem Gewissen abgefunden, weil dies etwas ganz Gewöhnliches ist. Macht dich also das Ungewöhnliche eines Mordes zittern? Vielleicht glaubst du, Flinten, Pistolen, Schwerter und Messer sind die einzigen Werkzeuge des Todes. Sieh dich um in der Welt, und du wirst nicht alle Menschen zählen können, die ihr zerrüttetes Vermögen, ihr von Schmerz und Kummer gebrochenes Herz unter die Erde gebracht hat. Jener berühmten Helden nicht zu gedenken, die ganze Nationen ihrem Ehrgeiz geopfert haben – was dünkt dich von heimlicher Verfolgung, Verräterei und Verleumdung, wodurch den unglücklichen Schlachtopfern gleichsam die Seele aus dem Leibe gerissen wird? Ist es nicht edler, ja sogar gutmütiger, einen Menschen mit einem derben Streich oder Hieb zur Ruhe zu bringen, als ihm alle seine Habseligkeiten abzunehmen, seinen Charakter durch boshafte Verleumdungen zu ruinieren und ihm so einen langsamen Tod oder, was noch schlimmer ist, ein elendes Leben zu bereiten? Ein Mord ist daher so etwas Ungewöhnliches nicht, wie du Tor glaubst, ob du gleich recht hast, wenn du behauptest, ein Straßenraub sei der ehrenvollste von allen, weil man dabei den Gesetzen Trotz bietet. Aber glaube mir, zugleich ist dies auch die unschuldigste Manier, einen um das Seinige zu bringen; denn die Zunge einer Natter ist nicht so giftig, wie die Zunge eines Verleumders, und die vergoldeten Schuppen einer Klapperschlange sind nicht so schrecklich, wie der unersättliche, nie zu füllende Geldsack des Unterdrückers. Darum nichts mehr von deinen Skrupeln! Befolge meinen Willen ohne Anstand, wenn ich nicht glauben soll, daß du dich wie ein Weib fürchtest, deine Kleider blutig zu machen, oder wie ein Narr vor dem Galgen zitterst. Auf mein Wort: lieber ein ehrlicher Mann, als ein halber Spitzbube! Hoffe nicht, nur noch einen Tag in meiner Bande zu bleiben, wenn du mir nicht unbedingt gehorchst; denn niemand soll die kleinste Belohnung von mir erhalten, der vor irgend etwas zurückbebt oder einem andern Gesetze als meinem unumschränkten Willen folgt!«

Hier endete Wild seine Rede, die aber nicht den gewünschten Erfolg hatte. Marybone blieb hartnäckig auf seinem Kopfe und wollte den Mord nicht unternehmen, und dieser mußte doch gewagt werden, weil Wild fürchtete, es könne ihn in Verdacht bringen, wenn Marybone das Kleid des reisenden Herrn durchsuchte. Er schrieb unsern Marybone daher sogleich ins schwarze Register, und nicht lange nachher ward dieser Ehrenmann angeklagt und hingerichtet als ein Kerl, auf den sich sein Anführer nicht genug verlassen konnte. So fiel er, wie viele Spitzbuben fallen, nicht ein Opfer seiner Spitzbüberei, sondern ein Opfer seiner Gewissenhaftigkeit.

VIERTES KAPITEL

Ein junger vielversprechender Held tritt auf.

Jetzt machte sich unser Wild an einen andern von der Bande, der auch seinen Befehl ohne alles Bedenken annahm und bloß fragte, ob er auch den andern Passagieren nebst dem Kutscher das Lebenslicht ausblasen sollte. Wild, dessen Mäßigung wir schon einmal herausgestrichen haben, verbot ihm dies ernstlich. Nachdem er ihm also eine genaue Beschreibung des Herrn, auf dessen Ruin es abgesehen war, nebst anderen Verhaltungsmaßregeln gegeben hatte, entließ er ihn mit der gemessenen Ordre, keinem Menschen ein Leid zu tun, wenn er umhin könnte.

Der Name dieses Jünglings, der in der Folge als der Achates unseres Äneas oder vielmehr als der Hephästion unseres Alexanders eine beträchtliche Rolle in dieser Geschichte spielen wird, war Fireblood. Er hatte alle Eigenschaften zu einem großen Mann vom zweiten Range, das ist er war von Natur trefflich zum Werkzeug eines großen Mannes vom ersten Range ausgerüstet. Daher wollen wir ihn bloß negativ beschreiben und unserm Leser erzählen, welche Eigenschaften er nicht hatte, und diese waren Menschlichkeit, Scham und Furcht, von welcher letzteren sich auch kein Gran in seinem Temperamente befand.

Doch lassen wir diesen Burschen, der von allen in der Bande am meisten versprach, und von dem Wild oft sagte: er wäre einer der schönsten Jungen, die er je gesehen hätte, welcher Meinung auch alle seine Bekannten waren, und heften wir unsere Aufmerksamkeit auf unsern Helden, der immerfort mit starken Schritten auf den höchsten Gipfel des menschlichen Ruhmes zuging.

Gleich nach seiner Rückkunft in die Stadt stattete Wild seiner Miß Lätitia Snap einen Besuch ab; denn er hatte nun einmal die Schwachheit, sich von Weibern fesseln zu lassen, eine Schwachheit, die man nur zu oft mit einem Heldentalent verbunden findet. Die Wahrheit zu sagen, war er wohl mehr der Sklave seiner Begierden, als der Sklave eines Weibes, und hätte er diese nur befriedigen können, wäre es ihm gewiß gleichgültig gewesen, was auch immer aus der kleinen Tyrannin geworden sein möchte, für die er so viele Achtung bezeugte. Hier gab man ihm die Nachricht, Herr Hartfree sei den Tag zuvor nach Newgate gebracht worden. Über diese Neuigkeit war er ein wenig betreten; nicht, daß ihn Hartfrees Schicksal gejammert hätte, nein – auf diesen hatte er einen so unversöhnlichen Haß geworfen, daß man hätte denken sollen, Hartfree habe ihn so beleidigt, wie er Hartfree beleidigt hatte. Seine Bestürzung schrieb sich von anderen Ursachen her; es verdroß ihn, daß Hartfree an einem Ort gefangen saß, welches der Schauplatz seines künftigen Ruhmes sein sollte und wo er sich folglich oft in der Verlegenheit befinden würde, ein Gesicht zu sehen, das ihm Haß allein und nicht Scham verabscheuungswürdig machte.

Um diesem vorzubeugen, fiel er auf verschiedene Mittel. Erst sann er darauf, ihn durch einen kleinen Meuchelmord aus dem Wege zu schaffen, und er zweifelte nicht, Fireblood würde sich dazu bereit und willig finden lassen; denn dieser Jüngling hatte bei ihrer letzten Zusammenkunft geschworen, der Teufel solle ihn holen, wenn er einen besseren Zeitvertreib kennte, als einem Manne den Hals zu brechen. Aber außer der damit verbundenen Gefahr schien ihm dies Mittel nicht hart und demütigend genug für Hartfree. Nach reiferer Überlegung beschloß er daher, ihn womöglich bei der nächsten Sitzung des Sheriffs an den Galgen zu bringen.

Ist nun gleich die Bemerkung bekannt genug, daß der Mensch denjenigen sehr leicht haßt, den er beleidigt, und daß man einem andern Beleidigungen, die man ihm selbst zugefügt, nimmer vergeben kann, so hat sich doch meines Wissens noch niemand Mühe gegeben, dieses Phänomen zu erklären. Unserer Meinung nach gründet sich dieser unversöhnliche Haß in der ebenso mächtigen Leidenschaft der Furcht, die uns besorgen läßt, eine Person, die wir beleidigt haben, werde alle möglichen Mittel anwenden, sich zu rächen und Gleiches mit Gleichem zu vergelten. Dieser Glaube wurzelt in großen und boshaften Gemütern so fest, daß kein Wohlwollen, keine Großmut von des Beleidigten Seite ihn auszurotten vermag. Im Gegenteil sehen wir alle diese Beweise von Freundschaft für Betrug und für Kniffe an, wodurch jene ihren Argwohn einzuschläfern denken, bis sich eine Gelegenheit findet, ihnen heimlich desto sicherer eins beizubringen, und während der gute beleidigte Mann sein erlittenes Unrecht längst vergessen hat, behält es der Beleidiger beständig in frischem Angedenken.

Da wir unsern Lesern, um deren Unterhaltung und Unterricht es uns immer zu tun ist, nicht gerne eine Entdeckung vorenthalten, so können wir nicht umhin, jedem einfältigen guten Manne folgende kurze Maxime mitzuteilen: Bist du gleich als Christ verbunden, deinem Beleidiger zu verzeihen, so traue doch nimmer dem Manne, der vermuten kann, du weißt, daß er dich beleidigt hat.

FÜNFTES KAPITEL

Immer mehr Größe bei Wild, wie man sie weder in Geschichten noch in Romanen findet.

Um nun den großen und edlen Plan auszuführen, der sich in seinem Kopfe gegen Hartfree angesponnen, war es durchaus nötig, dessen Zutrauen wiederzugewinnen. Aber diesem Entwurf standen so viele Schwierigkeiten gegenüber, daß sogar unser Held an dem glücklichen Erfolge zweifelte. Freilich übertraf ihn niemand in der Kunst, seinem Gesichte die gehörigen Falten zu geben; aber dies Unternehmen schien noch einen höheren Grad dieser edlen Kunst zu erfordern, als je ein Sterblicher erreicht hat. Dennoch beschloß er zuletzt, es zu versuchen, und aus dem glücklichen Erfolg seines Wagstückes können wir mit Recht den Schluß ziehen, daß Unverschämtheit ebensogut wie unverdrossene Arbeit alle Schwierigkeiten zu überwinden vermag.

Als er mit seinem Plane fertig war, ging er geradeswegs nach Newgate, stürzte sich Hartfree in die Arme, küßte ihn und, nachdem er sich zuvörderst sein eigenes, rasches Verfahren vorgeworfen, und über den unglücklichen Ausgang seines Unternehmens gejammert hatte, benachrichtigte er ihn von allem, was vorgefallen war; nur daß er einen kleinen Umstand verschwieg, nämlich den Sturm, den er auf Hartfrees Weib gewagt hatte, und als den Beweggrund seines ganzen Benehmens seinen guten Willen, Hartfree vor den Folgen eines Bankerotts zu retten, angab.

Diese offene, freimütige Erklärung, die unbefangene Miene, mit welcher Wild sie machte, seine ängstliche Unruhe wegen dem Schicksal seines Freundes, die Wahrscheinlichkeit der ganzen Erzählung und den Anschein von Uneigennützigkeit, den dieser Besuch hatte, verbunden mit tausend Beteuerungen seiner ewigen Freundschaft, und das zu einer Zeit, wo Selbstliebe ihn unmöglich zu Hartfree zurückführen konnte; vor allen Dingen aber die Großmut, mit welcher er ihm seine Börse anbot – alles dieses fiel mit solcher Gewalt auf das gutgesinnte Herz dieses einfältigen Kerls, daß alle Vorurteile, die er gegen Wild gefaßt hatte, verschwanden. Als dieser ihn nun auf so guten Wegen sah, verwünschte er noch obendrein seine eigene Narrheit und seine zu voreilige Gutwilligkeit, seinem Freunde zu dienen, die jetzt allein an dem Unglücke desselben schuld sei; dann fluchte er auf den Grafen und gelobte, ihn mit seiner Rache durch ganz Europa zu verfolgen; zuletzt ließ er einige Trostworte fallen und versicherte Hartfree, sein Weib sei in gute Hände geraten und werde schwerlich weiter als bis nach Dünkirchen gebracht werden, wo man sie leicht ranzionieren könnte.

Hartfree, dem ein Schimmer von Hoffnung, daß sein Weib ihn nicht betrogen, willkommener gewesen wäre, als der reichlichste Ersatz für alle seine Juwelen, der sich auch nur mit Mühe hatte bereden lassen, dem kleinsten Zweifel an ihrer Treue Raum zu geben, ließ augenblicklich alles Mißtrauen gegen sie und gegen ihren Freund fahren, dessen Aufrichtigkeit zugleich mit der Aufrichtigkeit seines Weibes gerechtfertigt war. Er umarmte nun unseren Helden, der die tiefsten Spuren des Kummers auf dem Gesichte trug, sprach ihm Trost ein und sagte, man müsse Menschen nach ihren Absichten und nicht immer nach ihren Handlungen beurteilen; der Ausgang eines Unternehmens hänge oft vom Zufall, oft von der Lenkung eines höheren Wesens ab; Freundschaft könne sich meistenteils nur bis auf den guten Willen erstrecken. »Gesetzt auch, daß eine gute Absicht fehlschlägt, so behält sie doch immer ihr Verdienstliches in meinen Augen, und der Urheber derselben hat ein unverbrüchliches Recht auf mein Mitleid.«

Hartfree erkundigte sich nun mit vieler Neugierde, wie Wild der Gefangenschaft entkommen sei, worin sein Weib noch schmachtete. Auch hier erzählte Wild die lautere Wahrheit; nur, daß er dem Kapitän, der ihn in die See ausgesetzt, ein anderes Motiv unterschob und versicherte, er habe ihn bloß darum mit so vieler Grausamkeit behandelt, weil er seine Juwelen hatte in Sicherheit bringen wollen. Überhaupt hielt sich Wild immer soviel als möglich an die Wahrheit und nannte dies, den Feind mit seinem eigenen Geschütze zudecken.

Als Wild nun mit bewundernswürdiger Geschicklichkeit den ersten Schritt getan hatte, erhob er ein mächtiges Gerede über die Bosheit der Welt; vorzüglich ließ er sich über die Grausamkeit solcher Gläubiger aus, die niemals auf die unglücklichen Umstände ihrer Schuldner Rücksicht nähmen, sondern sie ohne Barmherzigkeit sitzen ließen und von dem Rechte Gebrauch machten, das ihnen die allzu strengen Landesgesetze auf ihre Person gäben. Er meinte, dies Verfahren scheine ihm eine ebenso große Strafe zu sein, als die ärgsten Missetäter dulden müßten. Der Verlust der Freiheit wiege in seinen Augen den Verlust des Lebens vollkommen auf; er habe sich von jeher vorgenommen, eher das Äußerste zu wagen, als sich um seine Freiheit bringen zu lassen, wenn das Schicksal ihn in eine solche Lage bringen sollte; und dazu brauche es nur Entschlossenheit: denn sei es nicht lächerlich, daß sich zwei- oder dreihundert Menschen von drei anderen einsperren ließen, wenn sie Mut genug hätten, sich in Freiheit zu setzen, vorzüglich, wenn man ihnen weder Ketten noch Bande angelegt? In dem Ton fuhr er fort, bis Hartfree endlich aufmerksam wurde, und dann schlug er ihm ein Mittel zu seiner Rettung vor, das sehr leicht auszuführen wäre: er wolle sich nämlich eine Partei im Gefängnis machen, und sollten auch eine oder mehrere Mordtaten dabei vorfallen, so dürfte er (Hartfree) ja an dem Verbrechen keinen Teil nehmen, und würde folglich auch nichts von der Strafe zu fürchten haben.

Einen Unfall gibt es, dem die Pläne aller großen Männer unterworfen sind: um diese Pläne nämlich auszuführen, müssen sie sich ihren Werkzeugen entdecken und ihnen zu erkennen geben, daß sie von der Gemütsart sind, worein ein ehrlicher Mann zufolge der Warnung eines erbärmlichen Schriftstellers kein Zutrauen setzen soll; diese Warnung hat auch dann und wann gefruchtet. Die Wahrheit zu sagen, so wachsen den großen Männern von diesen schreibseligen Leuten, die ihren Verdacht dem Publikum immer so plump mitzuteilen pflegen, viele Unbequemlichkeiten zu; so mancher große und edle Plan ist durch sie vereitelt worden. Darum wäre es wohl zu wünschen, daß solche Zügellosigkeiten in jedem wohlpolizierten Staat abgeschafft und unterdrückt würden. Eigentlich müßte kein Schriftsteller irgend etwas drucken lassen, bevor es nicht bei einem dieser großen Männer oder ihren Helfershelfern die Zensur passiert hätte; dann ließe sich noch hoffen, daß nur solche Schriften ins Publikum kämen, die zur Beförderung ihrer erhabenen Zwecke ein Großes beitrügen.

Hartfree, dessen Verdacht durch diesen wohlgemeinten Rat wieder rege ward, sah unsern Wild mit einem Blick voll unaussprechlicher Verachtung an und sprach wie folgt: »Es gibt ein Ding, dessen Verlust mir schmerzlicher sein würde, als der Verlust meiner Freiheit und meines Lebens; ich meine ein gutes Gewissen. Den Mann kann man nicht unglücklich nennen, der dieses Gut noch besitzt; der bitterste Trank des Elends wird durch seinen Trost so versüßt, daß es zuletzt sogar wohlschmeckend wird; und ohne ein gutes Gewissen verlieren auch die angenehmsten Genüsse allen ihren Reiz, ja, das Leben selbst wird unschmackhaft und schal. Wollen Sie mein Unglück dadurch erleichtern, daß Sie mir etwas nehmen, was bis jetzt bei allen meinen Leiden mein einziger Trost war, worauf meine einzige Hoffnung beruht, daß sie bald enden werden? Ich hatte gelesen, das Sokrates sein Leben nicht retten wollte, als man ihm riet, den Gesetzen seines Landes zum Trotz aus seinem Gefängnis zu entweichen, als es offen stand. Es kann sein, daß meine Tugend so weit nicht reicht; aber verhüte der Himmel, daß alle Rufe der Freiheit mich zu einem so schrecklichen Verbrechen, als ein Mord ist, nur versuchen wollten. Die elende Ausflucht, daß andere dies Verbrechen für mich begehen, könnte mir freilich willkommen sein, wenn ich nur der zeitlichen Strafe zu entschlüpfen suchte. Aber kann sie mich auch bei dem Wesen rechtfertigen, das ich vor allen anderen fürchte? Nein: dieser Versuch, ihn zu hintergehen, würde meine Schuld in Gottes Augen nur noch vergrößern, vorzüglich, wenn ich andere mit in mein Verbrechen zöge. Daher keinen Rat mehr von dieser Art! Denn mein größter Trost in allen meinen Leiden ist dieser, daß es nicht in der Gewalt meiner Feinde steht, mir mein gutes Gewissen zu rauben, und ich selbst müßte in der Tat mein größter Feind sein, wenn ich es nur beflecken wollte.«

Hörte unser Held dies gleich mit geziemender Verachtung an, so antwortete er doch nicht geradezu darauf; er bemühte sich vielmehr, seinem Vorschlag eine so gute Wendung zu geben, als es sich nur tun lassen wollte; und dies gelang ihm denn auch außerordentlich. Diese Methode, sich wieder herauszuwickeln, wenn man einen vergeblichen Anfall auf das Gewissen eines Menschen getan hat, kann man füglich die Kunst, sich zurückzuziehen, nennen, und sowohl der Politiker als der General pflegen oft von dieser einen bewundernswürdigen Gebrauch zu machen.

Als Wild sich nun so künstlich zurückgezogen und seine vorhin geäußerte Absicht, seinen Freund eines Mordes teilhaftig zu machen, wegräsoniert hatte, meinte er, Hartfree hätte doch nicht recht, wenn er nicht auf Mittel sinnen wollte, sich in Freiheit zu setzen; und nachdem er alle Versuche, die jener billigen würde, zu machen versprochen hatte, nahm er für jetzt Abschied. Hartfree unterhielt sich nun noch eine Stunde mit seinen Kindern; dann begab er sich zur Ruhe, die er auch ungestört genoß, während unser Wild die ganze Nacht aufsaß und überlegte, wie er wohl seinen Freund am besten zugrunde richten könnte, ohne daß Hartfree selbst die Hand im Spiele hätte; auch zweifelte er gar nicht, daß ihm dies gelingen würde. Mit dem Resultate dieser Beratschlagungen werden wir unsere Leser zur gehörigen Zeit bekannt machen; für jetzt rufen uns Dinge von größerer Wichtigkeit ab.

SECHSTES KAPITEL

Der Ausgang von Firebloods Abenteuer, und ein Heiratskontrakt.

Fireblood kehrte von seinem Abenteuer zurück, ohne irgend etwas getan zu haben. Der junge Herr, auf den es abgesehen war, hatte einen anderen Weg nach seiner Heimat genommen, so daß die ganze Absicht unseres Helden verloren ging. Fireblood hatte freilich die Kutsche angegriffen, auch ein Pistol abgeschossen und einen von den Passagieren leicht verwundet; aber die Beute, die er aufgetrieben, war nicht beträchtlich, obgleich viel beträchtlicher, als er Wild angab; denn von elf Pfund, zwei silbernen Uhren und einem Ring produzierte er bloß zehn Guineen nebst dem Ringe und beteuerte dabei mit unzähligen Schwüren, das sei die ganze Beute. Als man aber den Raub in die Zeitung setzte und für den Ring und die beiden Uhren eine Belohnung versprechen ließ, sah sich Fireblood genötigt, die ganze Geschichte zu entdecken und unserm Helden zu bekennen, daß er die beiden Uhren versetzt habe; die denn auch Wild dem Eigentümer wieder zustellte, aber sich dafür auch ihren vollen Wert bezahlen ließ. Bei dieser Gelegenheit las er indessen seinem jungen Freunde einen derben Text. Er sagte, es tue ihm leid, erleben zu müssen, daß einer von der Bande sein Ehrenwort breche; ohne Ehre sei es um alle Industrie geschehen; wenn ein Langfinger nur ein Mann von Ehre sei, übersehe er gern jedes andere Verbrechen. »Doch will ich es dir für diesmal noch vergeben, weil du so ein hoffnungsvoller junger Mann bist; ich bitte mir aber aus, daß du dich nie wieder auf einem ähnlichen Fehltritt ertappen läßt.«

Wild hatte nun seiner Bande eine ordentliche und regelmäßige Verfassung gegeben; sie gehorchten und fürchteten ihn alle. Er hatte auch eine Art von Bureau errichtet, wo jeder, der bestohlen war, seine Sachen für den vollen Wert wiederbekommen konnte. Dies war ein sehr nützliches Institut für solche Menschen, die um ein Stück Silbergeschirr gekommen waren, das sie noch von ihrer Großmutter geerbt; für solche, die eine ganz besondere Zuneigung auf einen Ring, einen Stockknopf oder auf eine Schnupftabaksdose geworfen hatten und diese Dinge über ihren Wert schätzten, weil sie sie entweder erst kürzlich gekauft oder schon lange gehabt, oder aus ähnlichen Beweggründen, die oft einer Kleinigkeit das Ansehen von Wichtigkeit geben können.

Wild sah sich nun auf dem Wege, ein beträchtliches Vermögen zu schaffen, und alle seine Bekannten, das ist der Schließer von Newgate und andere waren davon überzeugt; so daß Herr Snap eines Tages Herrn Wild den Älteren beiseite nahm und ihm den Vorschlag tat, ihre Familie durch die Heirat seiner Tochter Lätitia mit Wild noch näher zu verbinden. Der alte Herr nahm das Anerbieten sehr bereitwillig auf und versprach, seinem Sohne Nachricht davon zu geben.

Am Morgen desselben Tages, an welchem sein Vater ihn von diesem Umstand benachrichtigen wollte, hatte unser Held, der sich nichts von dem Glücke träumen ließ, das ihm bevorstand, Herrn Fireblood zu sich kommen lassen, ihm von der Gewalt seiner Leidenschaft gehörige Nachricht gegeben und, nachdem er ihm versichert, daß er ein unbegrenztes Zutrauen in seine Ehre setze, ihn mit nachstehendem Briefe an Miß Lätitia abgeschickt, welchen wir hier einflicken, teils, weil wir ihn für außerordentlich merkwürdig halten, noch mehr aber, weil es uns ein wahres Muster von Liebesbriefen zu sein scheint und wir mit Recht zweifeln, daß irgendein Komplimentierbuch uns ein besseres Muster liefern kann. In der Tat fordern wir auch alle Stutzer in der ganzen Stadt auf, vorliegenden Brief, sowohl in der Art, wie er geschrieben, als in der Art, wie er buchstabiert ist, zu übertreffen.

Getlichstes und anbätungswürdigstes Geschäpf!
Ich zweifle nicht, daß diegenigen Augen, welche heller als die Sonne, ein so gewaltsames Feuer in meinen Härzen angezündet haben, auch imstande sind, dieses Feuer zu sehen. Ich kann mich nicht einbilden, daß Sie meine Liebe nicht sollten vermerkt haben. Ich versichere Ihnen hoch und teuer, daß alle Schenheiten in der ganzen Welt mich nicht so feßeln sollen und können, wie die Ihrigte. Ohne Ihre Gesellschaft würden mir Hefe und Palläste nur eine Wiste sein, und mit Sie würde eine Wüldniß mehr Reis für mir haben, als der Himmel Selbst. Denn ich hofe, Sie werden mich glauben, wenn ich Ihnen sage, daß jeder Plaz in der Welt mir mit Ihnen ein Himmel dünkt. Ich bin überzeucht, daß meine hefftige Leidenschafft Ihnen gerührt haben muß, und es würde mich eben so unmeglich sein, meine Liebe zu verbergen, als es Ihnen oder der Sonne schwer fallen würde, Ihre Schenheiten zu verbergen. Ich versichere Ihnen, daß ich kein Auge zugetahn, seit ich das Fergnügen hatte, Ihnen zum leztenmahle zu sehen – darum hofe ich, daß Sie mir aus Mitleid und Kummiseratschion diesen Nachmittag die Verlaubnis geben werden, Sie zu sehen. Ich bin mit der größten Öhrfurcht

Ihr Anbäter und Schklawe
Jonathan Wyld.

Wenn sich in diesem Briefe einige orthographische Fehler finden sollten, so beliebe sich der Leser nur zu erinnern, daß man so etwas einem niedrigen pedantischen Charakter wohl aufmutzen könnte, daß es aber auch nicht den kleinsten Schatten auf die Größe wirft, von der wir dem Leser in dieser Geschichte eine vollständige Idee beizubringen suchen. Noch keinem ist es eingefallen, das Buchstabieren oder irgendeinen anderen Artikel der Literatur für ein notwendiges Ingrediens der Größe zu halten; nein, kann nur ein großer Mann seine edlen Pläne gehörig ausbrüten und vollführen, kann er nur seine Mitmenschen brav schinden und scheren, so wird es Personen genug geben, die buchstabieren und schreiben können, um sein Lob auf die Nachwelt zu bringen. Ferner sollte man einwenden, daß der Stil in diesem Briefe zu dem Stil in den Reden unseres Helden nicht paßt, so antworten wir: Es ist genug für den Geschichtsschreiber, wenn er sich in den wesentlichsten Punkten genau an die Wahrheit hält, mag er auch die Diktion immerhin mit einigen Brocken von seiner Beredsamkeit ausstaffieren; denn ohne diese Erlaubnis würden wir vermutlich alle schönen Reden in den alten Geschichtsschreibern, vorzüglich im Sallust, nicht gelesen haben. Was noch mehr, so berühmt auch wir Neueren wegen unserer Beredsamkeit sind, so kann man doch mit Recht zweifeln, daß jene unnachahmlichen Reden, die uns in den monatlichen Magazinen aufgetischt werden, Wort für Wort so gehalten sind, vorzüglich da sie Leuten in den Mund gelegt werden, die sich sonst durch rhetorische Floskeln eben nicht auszuzeichnen pflegen.

SIEBENTES KAPITEL

Präliminarien zur Heirat unseres Helden mit Miß Lätitia.

Doch fahren wir in unserer Geschichte fort: Als Fireblood diesen Brief nun bekommen und auf seine Ehre versprochen hatte, sich seines Auftrages treulich zu erledigen, ging er fort, um die schöne Lätitia zu besuchen. Die Dame brach den Brief auf, las ihn und sagte mit einer Miene voll Unwillen, sie wüßte nicht, wie Herr Wild ihr mit seiner Zudringlichkeit so beschwerlich fallen könnte. Dann bat sie ihn, den Brief wieder mitzunehmen, und meinte, hätte sie nur gewußt, von wem er wäre, sie hätte ihn auf Seele und Seligkeit nicht öffnen wollen. »Aber auf Sie, mein Herr, bin ich gar nicht böse. Im Gegenteil, es tut mir leid, daß so ein hübscher Herr sich mit solch einem Auftrage befassen kann.« Diese Worte begleitete sie mit einem so zärtlichen Tone und einem so verführerischen anlockenden Blicke, daß Fireblood, der eben nicht blöde war, sie bei der Hand nahm und so rasch zu Werke ging, daß er, um unsere Erzählung mit der Schnelligkeit des ganzen Vorgangs gleichen Schritt halten zu lassen, die schöne Kreatur binnen weniger Minuten notzüchtigte, oder sie vielmehr genotzüchtigt haben würde, wenn sie es nicht für gut befunden hätte, sich ihm ohne Zwang hinzugeben.

Nach dieser Heldentat ging Fireblood wieder zu Wild und sagte ihm alles, was sich nur sagen ließ, äußerte seine Bewunderung über die Schönheit der jungen Dame und vermeinte, wenn es die Ehre erlaubt hätte, würde er sich gewiß in sie verliebt haben; aber der Teufel solle ihn holen, wenn er sich nicht lieber von unbändigen Pferden wolle in Stücke reißen lassen, als seinem Freunde Unrecht tun. Er beteuerte dies in der Tat mit so vielen Schwüren, daß Wild Argwohn geschöpft haben würde, wenn er nicht so innig von der Keuschheit seiner Geliebten überzeugt gewesen wäre; indessen merkte er so viel, daß sein Freund bis über die Ohren verliebt war.

So standen die Sachen zwischen unserem Helden und Miß Lätitia, als sein Vater ihm den Vorschlag des Herrn Snap zu wissen tat. Der Leser muß wirklich sehr wenig von Liebe oder von sonst etwas verstehen, wenn er eine weitläufige Nachricht verlangt, wie dieser Vorschlag aufgenommen wurde. Das Wort »Unschuldig« schallte nie lieblicher ins Ohr eines Beklagten, das Wort »Gnade« nie schöner einem Missetäter, der unter dem Galgen stand, als jedes Wort, das sein Vater sprach, dem Ohre unseres Helden. Er gab ihm gänzliche Vollmacht, diese Sache in seinem Namen abzutun, und drang nur auf die möglichste Beschleunigung.

Nun kamen die alten Leute zusammen, und Herr Snap, dem seine Tochter von Wilds heftiger Leidenschaft Nachricht gegeben hatte, wollte den bestmöglichen Vorteil davon ziehen und suchte sie nicht allein ohne Aussteuer an den Mann zu bringen, sondern ihr auch das noch vorzuenthalten, was ihr von der Freigebigkeit ihrer Anverwandten zugeflossen war, vorzüglich ein übersilbertes Waschbecken, welches sie noch von ihrer Großmutter hatte. Doch in diesem Stücke spielte ihm die junge Dame selbst das Prävenire. Der alte Herr Wild hatte nicht Zeit, auf alle Ränke und Pfiffe seines Konsorten zu merken, weil er selbst nur immer darauf sann, den Herrn Snap übers Ohr zu hauen.

Während dieser Verhandlungen nahm die junge Dame Herrn Wilds Visiten an, und nach und nach begann sie auch alle die kleinen Beweise von Liebe gegen ihn zu äußern, die ihre natürliche Zurückhaltung, noch mehr aber Mode und Schlendrian ihr nur verstatteten. Als die Sache endlich aufs Reine gekommen und der Vermögensbestand der jungen Dame, nämlich zehn Pfund neun Schillinge in barem Gelde und anderen Effekten ausgezahlt war, wurde der Hochzeitstag angesetzt und die Ehe glücklich vollzogen. Die meisten Romane und Komödien enden bei dieser Periode. Dichter und Geschichtschreiber glauben beide, sie haben alles getan, wenn sie ihren Helden sicher und wohlbehalten in den Port der Ehe geholfen haben. Oder wollen sie dadurch vielleicht zu erkennen geben, daß der Überrest seines Lebens eine ruhige glückliche Stille sei, die sich freilich recht gut genießen, aber nur sehr langweilig erzählen läßt? In der Tat muß der Ehestand meinem Bedünken nach so ein Zustand von ruhiger Glückseligkeit sein, worin sich so wenige Veränderungen ereignen, daß er wie die Ebenen von Salisbury immer nur einen, obgleich sehr angenehmen Prospekt darbietet.

Nun hätte man hundert gegen eins wetten sollen, daß diese Ehe sowohl wegen der Vollkommenheit der jungen Frau, die man ihr gar nicht absprechen konnte, als auch Wilds heftiger Leidenschaft wegen eine von den glücklichsten hätte werden sollen; aber entweder hatte das Schicksal unseren Wild zu großen Dingen ausersehen und wollte darum nicht, daß seine Kräfte und Talente in den Armen eines Weibes begraben würden, oder es war Zufall: genug, diese Verbindung endete nicht in den glücklichen Zustand, dessen wir oben gedacht haben, sondern ließ sich eher mit einem unruhigen trüben Gewässer als mit einem friedlichen stillen See vergleichen.

Ich muß hier eine Bemerkung eines meiner Freunde einrücken, der sehr vielen Umgang mit der Wildschen Familie hatte. Dieser sagte mir, der Grund der vielen Mißhelligkeiten, die in der Folge zwischen Wild und seiner Frau entstanden wären, läge darin, daß sie vor der Hochzeit mehreren Liebhabern Gehör gegeben; vielleicht erwartete die Frau, ihr Mann allein solle ihr eben das sein, was ihr vorher so viele waren; und weil sie sich nun in ihrer Hoffnung betrogen fand, tat sie manchen Schritt, der sich nicht durchaus rechtfertigen lassen möchte.

Durch eben diesen Mann kam ich auch hinter die folgende Zwiesprache, die er mit angehört und wörtlich niedergeschrieben hatte. Sie mochten ungefähr vierzehn Tage verheiratet sein, als sie vorfiel.

ACHTES KAPITEL

Ein Dialog, der zwischen Wild und seiner Lätitia vierzehn Tage nach der Hochzeit stattfand und freundschaftlicher endete, als solche Debatten sonst auszugehen pflegen.

Jonathan: Ich wünsche, meine Liebe, daß du heute ein wenig länger im Bette bleiben möchtest.

Lätitia: Ich kann wahrhaftig nicht; denn ich bin mit Johann Strongbow zum Frühstück engagiert.

Jonathan: Ich weiß nicht, was dieser Johann Strongbow so oft in meinem Hause macht. In der Tat, es beunruhigt mich ein wenig. Wenn ich auch gar keinen Zweifel an deiner Tugend hege, so kann dies doch deinem guten Rufe schaden – besonders bei den Nachbarn.

Lätitia: Was gehen mich die Nachbarn an? Sie haben mir ebensowenig vorzuschreiben, mit wem ich umgehen soll, wie mein Mann.

Jonathan: Eine gute Frau muß sich jeder Gesellschaft entschlagen, die ihren Mann unruhig macht.

Lätitia: Du hättest vielleicht anderswo so ein zahmes Weibchen finden können; ich habe nichts dagegen.

Jonathan: Ich glaubte, es in dir gefunden zu haben.

Lätitia: Großen Dank für die gute Meinung, die du von meinem Skavensinn hast; indessen hoffe ich, dich bald vom Gegenteil zu überzeugen. Nicht wahr? du hieltest mich für ein unerfahrenes, kopfloses Ding, das gar nicht weiß, wie andere Weiber sich helfen?

Jonathan: Gleichviel, wofür ich dich hielt – ich hab dich nun einmal auf dem Halse.

Lätitia: Es war dein freier Wille, daß du mich nahmst. Ich würde mir wahrhaftig nicht die Augen ausgeweint haben, wenn Herr Wild sich nach einem andern glücklicheren Mädchen umgesehen hätte – ha, ha!

Jonathan: Denke nur nicht, daß ich dich notgedrungen heiratete – so sehr war mir nicht um dich zu tun.

Lätitia: Das will ich gerne glauben. Die Not hat dich meines Wissens nicht gedrungen, ein Weib zu nehmen: du hättest dich recht gut als Hagestolz behelfen können.

Jonathan: Ich errate, was du sagen willst; aber glaube mir, kein Weib hat weniger Ursache, sich über die Gleichgültigkeit ihres Mannes zu beschweren, als du.

Lätitia: Dann muß jedem Weibe ihr Mann teuer zu stehen kommen, große Opfer müssen sie ihm bringen. Ich habe schon was Besseres gekannt.

(Diese Worte begleitete sie mit einem Nasenrümpfen und einem sehr gravitätischen Blick.)

Jonathan: Nun, meine Beste, ich will es dir unmöglich machen, mich verliebter zu wünschen, als du mich finden sollst.

Lätitia: Ich bitte dich – weg mit diesem undelikaten Betragen, mit diesen verhaßten Worten. Ich verstehe dich bei Gott nicht. Ich habe auch keine Wünsche, die ein tugendhaftes Frauenzimmer nicht haben darf. Dies würde selbst dann nicht der Fall gewesen sein, wenn ich auch aus Liebe geheiratet hätte.

Jonathan: Wenn du nicht aus Liebe heiratest, warum hast du denn überhaupt einen Mann genommen?

Lätitia: Weil es sich nicht anders schickte, und meine Eltern mich zwangen.

Jonathan: So was kannst du mir ins Gesicht sagen?

Lätitia: Was hab ich denn von dir? Möchte auch gar von dir nichts haben.

Jonathan: Du hast einen Mann an mir.

Lätitia: Ich wiederhole es, es war dein Wille, es zu werden, nicht der meinige.

Jonathan: Du solltest mir für diesen guten Willen danken.

Lätitia: Warum das? Ich durfte noch nicht verzweifeln. Habe schon andere Vorschläge gehabt, und auch bessere.

Jonathan: Ich wünschte von Herzen, du hättest sie angenommen.

Lätitia: Laß dir sagen, Jonathan, so schlecht behandelt man keine Frau, der man so viele Verbindlichkeiten hat. Aber ich kann dies alles verschmerzen, nur verachten muß ich dich deines Benehmens wegen. Ich glaubte wenigstens, eine andere Behandlung verdient zu haben – ich hätte einen Mann von Ehre geheiratet, glaubte ich. Aber nun lohnst du mir den Vorzug, den ich dir vor allen anderen gab. Geh – ich verachte dich, du bist zu tief unter mir.

Jonathan: Zum Teufel! Hab ich nicht mehr Ursache zu klagen, wenn du sagst, du habest mich bloß aus Konvenienz geheiratet?

Lätitia: Schön – das schickt sich auch für einen Mann von Ehre, in Gegenwart eines Frauenzimmers zu fluchen. Doch warum soll mir etwas auffallen, was so ein Elender tut, den ich verachte.

Jonathan: Wiederhole das Wort nicht zu oft. Ich verachte dich ebenso herzlich, wie du mich. Wisse denn: ich nahm dich nur aus Konvenienz, nahm dich nur, um meine Leidenschaft zu befriedigen, und nun das geschehen ist, magst du meinetwegen zum Teufel gehen.

Lätitia: Die Welt soll es erfahren, wie du niederträchtiger Kerl mich behandelst.

Jonathan: Ich darf es der Welt nicht erst sagen, was für ein gemeines Mensch du bist, deine Handlungen sprechen schon zur Genüge.

Lätitia: Ungeheuer! Ich rate dir, verlaß dich nicht zu sehr auf meine Schwäche und bringe mich nicht aufs Äußerste! Denn ich kann mich rächen und will es, wenn du so fortfährst.

Jonathan: Tu, was du nicht lassen kannst. Aber – wenn du dein Geschlecht vergißt, will auch ich es vergessen. Gibst du den ersten Schlag, so kannst du sicher darauf rechnen, daß ich den letzten gebe.

Lätitia: Immerhin. Aber verdammt will ich sein, wenn ich noch länger als Weib mit dir leben will. Der Fluch treffe mich, wenn ich noch eine Nacht bei dir liege.

Jonathan: Hol mich der Teufel! Diese Enthaltsamkeit soll mir nicht sauer werden. Nach deiner Person gelüstete mich nur, und die ist mir nun so verhaßt und widrig, wie sie mir einst angenehm war.

Lätitia: Hat man je ein Paar Menschen gesehen, die so gleich denken! Ich haßte deine Person von jeher – und du selbst wirst wohl am besten wissen, daß ich dich auch aus keiner anderen Rücksicht lieben konnte.

Jonathan: Verstehen wir uns nur recht. Da wir doch einmal zusammen leben müssen, wie wär es, wenn wir uns, statt zu keifen und zu schmollen, höflich gegeneinander betrügen?

Lätitia: Von ganzem Herzen.

Jonathan: Deine Hand. Von nun an leben wir nicht mehr als Mann und Frau miteinander, wir lieben uns nicht, aber zanken uns auch nicht.

Lätitia: Ich schlage ein. Aber, lieber Wild – wie konntest du das Wort »gemeines Mensch« über die Zunge bringen?

Jonathan: Schlag dir das aus dem Sinne.

Lätitia: Darf ich umgehen, mit wem ich will?

Jonathan: Ganz ungeniert. Und wirst du mir eben die Freiheit erteilen?

Lätitia: Deine Flüche treffen mich, wenn ich dir Zwang auferlege.

Jonathan: Nun einen Abschiedskuß. Ich will mich hängen lassen, wenn dies nicht der süßeste Kuß war, den ich je von dir bekommen.

Lätitia: Aber warum »gemeines Mensch«? – das möcht ich doch wissen.

Bei diesen Worten sprang er aus dem Bett und fluchte auf ihre Unversöhnlichkeit. Sie erwiderte seine Flüche mit Schimpfen, und in dem Ton ging es fort, bis er sich angekleidet hatte. Indessen beschlossen sie, auf dem gefaßten Vorsatz zu beharren, und die Freude über diesen Entschluß machte, daß sie ziemlich höflich auseinander gingen; doch konnte Lätitia nicht umhin, ihm noch zuletzt die Worte: »Warum gemeines Mensch?« nachzumurmeln.

NEUNTES KAPITEL

Bemerkungen über die vorangegangene Zwiesprache, nebst einem niederträchtigen Plane gegen unsern Helden, den jeder Verehrer der Größe abscheulich finden wird.

So bewirkte diese Zwiesprache, die wir ehelich genannt haben, ob sie gleich in Wahrheit nicht nach den Süßigkeiten des Ehestandes schmeckt, einen Entschluß, der mehr klug als fromm war und der gewiß beiden Teilen viel Unannehmlichkeiten erspart haben würde, hätten sie ihn nur immer genau befolgt. Aber ihr Haß war so groß und unerklärbar, daß sie keinen Zug von guter Laune auf ihren Gesichtern wahrnehmen konnten, ohne den Versuch zu machen, ihn zu verfinstern. Dies brachte sie auf so viele Mittel, sich einander zu plagen, daß sie höchst selten einen ruhigen Tag erlebten.

Dies ist auch der Grund von so vielen Mißhelligkeiten unter solchen Eheleuten, die unversöhnlichen Haß für Gleichgültigkeit nehmen. Denn warum sollte sonst Corvin, der in einem ewigen Wechsel von Intrigen lebt und nie mit seinem Weibe tändelt und kurzweilt, sich alle nur ersinnliche Mühe geben, jede Intrige seines Weibes zu plantieren? Warum schlüge Camilla sonst die angenehmste Einladung aus, um ihren Mann zu Hause in Gegenwart seiner Gäste zu prostituieren? Kurz, woher sollten sonst alle Mißhelligkeiten, Streitigkeiten und Vorwürfe zwischen Eheleuten, die sich nicht mehr lieben, entstehen, wenn nicht aus dem edlen Verlangen, sich einander um eine lächelnde Miene zu bringen?

Wir hielten es für schicklich, dem Leser einen kleinen Vorgeschmack von der häuslichen Glückseligkeit unseres Helden zu geben, um ihm zu zeigen, daß große Menschen eben denselben Unbequemlichkeiten unterworfen sind, die kleine Menschen dulden müssen; und daß alle Helden folglich, ungeachtet der Mühe, die sie und ihre Schmeichler sich geben, das Gegenteil zu behaupten, dennoch mit uns aus einem Teige geknetet sind, und daß sie sich ferner bloß im Punkte der ungeheuren Größe oder, wie der Pöbel es fälschlich nennt, im Punkt der Spitzbüberei von anderen Erdensöhnen unterscheiden. Damit wir uns also nicht zu lange bei solchen kleinlichen Szenen verweilen, wollen wir je eher je lieber zu größeren und merkwürdigeren Handlungen zurückkehren.

Als der Knabe Hymen nun mit seiner brennenden Fackel seinen Bruder Amor aus dem Hause gejagt, oder mit anderen Worten, als

Wilds Leidenschaft für die keusche Lätitia sich vermindert hatte, begab er sich wieder zu seinem Freund Hartfree, der sich für jetzt in der Fleet befand und dessen Bankerott von einer niedergesetzten Kommission untersucht wurde. Hier ward er kälter aufgenommen, als er es sich vorgestellt hatte. Hartfree hatte schon lange einigen Argwohn gegen Wild gehegt, dieser war aber teils durch Umstände irregeführt und wohl gar durch die bewundernswürdige Zuversicht unterdrückt worden, worin Wild ein so großer Meister war. Hartfree wollte seinen Freund nicht gerne ohne Beweise verdammen und ergriff jede Gelegenheit, ihn loszusprechen: aber den Vorschlag, den er ihm bei seinem letzten Besuch getan, schwärzte den Charakter unsres Helden so sehr in den Augen dieses jämmerlichen Menschen, daß er der schwankenden Wage den Ausschlag gab und Hartfree nicht mehr zweifeln ließ, unser Held sei einer der größten Spitzbuben in der Welt.

Wenn man eine Geschichte mit zu großer Begier verschlingt, entwischen einem oft die unwahrscheinlichsten Umstände; der Leser wird sich daher nicht wundern, daß Hartfree, dessen Seele bei Wild Erzählung zwischen Furcht und Hoffnung geteilt war, nicht auf den Umstand merkte, daß der Freibeuter Wild in das Boot hatte aussetzen lassen; freilich hatte Wild dies zu erklären gesucht, aber bei genauer Untersuchung konnte diese Erklärung unmöglich Stich halten. Auch fiel die Unwahrscheinlichkeit des ganzen Vorgebens unserm Hartfree bald in die Augen und machte ihn äußerst unruhig. Ein schrecklicher Gedanke drängte sich seiner Einbildungskraft auf, nämlich, ob nicht das Ganze eine Erdichtung sei und ob Wild, der, wie er aus dem obigen Vorschlag gehört, zu jeder Schandtat fähig war, seine Frau nicht entführt, ausgeplündert und ermordet hätte.

So unerträglich ihm auch dieser Gedanke war, so beleuchtete er ihn doch von allen Seiten und teilte ihn dem jungen Freindly bei ihrer ersten Zusammenkunft mit. Freindly, der Wild von ganzem Herzen verabscheute (wie es denn solche kleine Seelen aus Neid zu tun pflegen), bestärkte Hartfree so sehr in seinem Verdacht, daß er unsern Helden festzunehmen und vor den Richter zu führen beschloß.

Dieser Entschluß war schon vor einiger Zeit zur Reife gekommen, und Freindly hatte unsern Helden schon verschiedene Tage in Begleitung eines Constabels gesucht; dieser aber hatte zufolge der heutigen Sitte, entweder den Honigmonat, als den einzigen, worin Eheleute vor der großen Welt miteinander vertrauten Umgang pflegen dürfen, mit seiner jungen Frau in pice et pace verlebt, oder er machte auch aus seiner Wohnung gewisser Ursachen wegen ein Geheimnis – genug, man hatte ihn nicht ausfinden können, so viele Mühe man sich auch gab.

Aber unser Held beschloß, sich nun in seiner ganzen Größe zu zeigen, und ist gleich kein Held seines Schlages verbunden, dem Oberrichter oder irgend einem anderen Richter in der Welt Rede zu stehen, muß es ihm gleich seiner Ehre unbeschadet vergönnt sein, sich aus dem Staube zu machen – so erschien Wild doch in Person, um sich zu rechtfertigen. So groß war sein Mut, seine Größe und seine Unerschrockenheit.

Der Neid könnte freilich sagen, daß ein kleiner Umstand das Verdienstliche dieser Handlung ein wenig vermindere: das nämlich unser Held von der ganzen Anklage und vom Verhaftsbefehl nicht das mindeste wußte. Du weißt, lieber Leser, dieser hämische Bube merkt auf jede Kleinigkeit, die einen großen Charakter beeinträchtigen kann, und eben darum bemühte er sich auch, den Besuch des Helden aus einem ganz anderen Motiv als aus dem Verlangen, sich zu rechtfertigen, herzuleiten.

ZEHNTES KAPITEL

Herr Wild besucht mit beispielloser Großmut seinen Freund Hartfree, wird aber nicht mit dem besten Dank aufgenommen.

Wir haben schon bemerkt, daß unser Wild, weil er auf einem gewissen Fleck in der menschlichen Natur, den man gewöhnlich Herz nennt, bei sich selbst nichts von der erbärmlichen Eigenschaft, Ehrlichkeit genannt, antraf, hieraus etwas zu voreilig die Folgerung gezogen, daß es ein solches Ding in der Welt nicht gebe. Darum schrieb er Herrn Hartfrees Widerwillen gegen einen Mord teils auf Rechnung der Furcht, sich die Hände blutig zu machen, oder der Furcht vor Gespenstern, teils glaubte er, Hartfree wolle sich nicht gerne in jenem vortrefflichen Buche, das unter dem Namen Gottes Rache bekannt ist, als ein lebendiges Beispiel aufführen lassen. Aber er zweifelte gar nicht, daß er sich gerne zu einer so unschuldigen Sache, als ein Raub wäre, verstehen würde, vorzüglich wenn man ihm mit der Hoffnung einer großen Beute schmeicheln und ihn bereden würde, daß er bei der ganzen Geschichte durchaus keine Gefahr laufe; und könnte er ihn nur dahin bringen, so wollte er ihn auf der Stelle anklagen, überweisen und hängen lassen. Der Honigmonat war also kaum vorüber, so beschloß er, seinem Freunde einen Besuch zu machen und ihn durch alle möglichen Vorspiegelungen von Vorteil, Bequemlichkeit und Sicherheit zu einem Raub zu verführen.

Kaum hatte er Hartfree diesen Vorschlag getan, so empfing er auch schon nachstehende Antwort: »Ich hoffte, die Antwort, die ich Ihnen schon auf einen ähnlichen Vorschlag gegeben, würde mich der Gefahr überhoben haben, noch einmal so eine Beleidigung von Ihnen hinnehmen zu müssen. Wenn es eine Beleidigung ist, einen Menschen einen Schurken zu nennen, so muß es ebenfalls eine Beleidigung sein, ihn für einen Schurken anzusehen. Wahrhaftig, möchte man sich nicht wundern, wie sich jemand die Dreistigkeit oder vielmehr die Unverschämtheit herausnehmen kann, so einen Vorschlag zu tun? So etwas kann man keinem Menschen zumuten, an dem man nicht zuvor Blößen dieser Art gemerkt hat. Hätte ich Ihnen jemals solche Blößen gegeben, so könnte ich Ihr Betragen noch verzeihen; aber, seien Sie versichert, werden auch Sie irgendeine Anlage zum Bösen bei mir gewahr, so spricht mich mein Gewissen doch gänzlich frei. Denn Niederträchtigkeit, dünkt mich, kann mit diesem Grundsatz nicht bestehen: Tu keinem Unrecht, du magst so ein dringendes Motiv dazu haben, wie du immer willst. Dies ist die Richtschnur, nach welcher ich beständig einhergehen will. Das ist mein fester Entschluß; nichts auf der Welt ist imstande, mir einen größeren Trost zu gewähren, als die obige Maxime. Wie süß, wie herzerhebend muß nicht der Gedanke sein, Gott der Allmächtige muß mich nach seiner Gerechtigkeit dafür belohnen. Wie gleichgültig muß mich dieses Bewußtsein gegen alle Zufälle des Lebens machen! Was sind alle Genüsse, alle Schätze der Welt gegen diese selige Erwartung? Wer wird sich nicht gerne jedem Mangel, jedem Schmerz unterwerfen, wenn er weiß, daß ihm seine Belohnung in der Ewigkeit aufgehoben ist? Kannst du kleines, armseliges, niederträchtiges Geschöpf denn glauben, daß ich solche Erwartungen um irgendeines Gutes willen fahren lassen kann? Um irgendeines irdischen Gutes willen, das du und deinesgleichen mir mit jedem Augenblick rauben können!« Der erste Teil dieser Rede brachte unsern Helden zum Gähnen, aber der letzte machte seinen Zorn rege; und er sammelte eben seine ganze Wut, um Hartfree zu antworten, als Freindly mit dem Constabel, dem man von Wilds Erscheinen sofort Nachricht gegeben, in die Stube trat und den großen Mann bei den Ohren nehmen ließ, als er eben seinen Mund zu gräßlichen Schmähungen öffnete.

Der Dialog, der hier erfolgte, lohnt die Mühe des Niederschreibens nicht; genug – man benachrichtigte Wild von der Ursache dieser harten Behandlung und brachte ihn sogleich zu einer Magistratsperson.

Bei dem Verhöre machte zwar Wilds Sachwalter einige Einwendungen gegen die Art, wie man mit Wild verfahren. Der Richter aber bestand dennoch auf dem Verhaft, so daß sich Wild nach anderweitiger Hilfe umsehen mußte. Er sagte dem Friedensrichter also, es sei noch ein junger Mann mit ihm im Boot gewesen, den er doch möchte holen lassen. Dies geschah denn auch, und der treue Achates (Fireblood) ward aufgeführt, um für seinen Freund zu zeugen. Dies tat er denn auch mit so vieler Wärme, mit so vieler Bündigkeit und Ordnung (ob er sich gleich sein ganzes Zeugnis bloß aus den Winken zusammenlesen mußte, die Wild ihm in Gegenwart des Richters gab), daß unser Held, weil hier offenbares Zeugnis gegen bloße Vermutung war, auf die ehrenvollste Weise losgesprochen und Hartfree vom Richter, von den Zuhörern und von allen, denen die Geschichte in der Folge zu Ohren kam, des schwärzesten Undankes bezichtigt wurde, weil er einem Menschen nach dem Leben getrachtet, gegen den er solche übergroße Verbindlichkeiten hätte.

Damit dieser ungeheuere Freundschaftsbeweis den Leser in dieser entarteten Zeit nicht zu sehr überraschen möge, so muß ich ihm zu wissen tun, daß außer dem esprit de corps noch ein anderes, festeres Band diesen Jüngling an unseren Helden fesselte: er hatte sich nämlich eben aus den Armen der schönen Lätitia losgewunden, als er zu ihrem Ehegespan hinbeschieden wurde. Dieser Umstand kann auch dazu dienen, die genaue Vertrautheit zu rechtfertigen, die nicht selten zwischen dem Manne und dem Liebhaber seiner Frau stattfindet; auch kann er die ungeheuere Freundschaft ins Licht setzen, die durch diese mehr ehrenvolle als gesetzliche Verbindung zustande gebracht wird.

Vier Monate hatte Hartfree nun im Arrest geschmachtet, und schon fingen seine Umstände an, ein besseres Ansehen zu gewinnen. Aber dieser Versuch gegen Wild (so gefährlich ist es, einen großen Mann anzutasten) gereichte ihm außerordentlich zum Nachteil; denn verschiedene von seinen Nachbarn, vorzüglich zwei oder drei von seinem Metier, gaben sich alle nur ersinnliche Mühe, diesen Beweis von Undankbarkeit mit den schwärzesten Farben auszumalen. Auch trugen sie kein Bedenken, in der Hitze ihres Eifers noch einige kleine Umstände von ihrer eigenen Erfindung hinzuzusetzen: wie nämlich unser Wild Hartfree sehr oft mit Gut und Blut gedient habe usw. Alle diese Schmähungen trug er ganz geduldig, tröstete sich mit dem Bewußtsein seiner Unschuld und baute auf Gott und seine gerechte Sache.

ELFTES KAPITEL

Ein so raffinierter Plan, daß er alle Politiker unserer Zeit beschämt, nebst einer Abschweifung.

Außer dem Hasse, den Wild schon gegen Hartfree der Beleidigungen wegen hegte, die er ihm selbst zugefügt, hatte er nun noch ein anderes Motiv, ihn zu hassen, nämlich das himmelschreiende Unrecht, das Hartfree ihm seiner Meinung nach durch die obige Beschuldigung getan. Er gab sich daher alle ersinnliche Mühe, den gänzlichen Sturz eines Menschen zu befördern, dessen Name seinen Ohren schon abscheulich war, und glücklicherweise fiel er auf einen Plan, der ihm nicht nur den gehörigen Erfolg versprach, sondern ihm auch verstattete, Hartfree durch eben die Streiche, die er ihm schon gespielt, zugrunde zu richten. Er wollte ihm nämlich die Beschuldigung zur Last legen, daß er selbst das begangen, was doch sein eigenes (Wilds) Werk war, und ihm so die schwerste Ahndung wegen einer Tat zuziehen, woran er nicht allein unschuldig war, sondern durch die er auch schon unsäglich gelitten hatte. Infolge dieses Planes wollte er ihn verklagen, daß er sein Weib nebst seinen besten Effekten beiseite geschafft, um seine Gläubiger zu hintergehen.

Kaum war er auf diesen Gedanken gekommen, so beschloß er auch schon, ihn auszuführen. Er hatte nur noch das Quomodo, und was für ein Werkzeug er zu diesem Behuf in Bewegung setzen sollte, in Betracht zu ziehen. Denn die Bühne der Welt unterscheidet sich in einem Punkt merklich von der Bühne in Drury-Lane: auf dieser letzteren ist die Hauptperson immer vor euren Augen, während die Nebenpersonen sich nur selten sehen lassen; auf der ersteren aber ist der Held oder der große Mann meistenteils hinter dem Vorhange und bemüht sich selten oder nie in eigener hoher Person auf die Bühne. In der Tat macht er in diesem großen Drama nur den Souffleur und flüstert seinen Figuren, die wohlgeputzt vor den Augen des Publikums einherstrotzen, immer nur zu, was sie sagen und tun sollen. Die Wahrheit zu sagen, so wird ein Marionettenspiel unsere Meinung noch besser erläutern; hier ist es auch nur der Herr und Meister (der große Mann), der alles in Bewegung setzt, was wir auf der Bühne sehen, mag er übrigens der Kaiser von Moskau oder ein anderer Potentat sein; er selbst (der Herr und Meister) hält sich bescheiden und weislich hinter dem Vorhange, und wenn er erschiene, würde es auch mit dem ganzen Kunstwerk ein Ende haben. Freilich weiß es jedermann, daß er hinter den Kulissen steckt, daß seine Personagen bloße Klötze sind, die er am Draht tanzen läßt; aber, da man den primus motor doch nicht gewahr wird, täuscht sich die ganze Welt und hilft der Vorstellung nach, indem sie die verschiedenen Puppen und Klötze bei dem Namen nennt, die ihr Herr ihnen beigelegt, und jeder Puppe den Charakter zuspricht, in welchen sie nach dem Willen des großen Mannes, der sie in Bewegung setzt, handeln soll.

Wir würden dem Leser wenig Bekanntschaft mit der großen Welt zutrauen, wenn wir glauben wollten, er habe nie eins von den Marionettenspielen gesehen, die so häufig auf dieser großen Bühne vorgestellt werden. In der Tat, hätte er sich auch nur immer in den entfernten Gegenden unserer Insel aufgehalten, die große Männer selten oder nie zu besuchen pflegen, so muß er doch schon Gelegenheit gehabt haben (vorausgesetzt, daß es ihm nicht ganz an Scharfsichtigkeit fehlt), beides, sowohl den feierlichen Ernst im Gesicht des Schauspielers, als das gravitätische Stillschweigen der Zuschauer zu bewundern, während so eine alltägliche Farce gespielt wird. Wer glauben kann, daß die Menschen sich wirklich so plump betrügen lassen, wie es von weitem aussieht, muß eine sehr armselige Meinung von der Menschheit haben. Die Wahrheit ist, daß sich die Menschen bei solchen Schauspielen mit dem Leser eines Romans in einem Falle befinden; diese wissen wohl, daß sie betrogen werden; aber ihnen gefällt der Betrug, und sowie diese Behagen an den märchenhaften Erzählungen finden, so finden jene ihren Vorteil bei einer solchen Farce, die im gemeinen Leben aufgetischt wird: Ursache genug, sich in beiden Fällen willig täuschen zu lassen. Ein großer Mann also muß immer durch andere wirken, er muß fremde Hände in Bewegung setzen und sich selbst soviel wie möglich hinter dem Vorhang halten. Und sehen wir uns gleich genötigt, zu bekennen, daß zwei sehr große Männer unserer Zeit, deren Namen in der Geschichte nicht aussterben werden, sich selbst auf der Bühne produzierten und zur großen Erbauung der Zuschauer vor jedermanns Augen ihr Wesen trieben, so muß man ihr Beispiel doch mehr zur Warnung als zur Nachahmung aufführen und es nur als einen neuen Beweis für die Wahrheit dieser Maxime annehmen: »Niemand handelt zu jeder Stunde weise.«

ZWÖLFTES KAPITEL

Neue Probe von Freindlys Narrheit.

Doch kehren wir zu unserer Geschichte zurück, die ein wenig stillgelegen hat, nun aber ihre Reise wieder antritt. Fireblood war das Werkzeug, das Wild sich zu seinem Entwurf ausersehen. Er hatte bei dem letzten Vorfalle die Talente dieses jungen Mannes genugsam erprobt. Er suchte ihn daher auf, teilte ihm seinen Plan mit, und nun beratschlagten sie sich, wie sie ihn wohl am besten ausführen könnten. Diesen Beratschlagungen zufolge schmiedeten sie eine förmliche species facti, übergaben sie einem von Hartfrees unerbittlichsten Gläubigern, und, als sie durch diesen vor einen Richter gebracht und von Fireblood beschworen war, fertigte man sogleich den Verhaftbefehl gegen Hartfree aus, der auch ohne Anstand ergriffen und vor den Richter gebracht wurde.

Die Helfershelfer der Gerechtigkeit fanden diesen Elenden in der Gesellschaft seiner Kinder, wovon das jüngste auf seinen Knien saß, während das andere in einer kleinen Entfernung mit Freindly spielte. Einer von den Gerichtsdienern, der ein guter Mann und vorzüglich sehr strenge in der Ausübung seiner Pflicht war, benachrichtigte Hartfree von seinem Auftrage und hieß ihn in des Teufels Namen mitkommen und die kleinen Bastarde – denn andres würden sie doch nicht sein – dem Kirchspiele zu überlassen. Hartfree war sehr betreten, als er hörte, daß man ihn eines Unterschleifes wegen einziehen wollte; aber sein Gesicht verriet doch weniger Bestürzung als Freindlys Gesicht. Als die älteste Tochter sah, daß der Gerichtsdiener Hand an ihren Vater legte, sprang sie auf von ihrem Spiele, lief auf ihn zu, brach in Tränen aus und rief: »Sie sollen meinem Vater nichts zuleide tun!« Das jüngste wollte einer von den Gaunern von seinen Knien wegreißen; aber Hartfree sprang auf, packte den Buben bei der Kehle und stieß seinen Kopf so fürchterlich gegen die Mauer, daß er sein Gehirn verloren haben würde, hätte er etwas zu verlieren gehabt.

Der andere Gerichtsdiener milderte seinen Eifer für die Gerechtigkeit durch eine Dosis von Klugheit, wie es diese Helden immer zu machen pflegen, die an einem Unglücklichen zum Ritter werden wollen. Als er daher sah, wie Hartfree seinen Spießgesellen behandelte, schritt er zu gelinderen Mitteln und bat Herrn Hartfree aufs höflichste, er möchte doch mit ihm gehen, denn er sei ein Gerichtsdiener und müsse seinen Verhaftbefehl exekutieren; sein Unglück täte ihm übrigens leid und er hoffe, man werde ihn freisprechen.

Hartfree erwiderte, er wolle sich gerne den Gesetzen seines Landes unterwerfen und gehen, wohin man ihn bringen würde. Dann nahm er von seinen Kindern mit einem Kuß Abschied und empfahl sie Freindlys Aufsicht, der sie auch wohlbehalten nach Hause zu bringen und ihm dann nach dem Hause des Richters nachzukommen versprach, dessen Namen und Wohnung er vom Constabel erfuhr.

Freindly kam gerade in dem Hause des Richters an, als dieser unsern Hartfree nach Newgate schaffen wollte; denn Firebloods Zeugnis war so klar und bündig und der Richter so aufgebracht und so fest von Hartfrees Schuld überzeugt, daß er kaum seine Verteidigung anhören wollte; auch wird der Leser dies eben nicht zu tadeln lieben, wenn wir ihn mit der ganzen Aussage bekannt machen. Der Zeuge brachte nämlich bei: Hartfree hätte ihn selbst mit dem Auftrage, alles zu retten, was möglich sei, an seine Frau geschickt; er sei in der Folge mit ihr und Wild in eben dem Gasthofe gewesen, wo sie eine Kutsche nach Harwich genommen; sie hätte ihn noch das Kästchen mit Juwelen gezeigt und ihn gebeten, ihrem Mann doch zu hinterbringen, daß sie seine Befehle pünktlich vollzogen. Ferner bekräftigen sowohl Wild als Fireblood mit einem Schwur, Mistreß Hartfree habe sich verschiedene Tage ins Wilds Hause verborgen gehalten, ehe sie die Reise nach Holland angetreten.

Als Freindly merkte, daß der Richter durch das, was er für Hartfree sagen konnte, gar nicht von seiner Meinung abzubringen war und daß sein Herr durchaus nach Newgate wandern mußte, beschloß er, ihn dahin zu begleiten. Sie kamen auch glücklich an, und der Schließer wollte Hartfree bei den gemeinsten Bösewichtern einsperren (er hatte nämlich kein Geld), aber Freindly setzte sich mit Hand und Fuß dagegen und gab jeden Schilling her, um seinem Freund eine eigene Stube zu verschaffen, und der Schließer, der eben kein Unmensch war, ließ sie ihm auch für einen billigen Preis.

Sie blieben den Tag über beisammen, und am Abend ließ der Gefangene seinen Freund nach Hause gehen und bat ihn, nachdem er ihm seinen wärmsten Dank zu erkennen gegeben, um seinetwillen nicht allzubesorgt zu sein. »Ich weiß zwar nicht«, sagte er, »wie weit die Bosheit meiner Feinde gehen wird; aber geschehe mir auch, was da will, der Lohn für meine Unschuld wird mir bleiben. Sollte mir daher das Schrecklichste begegnen, was mir nur begegnen kann (denn wer mit Meineidigen zu tun hat, muß immer das Schlimmste erwarten), so sei du meiner Kinder Vater.« Bei diesen Worten brach er in Tränen aus. Jener bat ihn, solchen Vermutungen nicht Raum zu geben; er wenigstens wolle alles mögliche anwenden, ihm zu dienen, und er zweifle nicht, daß es ihm gelingen werde, seine Feinde zuschanden zu machen und der Welt seine Unschuld ebenso klar zu beweisen, wie sie ihm erwiesen sei.

Wir können nicht umhin, hier eines Umstandes zu gedenken, der dem Leser freilich sehr unnatürlich und unglaublich scheinen wird: daß nämlich die Beschuldigung des Unterschleifs allen Nachbarn Hartfrees so wahrscheinlich vorkam, daß viele unter ihnen ungeachtet seines ehemaligen Charakters geradezu behaupteten, sie hätten sich nichts besseres zu ihm versehen. Einige meinten, er könne füglich zwanzig Schillinge aufs Pfund bezahlen, wenn er nur wollte. Andere hatten ihn auf Winken ertappt, die ihnen einigen Verdacht gegeben hätten. Und was noch das wunderbarste ist, so erklärten ihn eben die, welche ihn sonst für einen kopflosen Phantasten gehalten hatten, nun mit eben der Dreistigkeit für den lästigsten, knickerigsten Gauner auf Gottes Erdboden.

DREIZEHNTES KAPITEL

Etwas, das Fireblood betrifft und den Leser sehr überraschen wird; ferner eine Sache, die eine von den Miß Snaps angeht, worüber man sich sehr bekümmern wird.

Ungeachtet aller dieser schiefen Urteile, unbeschadet seines großen Unglücks brachte Hartfree seine Zeit in Newgate dennoch ruhig und friedlich zu, während unser Held, der Ruhe nicht achtend, keine Nacht schlief. Teils ließ ihn die Besorgnis, Mistreß Hartfree möchte vor der Entwicklung seiner Pläne zurückkommen, nicht schlafen, teils fürchtete er, Fireblood könne ihn verraten, von dessen Treulosigkeit er jedoch keinen anderen Beweis hatte, als daß er ihn als einen vollendeten Schurken, ist zu sagen als einen großen Mann, kannte.

Die Wahrheit zu sagen, so war dieser Verdacht auch nicht ohne allen Grund; denn unglücklicherweise fiel es diesem edlen jungen Manne bei, ob er nicht besser täte, wenn er sich der Gegenpartei verkaufte, da er noch keine ausdrücklichen Versprechungen von Wild hatte. Doch darüber beruhigte ihn unser Held am folgenden Morgen, indem er ihm die größten Versprechungen von der Welt tat, die Fireblood auch mit so vielen Versicherungen seiner Treue erwiderte, daß Wild um ein Großes in seinem Verdacht bestärkt wurde.

Um diese Zeit ereignete sich ein Umstand, der unsern Helden zwar nicht selbst betraf, den wir aber doch nicht außer acht lassen können, weil er sowohl in der Wildschen wie Snapschen Familie viel Unordnung und Verwirrung anrichtete. Es war ein Unglück, das man nicht genugsam beweinen kann, wenn es ein ehrliches Haus trifft und ein fleckenloses Blut verunreinigt; eine Schande, die nie abgewaschen werden kann; ein Geschwür, das nimmer heilet – kurz, um meinen Leser nicht länger aufzuhalten: Miß Theodosia ward von einem wohlgestalten Knäblein entbunden, und zwar war dies die Frucht des verliebten Umgangs, den diese schöne (oh, daß ich sagen könnte tugendhafte) Person mit dem Grafen gepflogen.

Herr Wild und seine Frau saßen eben beim Frühstück, als Herr Snap ihnen diese melancholische Neuigkeit mit allen Zeichen der Verzweiflung in seinem Gesichte und in seiner Stimme brachte. Unser Held, der, wie schon bemerkt, einen großen Fond von Gutmütigkeit hatte, wenn seine Größe oder sein Interesse nicht mit im Spiele war, fragte lächelnd, wer der Vater sei? Aber ganz anders nahm dies die keusche Lätitia – wir sagen mit Recht die keusche, denn für jetzt verdiente sie dieses Beiwort – ganz anders nahm dies die keusche Lätitia auf. Sie geriet in die entsetzlichste Wut, machte ihre Schwester ganz erbärmlich herunter und gelobte feierlich, sie niemals wieder zu sehen, noch zu sprechen. Dann brach sie in Tränen aus und beklagte ihren Vater, daß er solche Schande in seiner Familie erleben müßte. Zuletzt warf sie es ihrem Manne aufs bitterste vor, daß er so etwas auf die leichte Achsel nehme. Sie sagte, er verdiene es nicht, daß er ein Weib aus einer keuschen Familie geheiratet hätte. Sie sehe dies als eine Beschimpfung ihrer Tugend an. Er hätte sich nicht anders benehmen können, wenn er ein gemeines Gassenmensch geheiratet hätte. Zuletzt bat sie ihren Vater, er möchte doch ein Exempel statuieren und das liederliche Geschöpf aus dem Hause stoßen; sonst käme sie nicht wieder über seine Schwelle; denn sie verabscheute die Metze nur um so mehr, weil sie das Unglück hätte, ihre Schwester zu sein.

Der Tugendeifer dieser keuschen Dame war so heftig und gewaltsam, daß sie ihrer Schwester auch nicht einen Fehltritt (den einzigen, den sie je getan) vergeben wollte, und doch liebte diese Schwester sie aufs zärtlichste und hatte ihr manchen Gefallen erwiesen.

Vielleicht hätte die Strenge Herrn Snaps, der übrigens jeden Schimpf, der die Familie betraf, aufs lebhafteste fühlte, etwas nachgelassen, wären die Beamten des Kirchspiels bei dieser Gelegenheit nicht etwas voreilig gewesen und hätten sie die junge Dame nicht an einen Ort gebracht, dessen Namen wir aus Achtung für eine Familie, mit welcher unser Held so nahe verwandt war, in ewige Vergessenheit begraben. Hier mußte sie für ein Verbrechen büßen, daß man entweder – mit allem Respekt für die keusche Lätitia und andere überkeusche Damen sei es gesagt – an keinem Frauenzimmer so hart, oder wenigstens an dem Verführer noch härter ahnden müßte.

Doch kehren wir zu unserem Helden zurück, der ein lebendiges Beispiel war, daß Größe und Glückseligkeit nicht immer beisammen sind. Er schwebte beständig zwischen Furcht, Argwohn und Eifersucht. Er glaubte, jeder Mensch, den er nur sehe, habe ein Messer für seine Kehle oder eine Schere für seine Börse bei der Hand. Was seine eigene Bande anbetraf, so war er fest überzeugt, daß es keinen einzigen in derselben gebe, der ihn für fünf Schillinge nicht mit tausend Freuden an den Galgen bringen würde. Diese beständige Furcht jagte allen Schlummer von seinen Augen und hielt ihn beständig auf seiner Hut, um jeden Plan zu vereiteln, den man etwa gegen ihn legen möchte; so daß sein Zustand jedem, den Ruhm- und Ehrsucht nicht verblendeten, eher beweinens-, als beneidenswert scheinen mußte.

VIERZEHNTES KAPITEL

Worin unser Held eine Rede hält, die die größte Bewunderung verdient, nebst dem Betragen eines Ehrenmannes von seiner Bande, das vielleicht unnatürlicher ist als irgend etwas in dieser Geschichte.

Es war ein Mann in der Bande namens Blueskin; er hatte vormals zu den Kaufleuten gehört, die mit toten Ochsen und Schafen handeln und welche man gewöhnlich Schlächter zu nennen pflegt. Dieser Ehrenmann besaß zwei notwendige Eigenschaften eines großen Mannes; nämlich einen unerschütterlichen Mut und eine gänzliche Verachtung des lächerlichen Unterschiedes zwischen Mein und Dein, welches unendliche Streitigkeiten verursachen würde, wenn sich nicht die Gerechtigkeit ins Mittel schlüge und beides in das Ihrige verwandelte. Die gewöhnliche Manier, seine Güter durch den Handel umzutauschen, schien ihm zu langweilig; daher beschloß er, sein Metier als Kaufmann aufzugeben, und als er mit einigen von Wilds Leuten bekannt geworden war, versah er sich mit einem Gewehr und ließ sich in die Bande enrollieren. Hier betrug er sich auch eine Zeitlang sehr anständig und ordentlich und nahm mit dem Teil von der Beute vorlieb, die unser Held ihm zukommen ließ.

Doch im Grunde behagte ihm diese Sklaverei gar nicht: denn wir hätten noch einer dritten heroischen Eigenschaft gedenken sollen, die mit in seinen Charakter gehörte, und dies war der Ehrgeiz. Als er nun eines Tages einem Kavalier eine goldne Uhr abgenommen hatte und dieser Diebstahl in der Zeitung angekündigt und dem, der die Uhr wieder abliefere, eine ansehnliche Belohnung versprochen ward, weigerte er sich, die Uhr auf Wilds Ordre zurückzugeben.

»Wie? Herr Blueskin«, sagte Wild, »Sie wollen die Uhr nicht wieder herausgeben?«

Blueskin: Nein, Herr Wild. Ich habe sie aufgetrieben und will sie behalten, oder, wenn ich sie von der Hand schlage, will ich das Geld in meine eigene Tasche stecken.

Wild: Sie werden doch nicht behaupten, daß Sie irgend ein Recht auf diese Uhr haben?

Blueskin: Ich mag ein Recht darauf haben oder nicht – genug, Sie können mir Ihr Recht darauf ebensowenig beweisen.

Wild: Das sollen Sie gleich sehen. Nach den Gesetzen unserer Bande fällt sie mir anheim. Bin ich nicht das Haupt dieser Bande?

Blueskin: Ich möchte wissen, wer Sie dazu gemacht hätte? Die Sie dazu gemacht haben, taten es doch nur um ihres eignen Besten willen, daß Sie sie anführen, von der reichsten Beute Nachricht geben, Zeugen für sie erkaufen, auf jede mögliche Weise zu ihrem Vorteil und ihrer Sicherheit beitragen, aber nicht einzig und allein die Früchte ihrer Arbeit und ihrer Gefahr einernten sollten.

Wild: Sie irren sich sehr. Es scheint, Sie sprechen von gesetzmäßigen Verbindungen, wo das Oberhaupt nur um des allgemeinen Besten willen da ist, um durch seine Fürsorge, seine Talente und seine Geschicklichkeit das Glück seiner Untergebenen zu befördern, und wo er eben darum ihren Reichtum seinen Launen und Vergnügungen nicht opfern darf. Aber mit einer Verbindung, wie die unsrige, hat es eine ganz andere Bewandtnis. Wer wollte wohl an der Spitze einer Räuberbande stehen, wenn er keinen Nutzen davon hätte? Und ohne Oberhaupt, wissen Sie wohl, würde unsere Bande nicht lange bestehen. Nur ein Oberhaupt und Gehorsam gegen dieses Oberhaupt kann sie vor dem Untergange bewahren, der sie jeden Augenblick bedroht. Es ist unstreitig besser, Sie begnügen sich mit einem mäßigen Lohne und genießen das wenige mit Ruhe und Sicherheit unter dem Schutze Ihres Oberen, als daß Sie alles, was Sie nur können, an sich reißen und in beständiger Furcht und Angst leben. Wahrhaftig – niemand in der ganzen Bande hat weniger Ursache, zu klagen, als Sie. Ich habe Ihnen meine Gunst geschenkt. Ein Beweis davon ist das Band, welches Sie an Ihrem Hute tragen und das Ihnen den Rang eines Hauptmanns gibt. Darum, lieber Hauptmann, heraus mit der Uhr.

Blueskin: Hol der Teufel Ihr Fuchsschwänzen! Denken Sie, daß ich mir etwas aus einem Stück Band mache, das ich für sechs Pfennige hätte kaufen und ohne Ihre Erlaubnis hätte tragen können? Oder daß ich mich für einen Hauptmann halte, weil Sie mich so nennen, Sie, der nicht einen Korporal machen kann? Der Name Hauptmann ist bloß ein Schatten; Bezahlung, Bezahlung ist das Wesen, und ich lasse mich nicht mit Schattenwerk abspeisen. Ich will nicht länger Hauptmann heißen, und wer mich Hauptmann schilt, dem will ich den Hals brechen, so wahr ich Blueskin heiße.

Wild: Hat man je so ein dummes Geschwätz gehört? Respektiert Sie nicht jeder in der Bande, seitdem ich Sie Hauptmann getauft? Doch Ihrer Meinung nach ist das nur ein Schatten, und Sie wollen jedem den Hals brechen, der Ihnen diesen Ehrentitel fernerhin gibt. Könnte man nicht mit eben dem Recht zu einem Staatsminister sagen: »Sie haben mir bloß Schattenwerk gegeben. Das Band, das Sie mir überreicht, bedeutet nichts, als daß ich eine große Tat für das Wohl und für den Ruhm meines Vaterlandes getan habe, oder daß ich ein Abkömmling solcher Leute bin, die sich auf diese Weise ausgezeichnet. Ich selbst aber bin ein Schurke, und eben das waren auch alle meine Vorfahren, soviel ich weiß. Darum will ich einem jeden den Hals brechen, der mich Ritter oder gestrenger Herr nennt?« Aber alle großen und weisen Leute halten sich hinlänglich durch etwas belohnt, was ihnen Ehre und Rang in ihrem Orden verschafft, ohne sich um das Wesentliche zu bekümmern; und wenn ein Titel, ein Band oder eine Feder diesen Zweck befördern, so ist dies alles kein Schattenwerk mehr. Doch ich habe jetzt nicht Zeit, darüber mit Ihnen zu räsonieren. Darum geben Sie nur ohne Widerrede die Uhr her.

Blueskin: Ich bin ebensowenig ein Freund vom Räsonieren, wie Sie, und darum sage ich Ihnen ein für allemal, ich will Ihnen weder jetzt die Uhr, noch jemals wieder etwas von der Beute geben, die ich auftreiben werde. Ich habe die Uhr an mich gebracht, und ich will sie tragen. Nehmen Sie Ihre Pistolen, gehen Sie selbst hinaus auf die Landstraße und mästen sich nicht auf andrer Leute Kosten.

Bei diesen Worten ging er trotzig fort und eilte in eine Taverne, wo er verschiedene von seinen Spießgesellen antraf, denen er von allem Nachricht gab, was zwischen ihm und Wild vorgefallen war; er riet ihnen zu gleicher Zeit, seinem Beispiel zu folgen, worin sie ihm denn auch vollkommen recht gaben. Blueskin ließ nun eine ganze Bowle Punsch auftischen, und sie waren eben dabei, auf Wilds Verderben wacker zu zechen, als ein Constabel mit einem zahlreichen Gefolge nebst unserm Helden in das Zimmer trat und Blueskin bei den Ohren nahm, ohne daß seine Spießgesellen es nur gewagt hätten, ihn zu verteidigen: so sehr jagte sie Wilds plötzliche Erscheinung ins Bockshorn. Die Uhr ward bei ihm gefunden, und dies nebst Wilds Aussage war schon hinlänglich, ihm einen Platz in Newgate zu verschaffen.

Gegen Abend trafen sich Wild und alle, die mit Blueskin gezecht hatten, wieder in der Taverne, und alles äußerte die tiefste Unterwürfigkeit gegen unsern Helden. Sie schimpften jetzt ebensosehr auf Blueskin, wie sie zuvor auf Wild geschimpft hatten, und tranken auch ebenso herzlich auf dessen Verderben. Sie sagten einmütig mit unserem Helden, daß man die Uhr bei ihm gefunden, sei die gerechte Strafe für seinen Ungehorsam. So unterdrückte dieser wahrhaft große Mann durch ein zur rechten Zeit gegebenes Exempel eine der gefährlichsten Verschwörungen, die nur in einer Bande entstehen können, und welche gewiß seinen unvermeidlichen Ruin bewirkt haben würde, wenn er ihn nur einen Tag nachgesehen hätte. So notwendig ist es für große Männer, daß sie immer auf ihrer Hut sind und ihre Pläne so schnell wie möglich ausführen, während nur der schwache und ehrliche Mann ungestraft in Ruhe und Trägheit versinken darf.

Achates Fireblood war bei diesen beiden Gelagen zugegen gewesen, und hatte er sich gleich etwas zu voreilig mit dem Strome hinreißen lassen, so kehrte er doch wieder zu seiner Pflicht zurück, sobald er nur sah, daß der ganze schöne Entwurf ins Stocken geriet. Von dieser seiner Treue gab er dadurch einen unbezweifelten Beweis, daß er Wild von allen den Maßregeln unterrichtete, die man gegen ihn genommen. Er sagte zu Wild, er habe sich bloß mit in die Verschwörung eingelassen, um diesen Maßregeln desto besser auf die Spur zu kommen; aber in der Folge erklärte er auf seinem Totenbette, das ist zu Tyburn, er sei damals einer der härtesten und eifrigsten Gegner Wilds gewesen.

Unser Held nahm Firebloods Aussage mit einem sehr gnädigen

und ruhigen Gesichte auf. Er meinte, da die Bande ihren Irrtum einsehe und bereue, sei es seine Pflicht, alles zu verzeihen. Aber schrieb er gleich dieser Verzeihung auf die Rechnung seiner Gelindigkeit, so hatte er im Grunde doch ein sehr edles und politisches Motiv dazu. Er überlegte, wie gefährlich es sein würde, so viele mit einem Male zu bestrafen. Ferner schmeichelte er sich, die Furcht werde die übrigen schon im Zügel halten. Überhaupt hatte Fireblood ihm nicht gesagt, was er nicht schon wußte: nämlich, daß sie alle ausgemachte Schurken seien, die sich nur durch Furcht beherrschen ließen, auf die er kein Zutrauen setzen und die er folglich mit der äußersten Vorsicht bewachen müsse. Ein Spitzbube, sagte er, muß wie das Schießpulver mit großer Behutsamkeit behandelt werden; beide können ebensogut denjenigen, der sie zum Verderben anderer gebrauchen will, wie seinen Gegner in die Luft sprengen.

Doch kehren wir jetzt nach Newgate zurück, zumal alle großen Männer in dieser Geschichte mit schnellen Schritten dahin eilen. Die Wahrheit zu gestehen, so ist dieser Ort auch durchaus keine unschickliche Behausung für irgend einen großen Mann. Da wir voraussehen, daß dieser Ort die Szene für den übrigen Teil unserer Geschichte sein wird, so wollen wir sie im folgenden Buche eröffnen und also diese Gelegenheit ergreifen, das dritte Buch zu schließen.

VIERTES BUCH

ERSTES KAPITEL

Ein Spruch des Pfarrers von Newgate, wert, in Gold graviert zu werden. Neuer Beweis von Freindlys Narrheit, nebst einem schrecklichen Unfall, der unsern Helden ereilt.

Hartfree war noch nicht lange in Newgate gewesen, als seine beständige Unterhaltung mit seinen Kindern und andere Zeichen eines guten Herzens, die sich in jeder seiner Handlungen verrieten, jedermann auf die Meinung brachten, er müßte einer der einfältigsten Tröpfe von der Welt sein. Selbst der Pfarrer, ein sehr ehrenwerter Mann, erklärte ihn für einen verdammten Schurken.

Zu dieser Beschuldigung hatte Hartfree indessen selbst die Veranlassung gegeben, weil er eines Tages in Gegenwart Seiner Wohlehrwürden die gottlose Meinung äußerte, daß ein rechtschaffener Türke auch wohl selig werden könne. Der gute fromme Mann beantwortete dies mit gehörigem Eifer und Unwillen und sagte: »Was aus einem Türken werden mag, weiß ich nicht; aber ist dies Ihre Meinung, so erkläre ich geradeheraus, daß Sie nicht selig werden können. Weit gefehlt, daß ein aufrichtiger Türke ins Himmelreich kommen kann; das kann nicht einmal ein Presbyterianer, Anabaptist oder ein Quäker.«

Aber selbst dieser Ausspruch Seiner Wohlehrwürden konnte Freindly nicht bewegen, seinen alten Herrn zu verlassen. Er brachte seine ganze Zeit bei ihm zu, außer, wenn er ihn in seinen eigenen Geschäften verließ, etwa um ihm einen Zeugen zu seinem Verhör aufzutreiben, das immer näher heranrückte. Dieser junge Mann war außer einem guten Gewissen und den Hoffnungen jenseits des Grabes der einzige Trost, der unserm Helden übrig blieb; denn der Anblick seiner Kinder diente nur, seinen Schmerz zu erhöhen und zu verstärken.

Eines Tages war Freindly dabei, als Hartfree seine älteste Tochter mit weinenden Augen umarmte; und über die unglückliche Lage jammerte, worin er sie zurücklassen mußte; da sprach er so zu ihm: »Schon längst habe ich die Seelengröße bewundert, womit Sie alle Ihre Leiden ertragen, und die Gleichmütigkeit, mit der Sie dem Tode entgegengehen. Ich habe bemerkt, daß Ihr einziger Schmerz aus dem Gedanken entsteht, Sie müssen sich von Ihren Kindern trennen und sie in einer traurigen Lage zurücklassen. Seien Sie versichert, daß mich nichts empfindlicher rühren kann, als Ihr Kummer, und daß ich kein seligeres Vergnügen kenne, als einem so guten Herrn die Last abzunehmen, die ihn am meisten drückt. Darum verlassen Sie sich auf mich: ich will mein Vermögen, das, wie Sie wissen, nicht ganz unbeträchtlich ist, einzig und allein zur Unterstützung Ihrer kleinen Familie anwenden. Ich will der Vater Ihrer Kinder sein, wenn Ihnen das Schlimmste widerfahren sollte; so viel nur in meinen Kräften steht, sollen Ihre Kleinen wahrhaftig keine Not leiden. Für Ihre jüngste Tochter will ich anderweitig Sorge tragen, und Ihre älteste, meine kleine Schwätzerin hier, will ich mir von Ihnen zur Frau ausbitten und sie nimmer verlassen.« Hartfree flog auf ihn zu und umarmte ihn mit allen Äußerungen der wärmsten Dankbarkeit. Er sagte ihm, nun sei er ganz ruhig, bis auf einen quälenden Gedanken, den er nicht loswerden könne. »O Freindly«, rief er, »dies ist der Gedanke an das beste Weib unter der Sonne; o wie hasse ich mich selbst, daß ich nur den Schatten eines Verdachtes auf sie habe werfen können! Du hast ihre Güte, ihre Menschenfreundlichkeit gekannt, aber ihren Charakter nur Gott und ich. Sie besaß jede Vollkommenheit ihres Geschlechts, besaß sie alle im höchsten Maße. Kann ich den Verlust eines solchen Weibes ertragen? Kann ich mich mit dem Gedanken an all das Elend aussöhnen, das sie vielleicht durch den Verräter dulden muß, der sie aus meinen Armen riß? Ach, vielleicht ist der Tod noch bei weitem nicht das Schrecklichste –« Hier unterbrach ihn Freindly und bemühte sich, ihm Trost einzusprechen, indem er ihn auf jeden Umstand aufmerksam machte, aus welchem sich nur irgend etwas hoffen ließ.

Durch dies Betragen, durch solche Äußerungen von Freundschaft erwarb sich der junge Mann sehr bald einen ebenso verächtlichen Charakter wie sein Herr, im ganzen Gefängnisse waren sie beide das beständige Ziel des Spottes und des Gelächters.

Jetzt kam die Zeit der Sitzungen in Oldbaily heran. Am zweiten Tage dieser Sitzungen ward Hartfree verhört; und weil alle Umstände die Aussage Firebloods und Wilds, der den größten Widerwillen äußerte, gegen seinen alten Freund als Zeugen aufzutreten, bestärkten, erklärten die Geschworenen unseren Hartfree für schuldig.

Wild hatte nun seinen Plan ausgeführt; denn was noch zur Vollkommenheit desselben fehlte, war für Hartfree unvermeidlich, weil er ohne Kredit bei Hofe und eines Verbrechens überwiesen war, das durchaus keine Verzeihung verstattete.

Unser Held hatte sich bei dieser Gelegenheit so sehr in seiner ganzen Größe gezeigt, daß die Göttin des Glücks vielleicht selbst auf ihren Liebling neidisch wurde; doch mochte es auch wohl nur die gewöhnliche Folge einer Unbeständigkeit sein, die man ihr schon so oft zur Last gelegt und die sie antreibt, einen Menschen auf den höchsten Gipfel der Größe zu erheben, bloß damit er wieder desto tiefer fallen soll. Genug, unser Wild sollte jetzt auch ihre Tücke erfahren, vermutlich weil er das Ziel erreicht hatte, das noch keiner ihrer Lieblinge jemals überschritten hat. Wie es scheint, gibt es ein gewisses Maß von Bosheit und Ungerechtigkeit, das jeder große Mann ausfüllen muß, und wenn das geschehen ist, vernachlässigt ihn das Glück, wie wir einen Seidenwurm, der sich ausgesponnen hat. An eben diesem Tage ward auch Herr Blueskin eines Straßenraubes überwiesen. Bekanntermaßen verdankte er dies unserm Helden, der sich zu diesem Schritte genötigt sah. Als nun unser Wild mit aller der Kälte und Gleichgültigkeit, die große Männer gegen ihre Schlachtopfer zu affektieren pflegen, neben ihm stand, zog Blueskin ganz heimlich ein Messer hervor und stieß es unserm Helden mit solch einer Gewalt in den Leib, daß alle Zuschauer glaubten, er sei geliefert. Die Wahrheit zu sagen, hätte nicht das Glück noch eine andere Absicht mit ihm gehabt, wie wir schon oben angedeutet haben, und zu diesem Behuf seine Eingeweide aufs sorgfältigste in Schutz genommen, so wäre er der Wut seines Feindes zum Opfer gefallen, die er, wie er in der Folge sagte, doch nicht verdiente: denn wäre Blueskin kein Tor gewesen, hätte er sich hübsch seinem Willen unterworfen und für ihn gemordet und geplündert, so hätte er in Ruhe und Sicherheit zeitlebens unter der Bande bleiben können. Doch dem sei, wie ihm wolle, genug das Messer verfehlte die edlen Teile, ging bloß durch die Höhlung des Bauches und verursachte unserm Helden keinen Schaden, außer daß er viel Blut verlor, von welchem Verlust er sich aber bald wieder erholte.

Indessen hatte dieser Vorfall noch schlimmere Folgen. Denn da es wenige Menschen gibt (die größten aller Menschen, eigenmächtigen Fürsten ausgenommen), welche einem andern aus bloßem Mutwillen nach dem Leben trachten, sondern fast jeder Mörder irgendein Motiv, sei es Habsucht oder Rache, zu seiner Tat zu haben pflegt, so erkundigten sich auch die Richter bei Blueskin nach seinen Beweggründen. Bei dieser Gelegenheit kamen nun einige von Wilds ungeheuren Plänen zum Vorschein, und weil sie nun gewissen Personen mehr zum Ruhme dieses großen Mannes selbst, als zum Besten der Gesellschaft abzuzwecken schienen, so begannen einige von den Leuten, welche es für ihre Schuldigkeit hielten, den weiteren Fortschritten unseres Helden Einhalt zu tun, ihm eine Falle zu legen. Zu dem Ende bewirkte ein sehr gelehrter Richter, der aber im übrigen eben kein Freund der Größe war, eine Klausel in einer Parlamentsakte, die den Strang darauf setzte, wenn ein Dieb sich fremder Hände zum Stehlen bedienen würde. Dies Gesetz zweckte so gerade und offenbar auf den gänzlichen Untergang der echten und wahren Industrie ab, daß unser Held ihm unmöglich ausweichen konnte.

ZWEITES KAPITEL

Ein Wort über öffentlichen Undank.
Herr Wild kommt in Newgate an.

Wenn wir Muße hätten, wollten wir hier eine kleine Digression über den Undank machen, womit fast alle republikanischen Völker ihre großen Männer zu belohnen pflegen, die oft mitten in dem Bemühen, ihre Größe, worauf doch die Größe des Ganzen beruht, zu erheben, ungerechterweise von eben der Nation geschlachtet werden, für deren Ruhm und Ehre sie so werktätig waren. Und warum diese Opfer? Bloß einem lächerlichen phantastischen Wesen, Freiheit genannt, zu Gefallen; gegen welches Wesen dickbesagte große Männer einen fürchterlichen Haß haben sollen.

Jenes Gesetz war noch nicht lange publiziert, als unser Held ein sehr kostbares Stück Silber, das ihm ein gehorsames Mitglied seiner Bande pflichtschuldig eingehändigt hatte, seinem Eigentümer für einen zivilen Preis wieder zukommen ließ. Für diesen Beweis seiner Großmut gab ihn dieser undankbare Bube sogleich an. Man überfiel ihn daher in seinem eigenen Hause, überwältigte ihn und brachte ihn vor den Richter, der ihn auch stehendes Fußes nach dem berühmten Staatsgefängnis schaffte, das wir nicht zu oft in unserer Geschichte nennen mögen, und woselbst eben um diese Zeit viele große Männer beisammen waren.

Der Gouverneur, oder wie die Gesetze ihn nennen, der Aufseher dieses Gefängnisses war Herrn Wilds alter Freund und Bekannter.

Dies war schon ein Trost für unsern Helden, der sich hier nicht nur eine gute Aufnahme und eine menschliche Behandlung versprach, sondern auch noch obendrein seine Freiheit zu erlangen hoffte, wenn ers für nötig finden sollte, sie zu verlangen. Aber ach! Seine Erwartung schlug ihm fehl. Sein alter Freund kannte ihn nicht mehr und bestand auf einem eben so hohen Preis für ein eignes Zimmer, als wenn er einen Kavalier einer Mordtat oder eines anderen Verbrechens wegen in Gewahrsam hätte. In Wahrheit, es ist doch sehr traurig, daß man sich auf die Freundschaft großer Männer nicht verlassen kann: eine Bemerkung, die jeder nur zu oft machen muß, der am Hofe oder in Newgate oder an einem anderen Orte lebt, wo große Männer ihre Wohnungen aufzuschlagen pflegen.

Wild erschrak nicht wenig, als er am zweiten Tage seiner Gefangenschaft einen Besuch von seiner Frau erhielt; noch mehr aber ward er in Bestürzung gesetzt, als er Tränen in ihren Augen erblickte. Er umarmte sie mit den größten Merkmalen der Zärtlichkeit und erklärte, seine Gefangenschaft tue ihm gar nicht leid, da sie ihm diese Probe ihrer Anhänglichkeit und ihrer Treue verschaffe; o gewiß, jedermann in Newgate werde ihn um so ein treffliches Weib beneiden. Dann bat er sie, ihre Augen zu trocknen und ruhig zu sein; denn es könne noch alles gut werden. »Nein, nein«, sagte sie, »ich bin gewiß, man wird dich des Todes schuldig finden. Ich habe das alles vorausgesehen. Ich sagte dir immer, die Wirtschaft könne nicht lange Bestand haben; aber du wolltest nicht hören; nun du die Folgen siehst, ist es zu spät – wenn man dich ohne Barmherzigkeit aufknüpft, wird es noch mein einziger Trost sein, daß ich zum Besten geraten habe. Wärest du immer nur allein auf Beute ausgegangen, hättest du stehlen können bis an dein seliges Ende. Aber du bist immer klüger als andere Leute oder vielmehr fauler, nun sieh auch, wie deine Faulheit dich an den Galgen bringt, denn dahin mußt du, das ist gewiß. Es geschieht dir schon recht, das hast du für deinen Trotzkopf. Ich allein bin zu beklagen, mich allein trifft Schimpf und Schande. Da geht sie hin, wird es heißen, ihr Mann zappelt am Galgen. Mich dünkt, ich höre den Janhagel schon so rufen.« Bei diesen Worten brach sie in Tränen aus. Er konnte nicht umhin, ihr einen derben Verweis zu geben und sie zu bitten, ihn nicht länger zu scheren. Sie antwortete mit einigem Unwillen: »Meinetwegen magst du zum Teufel gehen. Dich zu besuchen kam ich wahrhaftig nicht her, du hättest lange hier sitzen können, wenn mich der Esel von Richter nicht einer kleinen Taschendieberei wegen hergeschickt hätte. Wir werden in Gesellschaft hängen müssen. Schon ein Trost für mich.« Wild antwortete: »Das hab ich dir längst gewünscht! Aber was mich betrifft, so hab ich keine Lust, dir Gesellschaft zu leisten, ich hoffe noch das Vergnügen zu haben, dich ohne mich hängen zu sehen: so werde ich dich wenigstens los.« Bei diesen Worten packte er sie um den Leib und stieß sie gar unsanft zur Türe hinaus, nachdem sie ihm zuvor mit ihren Nägeln einige blutige Zirkumflexe auf den Backen gezeichnet hatte.

Kaum hatte sich Wild von der Unruhe etwas erholt, worein ihn dieser ungebetene, unwillkommene Auftritt gesetzt hatte, so trat sein getreuer Achates auf. Die Erscheinung dieses jungen Mannes war ihm eine wahre Herzstärkung. Er empfing ihn mit offenen Armen und äußerte seine Zufriedenheit über eine Treue, die gar nicht nach diesen verderblichen Zeiten schmeckte. Er sagte noch mehr gute Dinge, die wir aber vergessen haben. So viel ist gewiß, jedes Wort war ein Kompliment für Fireblood, dessen Bescheidenheit diesem Strome von Lobeserhebungen endlich dadurch Einhalt tat, daß er versicherte, er habe nur seine Schuldigkeit getan und würde sich selbst verabscheuen, wenn er seinen Freund im Unglück verlassen könnte. Dann bot er ihm, nach vielen Versicherungen, daß er sogleich zu ihm geflogen, als er nur von seinem Unfall gehört, aufs dringendste seine Dienste an. Wild antwortete, er würde sich ihm sehr verbinden, wenn er ihm einige Guineen leihen könnte; denn er sei ganz auf dem Trockenen. Fireblood bedauerte außerordentlich, daß er ihm darin nicht dienen könne, denn er habe bei Seele und Seligkeit keinen Schilling Geld in der Tasche; und dies war denn auch nicht erlogen, denn er hatte nichts als eine Banknote, die er einem Ehrenmann auf dem Wege nach dem Schauspielhause aus der Tasche stibitzt hatte. Dann erkundigte er sich nach Wilds Frau, der diese Visite eigentlich zugedacht war; denn was unsern Helden betrifft, so hatte er seine Gefangenschaft schon in der ersten Minute gehört, ohne daß es ihm eingefallen war, ihm mit seinem Besuche beschwerlich zu fallen. Als Wild ihm nun von allem Nachricht gegeben, was sich zwischen ihm und seiner Frau zugetragen, tadelte er ihn, daß er ein so gutes Geschöpf so grausam behandeln könne. Dann nahm er, sobald es die Höflichkeit nur erlaubte, von Wild Abschied und eilte zu dessen Frau, die ihn auch sehr freundlich aufnahm.

DRITTES KAPITEL

Merkwürdiger Beitrag zur Geschichte von Newgate.

Um eben diese Zeit hielt sich ein gewisser Roger Johnson, ein sehr großer Mann, in Newgate auf, der lange an der Spitze aller dort befindlichen Ritter von der Industrie gestanden und sie samt und sonders in Kontribution gesetzt hatte. Er untersuchte ihre Prozesse, trieb ihnen Zeugen auf und wußte sich ihnen ihrer Meinung nach so notwendig zu machen, daß das ganze Schicksal von Newgate in seinen Händen zu ruhen schien.

Wild hatte noch nicht lange gesessen, als er schon daran dachte, gegen diesen Ehrenmann Partei zu nehmen. Er schilderte ihn den Langfingern von Newgate als einen Buben, der unter dem Vorwande, ihre Prozesse zu betreiben, alle Freiheiten und Privilegien von Newgate untergrübe. Zuvörderst ließ er nur einige Winke und flüchtige Bemerkungen fallen; aber als er endlich ein förmliches Komplott gegen ihn zustande gebracht hatte, berief er die Helden eines Tages feierlich zusammen und hielt nachstehende Rede an Sie:

Freunde und Mitbürger!

Der Gegenstand, den ich euch heute vorzutragen gedenke, ist von solcher Wichtigkeit, daß ich zittere, wenn ich auf meine geringen Talente Rücksicht nehme, die mich fürchten lassen, eure Sicherheit möge durch den Redner in Gefahr kommen, der es unternommen hat, euch auf eure schreckliche Lage aufmerksam zu machen. Meine Herren! Die Freiheit von Newgate steht auf dem Spiele. Schon lange werden eure Privilegien untergraben, öffentlich werden sie jetzt angegriffen, und zwar von einem Manne, der sich die ganze Führung eurer Prozesse angemaßt hat, um unter diesem Vorwande alles von euch zu erpressen, was ihm nur gefällt. Aber werden diese Summen wirklich zu jenem Behufe verwendet? Eure verlorenen Prozesse beweisen das Gegenteil zur Genüge. Was für Zeugen bringt er jemals für einen Gefangenen bei, den dieser nicht selbst hätte ebensogut auftreiben und unterrichten können? Wie viele vortreffliche junge Männer sind zum Teufel gefahren, wenn doch ein schlichtes Alibi sie hätte retten können. Schwiege auch ich, zeugte auch euer eigenes Unrecht nicht mit lauter Stimme gegen ihn, so müßten doch alle die Kehlen, welche durch seine Nachlässigkeit am Galgen zugeschnürt wurden, Wehe über ihn röcheln. Nicht genug, daß seine Raub- und Habsucht in dem schrecklichen Schicksal seiner unglücklichen Klienten sichtbar wird, nein, sie offenbart sich auch noch durch die angenehmen Folgen, die sie für ihn selbst gehabt. Zeugen mag davon jener reiche, seidene Schlafrock, den er zu seiner Schande öffentlich trägt und welchen man mit Recht das Sterbekleid der Freiheiten von Newgate nennen kann. Kann es einen Ritter von der Industrie geben, dem Newgates Ehre so wenig am Herzen liegt, daß ihm der Anblick dieser Trophäe, durch das Blut so vieler Langfinger erkauft, kein Erröten abjagen sollte? Dies ist bei weitem noch nicht alles. Seine gestickte Weste, seine samtne Mütze, was sind sie anders als Beweise seiner und unserer Schmach! Man möchte vielleicht glauben, die Lumpen, womit er seine Blöße bedeckte, als er zuerst hier abgeliefert wurde, wären vorteilhaft genug gegen diese Flitter ausgetauscht; aber ich halte keinen Tausch für vorteilhaft, wo man Schande mit in den Kauf bekommt.

Die einzige Abschrift, die wir von dieser Rede haben erhalten können, bricht hier plötzlich ab, indessen können wir dem Leser aus authentischen Nachrichten versichern, daß der Redner den Herren von der Industrie zuletzt den freundschaftlichen Rat erteilte, sie möchten ihre Affären sicherern Händen anvertrauen; worauf denn auch einer von Wilds Partei ihn selbst in einer langen Rede seinen Zuhörern in Vorschlag brachte, wie man es schon zuvor abgekartet hatte.

Bei diesem Vorfall war Newgate in zwei Parteien geteilt, und die Langfinger von jeder Partei erhoben immer nur ihr Oberhaupt, ist zu sagen ihren großen Mann, als den einzigen, durch den die Geschäfte von Newgate ein besseres Ansehen gewinnen könnten. Das Interesse dieser Herren war in der Tat ein wenig unverträglich. Sowohl Johnsons als auch Wilds Anhänger dachten teil an der Beute zu haben, die ihr Oberhaupt machen würde; war es daher zu verwundern, daß beide Teile ihre Sache mit so vieler Wärme verfochten? Merkwürdiger war es noch, daß die Schuldner, die der ganze Streit nichts anging und die eigentlich das Wildpret waren, worauf beide Teile Jagd machten, sich mit der äußersten Heftigkeit diese für Johnson, jene für Wild interessierten, so daß man in ganz Newgate nichts hörte, als: »Es lebe Johnson! Es lebe Wild!« Selbst die armen Schuldner wiederholten die Worte: »Es leben die Privilegien von Newgate!« – welche nichts anderes bedeuten als Diebereien, eben so laut, wie die Herren von der Industrie. Kurz, es entspannen sich solche Streitigkeiten und solche Zänkereien unter ihnen, daß man sie eher für zwei Völkerschaften, die sich einander lange in den Haaren gelegen, als für die Bewohner eines und eben desselben Gefängnisses hätte halten sollen. Endlich siegte Wilds Partei und er kam an Johnsons Stelle, welchem er stehendes Fußes seinen ganzen Putz abnahm; aber als man ihm vorstellte, daß er den ganzen Anzug verkaufen und das Geld unter seinen Anhang verteilen sollte, wich er diesem Vorschlage aus und sagte, es sei noch nicht Zeit; man müsse auf eine bessere Gelegenheit warten, die Kleider müßten erst abgekehrt werden, und was dergleichen Ausflüchte mehr waren. Doch zwei Tage nachher erschien er selbst in diesen stattlichen Gewändern, und zwar zu jedermanns Bestürzung; denn er wußte in der Tat nichts zu seiner Entschuldigung vorzubringen, als daß die Kleider ihm besser paßten und schöner ständen als Johnson.

Dies Betragen brachte die Insolventen schrecklich gegen Wild auf, zumal da er ihrem Einflusse seine Beförderung verdankte. Sie tobten, murrten und ließen ihren Unwillen bei jeder Gelegenheit aus, und eines Tages redete ein sehr gravitätischer Mann folgendermaßen zu ihnen:

> Wahrhaftig, es läßt sich doch nichts Lächerlicheres denken, als das Benehmen der Leute, die selbst das Lamm dem Wolf vors Maul legen und dann ein Geplärr darüber erheben, daß er es aufgefressen. Was ein Wolf unter einer Herde Schafe ist, ist ein großer Mann in der menschlichen Gesellschaft. Hat der Wolf sich einmal in den Schafstall eingeschlichen, was würde es den guten Tieren frommen, wenn sie ihn verjagten und einen anderen an seine Stelle setzten? Ebensoviel nützt es uns, wenn wir einen Langfinger zum Besten des anderen plantieren. Wußtet ihr nicht alle, daß Wild und sein Anhang ebensogut Diebe waren, wie Johnson und Kompagnie? Was konnte also bei dem ganzen Streite herauskommen? Aber vielleicht möchte man fragen: sollen wir uns denn geduldig von dem Dieb, der uns schon so lange bestohlen hat, ausplündern lassen, aus Furcht, es möchte noch ein schlimmerer an seine Stelle kommen? Ich antworte: Nein, lieber der Dieberei überhaupt Einhalt getan! Und wodurch können wir dies anders bewerkstelligen, als durch eine gänzliche Veränderung unserer Lebensart? Jeder Langfinger ist ein Sklave. Seine diebischen Begierden legen ihm Fesseln an und unterwerfen ihn einem Tyrannen. Wollen wir also die Freiheit von Newgate behaupten, so müssen wir die Lebensart von

Newgate ändern. Wir alle, die wir hier Schulden halber sitzen, wollen uns daher mit diesen Langfingern nicht mehr abgeben, wollen weder mit ihnen zechen, noch sonst Umgang mit ihnen pflegen. Aber dies ist nicht genug. Wir müssen auch allen Diebereien entsagen und, statt uns bei jeder Gelegenheit selbst zu bestehlen, mit dem Wenigen zufrieden geben, was uns die Armenkasse zufließen läßt oder was wir durch unseren Fleiß erwerben. Je weiter wir uns von den Langfingern entfernen, um so fester müssen wir uns aneinanderschließen. Sehen wir uns alle als Glieder einer Gesellschaft an, zu deren Besten wir unser Privatinteresse nicht mehr als gern aufopfern: dann müssen wir aber auch das allgemeine Beste niemals für irgendein armseliges Vergnügen oder für einen kleinlichen Vorteil, den wir uns selbst versprechen, hingeben, denn bei einem niedrigeren Grade von Ehrlichkeit kann keine Freiheit bestehen, auch wird sich kein Dieb unterfangen, eine Republik zu unterjochen, die auf diesen Grundsätzen gebaut ist; und sollte er auch wirklich den Versuch machen, so wird er schon für seine Kühnheit büßen müssen. Freilich, wenn der eine seinen Ehrgeiz, der andere seinen Vorteil, der dritte seine Sicherheit befördern und der vierte wohl gar eine kleine Spitzbüberei begehen oder verteidigen will, dann muß man natürlicherweise Schutz bei solchen Leuten suchen, die Vermögen und Willen haben, in allen diesen Fällen für ihre Klienten zu sorgen; dann heischt es das Interesse, daß man sich nach einem Protektor umsieht. Sobald dies aber nicht mehr der Fall ist, sobald wir der Industrie entsagen, haben wir auch nichts mehr zu wünschen oder zu fürchten. Daher müssen wir uns entschließen, entweder unsere Freiheit zu behaupten und die Industrie aufzugeben, oder auf dieser und zwar auf Kosten unserer Freiheit zu beharren.

Diese Rede ward mit großem Beifall aufgenommen; Wild indessen setzte nach wie vor seine Mitgefangenen in Kontribution, verwandte alles, was er eintrieb, zu seinem eigenen Nutzen und strotzte vor jedermanns Augen in den Kleidern einher, die er Johnson abgenommen. Die Wahrheit zu sagen, so war der ganze Anzug nichts als leidiger Flitterstaat. Der Schlafrock stach zwar von außen recht hübsch in die Augen, hielt aber seinen Besitzer nicht warm; auch machte er ihm nicht einmal Ehre, weil jedermann wußte, er gehörte ihm nicht erb- und eigentümlich. Auch die Weste paßte ihm nicht, denn sie war ihm offenbar zu weit, und die Mütze war so schwer, daß er allemal Kopfschmerzen bekam, wenn er sie aufhatte. So machten diese Kleider (vielleicht bloß darum, weil sie dem anderen Gesindel sein Elend recht lebhaft vor Augen brachten) unsern Helden verhaßter und beneideter als alle wirklichen Vorteile, die er an sich gerissen hatte. Überdem schmeichelte es nicht einmal seiner Eitelkeit, daß er sie trug, zumal wenn er in den Stunden der Ruhe kälter darüber nachdachte. Überhaupt konnte man wohl von unserm Helden sagen, daß er noch keinen Schilling an sich gebracht, den er nicht zu teuer hätte bezahlen müssen.

VIERTES KAPITEL

Hartfrees Todesurteil wird ausgefertigt, und unser Held zeigt bei dieser Gelegenheit einige Spuren von menschlicher Schwäche.

Jetzt langte Hartfrees Todesurteil in Newgate an. Der Leser muß uns hier entschuldigen, daß wir ihn auf eine kleine Schwachheit unseres Helden aufmerksam machen, deren wir uns mit Recht schämen und welche wir nicht gerügt haben würden, wenn wir uns nicht vorgesetzt hätten, nicht sowohl abenteuerliche, als natürliche Charaktere zu liefern, und wenn wir es nicht für unsere Pflicht hielten, der Wahrheit in allen Stücken aufs getreueste nachzukommen. Kund und zu wissen denn, daß dieses Todesurteil weniger oder gar keinen Eindruck auf Hartfree machte, der dadurch leiden sollte; einen desto größeren Eindruck machte es aber auf Wild, der die einzige Ursache dieser schrecklichen Begebenheit war. Schon den Tag zuvor hatte ihn der Anblick von Hartfrees Kindern, die ihren Vater mit weinenden Augen verließen, ein wenig in Bestürzung versetzt. Er erinnerte sich bei der Gelegenheit einiger kleiner Beleidigungen, die er ihrem Vater zugefügt und, so gut sichs wollte tun lassen, aus seinem Gedächtnis zu verwischen strebte; aber als einer von den Gefangenwärtern Hartfrees Namen unter denjenigen nannte, die binnen wenigen Tagen hingerichtet werden sollten, trat ihm das Blut aus den Wangen und schlich langsam und schwer seinem Herzen zu, das kaum Kraft genug hatte, es wieder durch seine Adern zu treiben. Kurz, sein Äußeres verriet die Angst seiner Seele so augenscheinlich, daß er in sein Zimmer taumelte, um allen neugierigen Blicken auszuweichen und daselbst den Ausbrüchen des heftigsten Schmerzes Raum gab, so daß selbst Hartfree ihn bedauert haben würde, falls nicht der Gedanke an die Leiden seines Weibes ihn für Mitleid und Erbarmen fühllos gemacht hätte.

Als sein Geist fast gänzlich unter der Last der schmerzlichen Vorstellungen erlag, die ihm das bevorstehende Schicksal seines ehemaligen Freundes wider seinen Willen herbeiführte, versprach der Schlaf ihm einige Linderung; aber auch dies war nur ein leidiger Trost. Dieser zuverlässige Freund eines ermüdeten Körpers wird nicht selten der gefährliche Feind einer kummerbelasteten Seele. Dies war der Fall bei Wild. Schreckliche Träume machten seine wirkliche Lage noch gräßlicher und quälten seine Einbildungskraft mit unbeschreiblich peinlichen Phantomen. Er fuhr endlich auf und rief, als er zu sich selbst gekommen war: »Kann ich diesen Schlag nicht noch abwenden? Noch ist es nicht zu spät, alles zu entdecken!« Dann schwieg er einen Augenblick. Sogleich kam ihm seine Größe zu Hilfe und unterdrückte den niedrigen Gedanken, der sich seiner Seele aufgedrungen hatte. Nun redete er folgendermaßen mit sich: »Soll ich mich wie ein Kind, wie ein Weib oder wie alle die Elenden, die ich sonst so herzlich verachtet habe, von einem erbärmlichen Traumgesicht schrecken lassen und alle die Ehre dahingeben, die ich mir so sauer erworben und so rühmlich behauptet habe? Soll ich meinen guten Ruf beflecken, meinen Ruf, den das Blut vieler Tausende nicht wieder reinwaschen kann, bloß damit dieser dumme Kerl sein nichtswürdiges Leben noch länger mit sich herumschleppe? Vielleicht könnte ich mich zu so einer Schwachheit verleiten lassen, wenn bloß der einfältige Teil der Menschheit mich darum einen Schurken nennen würde; aber den Rittern von der Industrie verächtlich zu werden, mich ihnen als einen Menschen bloßzugeben, der nicht Mut hat, seine Entwürfe durchzusetzen – nein, das kann ich nicht ertragen! Was ist ein Menschenleben? Sind nicht ganze Armeen, ja ganze Nationen großen Männern zum Opfer gefallen? Selbst der Helden vom ersten Range, der Eroberer, nicht zu gedenken – wie viele erlagen nicht immer den verräterischen Entwürfen oder oft nur den Launen eines Ministers, den man doch nur zur zweiten Klasse der großen Männer rechnen kann? Was hab ich denn getan? Eine Familie hab ich zugrunde gerichtet und einen ehrlichen Mann an den Galgen gebracht. Ich sollte doch lieber mit Alexander dem Großen weinen, daß ich nicht noch mehr Unfug angerichtet.«

Er faßte nun den heldenhaften Entschluß, Hartfree seinem Schicksale zu überlassen, ob es ihn gleich einen großen Kampf kostete, ehe er seines Widerwillens Meister werden und den Funken von Menschlichkeit unterdrücken konnte, der sich in seinem

Herzen regte und welchen wir mit so großem Recht für nichts als leidige Schwäche erklären.

Bei Gelegenheit der Rechtfertigung unseres Helden können wir nicht umhin, zu bemerken, daß die Natur selten so gefällig ist, vollkommene Charaktere aufzustellen, was doch die Herren Schriftsteller nicht unterlassen. Niemals schafft sie einen so erhabenen oder so niedrigen Charakter, daß man in dem ersteren nicht einige Züge von Menschlichkeit und in dem letzteren nicht einige kleine Züge von dem, was der Pöbel Bosheit nennt, entdecken sollte. Beides in beiden zu unterdrücken, möchte vergebliche Mühe sein. Meiner Meinung nach war wohl niemals ein Mensch gänzlich untadelhaft, es müßte denn ein scheinheiliger Heuchler gewesen sein, dessen Lob aus dem Munde seines wohlgemästeten Schmeichlers ertönte.

FÜNFTES KAPITEL

Enthält verschiedene Vorfälle.

Der Tag war nun da, an welchem Hartfree einen schmachvollen Tod leiden sollte. Freindly hatte ihm sein Versprechen, als Vater für seine jüngste Tochter zu sorgen und die älteste zur Frau zu nehmen, aufs feierlichste wiederholt. Dies richtete ihn außerordentlich auf, und er hatte den Abend zuvor von diesen kleinen Geschöpfen mit einer Zärtlichkeit Abschied genommen, die sogar dem Gefangenwärter Tränen auspreßte und doch mit einer Seelengröße gepaart war, der kein Stoiker sich hätte schämen dürfen. Als man ihm sagte, daß die Kutsche parat stände, die Freindly ihm besorgt hatte, und daß die übrigen Gefangenen schon fort seien, umarmte er seinen Freund mit der größten Wärme und bat ihn, er möchte ihn nun verlassen; Freindly aber bestand darauf, ihn zu begleiten, welches sich Hartfree auch endlich gefallen ließ. Nun wollte er in die Kutsche steigen, aber ach! Noch waren nicht alle Schwierigkeiten besiegt. Denn eine Freundin erschien, von welcher er noch den zärtlichsten, den schmerzlichsten Abschied nehmen mußte. Diese Freundin war Mistreß Hartfree selbst, die mit einem wilden, stieren, halb wahnsinnigen Blick auf ihn zulief und ihm ohnmächtig in die Arme stürzte, ohne nur ein Wort zu sprechen. Kaum konnte Hartfree bei dieser überraschenden Szene seiner Vernunft und seiner Sinne Meister bleiben. In der Tat – man hätte wünschen mögen, dies unglückliche Paar wäre hier lieber Arm in Arm gestorben, als daß es leben sollte, den namenlosen Schmerz zu fühlen, der ihm bevorstand und den das unglückselige Weib, sobald sie nur wieder zu sich selbst kam, in folgenden halberstickten Akzenten zu erkennen gab: »O mein Gemahl! In diesem Zustande finde ich dich wieder – nach einer so langen, so grausamen Trennung. Wer hat dies getan? Schreckliches Verhängnis – was ist die Ursache? – Ich weiß – du kannst diese Strafe nicht verdienen. Sage mir doch – aus Barmherzigkeit, o sagt mir, so lange meine Sinne mich noch nicht verlassen, so lange ich noch hören, euch noch verstehen kann, (zu den Umstehenden) was ist sein Verbrechen?« Bei diesen Worten lachten einige; andere erwiderten: »Sein Verbrechen? Kleinigkeit! Er ist nicht der erste und wird auch nicht der letzte sein. Das Schlimmste bei der ganzen Sache ist, daß ich um mein Mittagessen geprellt bin, wenn ich hier den ganzen Morgen stehen muß.« Noch schwieg Hartfree, dann sammelte er sich plötzlich und rief: »Ich will alles mit Geduld ertragen.« Darauf wandte er sich an den kommandierenden Offizier und bat ihn, er möchte ihn doch einige Minuten mit seiner Frau allein lassen, denn er hätte sie seit seinem unglücklichen Schicksal nicht gesehen. Der große Mann antwortete: Er bedauere ihn und wolle mehr für ihn tun, als er mit Recht verantworten könnte; aber er halte ihn für einen honetten Menschen, der wohl wissen würde, daß eine Höflichkeit der andern wert sei. Bei diesen Worten zog Freindly, der selbst beinahe tot war, fünf Guineen aus der Tasche; der große Mann steckte sie ein und sagte, er wolle Hartfree zehn Minuten Frist lassen, konnte aber doch nicht umhin, zu bemerken, manch einer hätte wohl teurer für zehn Minuten bezahlt, die er bei einem hübschen Frauenzimmer zugebracht; und was dergleichen Possen mehr waren, die nicht hierher gehören. Hartfree erhielt nun die Erlaubnis, mit seiner Frau in die Stube zu gehen; der Offizier gab ihm aber die Warnung mit, er müsse sich fördern, denn die übrigen von der Gesellschaft würden schon vor ihm auf dem Richtplatz angelangt sein, und er besitze vermutlich zu viel Lebensart, um lange auf sich warten zu lassen.

Das zärtliche, aber unglückselige Paar bediente sich nun dieser zehn Minuten, um Abschied zu nehmen, während der Offizier die Zeit aufs sorgfältigste nach seiner Uhr abmaß. Hartfree bot alle seine Entschlossenheit auf, sich von seinem Weibe zu trennen, an der seine ganze Seele hing; er beschwor sie, sich ihren Kindern zu erhalten und suchte sie durch die Versprechungen zu trösten, die Freindly ihm so feierlich getan: aber alles umsonst. Mistreß Hartfree erlag diesem grausamen Schlage des Schicksals und fiel von neuem in eine solche Ohnmacht, daß man kein Zeichen von Leben an ihr gewahr wurde und Hartfree mit lauter Stimme um Hilfe rief. Freindly stürzte zuerst in die Stube, doch kamen noch verschiedene andere Leute darüber an; und merkwürdig war es, daß einer von ihnen, der sich die zärtliche Szene des Abschieds zwischen diesen beiden Unglücklichen ohne Rührung angesehen hatte, durch das totenbleiche Gesicht der Ohnmächtigen aufs empfindlichste gerührt wurde und in der größten Eile nach Hirschhorn, Wasser und anderen Erfrischungen lief. Die zehn Minuten waren nun verstrichen, und weil der Offizier sah, daß man gar keine Anstalten machte, Verlängerung der Frist zu erkaufen (denn Freindly hatte unglücklicherweise seine Taschen auf den ersten Griff ausgeleert), ward er ungestüm und sagte Hartfree, er sollte sich doch schämen, daß er sich so wenig männlich betrüge. Hartfree bat ihn um Verzeihung und sagte, er wolle ihn nicht länger warten lassen. Dann rief er mit einem tiefen Seufzer: »Ach, mein teures Weib!« schloß darauf seine Frau in seine Arme, küßte ihre blassen Lippen feuriger, als ein Bräutigam die blühenden Wangen seiner Braut, und rief wieder: »Gott der Allmächtige segne dich – und ist es sein Wille, so wecke er dich wieder zum Leben – wo nicht, so mögen wir uns in einer besseren Welt wiedersehen.« Er wollte sich von ihr losreißen; aber als er merkte, daß sie wieder zu sich kam, erneuerte er seine Umarmung, drückte ihre Lippen, auf welche Leben und Wärme zurückkehrten, so fest, als wollte er seine ganze Seele in die ihrige aushauchen; dann bat er den Offizier flehentlich, ihm noch zehn Minuten zu vergönnen, weil er ihr noch vieles zu sagen hätte, was ihre Ohnmacht ihn zu sagen verhindert. Der würdige Diener der Gerechtigkeit fühlte sich vielleicht ein wenig gerührt bei dieser zärtlichen Szene; er nahm daher Freindly beiseite und fragte ihn, was er geben wollte, wenn er seinem Freund noch eine halbe Stunde erlaubte? Sein ganzes Vermögen, erwiderte Freindly; er habe freilich kein Geld mehr bei sich, aber er wolle ihn auf den Nachmittag gewiß bezahlen. »Nun – nun«, sagte jener, »ich will billig sein: zwanzig Guineen.« – »Schlagen Sie ein«, erwiderte Freindly. »Dann mögen Sie meinetwegen eine ganze Stunde beisammen bleiben«, sagte der Offiziant; »was hilfts, mit einer guten Nachricht heimlich zu tun? Der Herr hat von Gerichts wegen Aufschub bekommen.« Das hatte man ihm nämlich kurz vorher zugeflüstert. Die Freude, welche diese Nachricht den beiden Freunden und Mistreß Hartfree verursachte, geht über alle Beschreibung. Glücklicherweise war ein Chirurgus zugegen, der ihnen auf der Stelle zur Ader ließ. Der Offiziant, der sich die bewußten zwanzig

Guineen nochmals von Freindly versprechen ließ, wünschte ihnen allen Glück, schüttelte unserm Hartfree die Hand, schaffte ihm die Zuschauer aus der Stube und ließ die drei Freunde beieinander.

SECHSTES KAPITEL

Worin die zuvor geschilderte glückliche Begebenheit erklärt wird.

Bin ich gleich überzeugt, daß mein gutmütiger Leser ebenfalls den Beistand des Wundarztes vonnöten haben möchte; weiß ich gleich, daß keine Stelle dieser Geschichte ihm so viel Vergnügen zu gewähren imstande ist, als der obige Vorfall, so muß ich ihm doch zeigen, daß diese Katastrophe wenigstens ebenso natürlich wie angenehm ist; denn lieber möchte ich das halbe Menschengeschlecht an den Galgen gebracht als einen einzigen Menschen den Regeln der Geschichte und der Wahrscheinlichkeit zum Trotz gerettet haben.

Zu wissen denn (und dies scheint mir sehr glaublich), daß der große Fireblood einige Tage zuvor auf einem Diebstahl ertappt und vor eben den Friedensrichter gebracht worden war, der auf seine Aussage hin unsern Hartfree hatte festnehmen lassen. Dieser Richter machte seinem Stande Ehre und hatte einen hohen Begriff von dem Geschäfte, das ihm aufgetragen war, vermöge dessen das Leben, die Freiheit und das Eigentum seiner Mitbürger von seiner Entscheidung abhing; er untersuchte daher alles mit der größten Aufmerksamkeit, und seinem Scharfblick entging auch nicht der kleinste Umstand. Weil ihn schon das gute Zeugnis irre gemacht, das Freindly und die Magd für den Charakter des Herrn ablegten, als er zum ersten Male verhört wurde, so ward er noch um so mehr in seinem Verdachte bestärkt, als er fand, daß einer von den beiden Leuten, auf deren Aussage Hartfree eingezogen worden war, wegen einer Spitzbüberei in Newgate saß und der andere jetzt eines Diebstahls wegen vor ihn gebracht wurde; er beschloß daher, Fireblood die Sache ernstlich vorzustellen. Der junge Achates war, wie oben gedacht, auf der Tat selbst ergriffen worden, so daß er sah, alles Leugnen würde vergebens sein. Er bekannte daher ohne Rückhalt, was doch schon erwiesen war, und bat, man möchte ihn als Zeugen gegen seinen Mitschuldigen zulassen. Dies gab dem Richter die bequemste Gelegenheit, sein Gewissen in Rücksicht Hartfrees zu beruhigen. Er sagte Fireblood, wenn er (der Richter) ihm seine

Bitte gewähre, so geschähe es nur unter einer Bedingung: daß er die reine Wahrheit über ein Zeugnis sagte, das er neulich gegen einen Bankerottierer abgelegt und an dessen Richtigkeit ihn einige Umstände zweifeln ließen; er könne sich übrigens darauf verlassen, daß die Wahrheit doch an den Tag kommen würde; auch ließ er ein Wort fallen, Wild habe sich bereits zum Geständnis erboten. Wilds Name war allein hinlänglich, Fireblood zu beunruhigen; denn er zweifelte gar nicht an der Bereitwilligkeit dieses großen Mannes, jeden von der Bande an den Galgen zu bringen, sobald es sein Interesse erforderte. Er stand daher keinen Augenblick an, und nachdem der Richter ihm versprochen, er wolle ihn als einen Zeugen gegen seinen Mitschuldigen zulassen, entdeckte er die ganze Betrügerei und erklärte, Wild habe ihn zu einem falschen Zeugnis verführt. Als der Richter nun dies ganze Gewebe von Bosheit so glücklich und so recht zur gehörigen Zeit entdeckt hatte, verlor er keinen Augenblick, die Sache des unglücklichen Beklagten dem Könige vorzustellen, der auch sogleich jene Frist bewilligte, die Hartfree und seinen Freunden solch ein Entzücken verursachte und von der wir jetzt hoffentlich hinlängliche Rechenschaft gegeben haben. Der gute Richter hielt es jetzt für schicklich, unsern Hartfree im Gefängnisse zu besuchen, um der ganzen Sache noch tiefer auf den Grund zu kommen, damit Hartfree so bald als möglich auf freien Fuß kommen möchte, wenn er wirklich so unschuldig wäre, als er ihn glaubte.

Den Tag nachher ging er also nach Newgate, wo er auch Hartfree, seine Frau und Freindly vorfand. Er benachrichtigte Hartfree von Firebloods Aussage und von den Schritten, die er unmittelbar darauf getan habe. Der Leser wird sich leicht vorstellen können, wie feurig ihm die Geretteten dankten; aber dies kam bei ihm gegen die innere Zufriedenheit nicht in Betracht, welche ihm die Vorstellung gewährte, daß er eine Unschuld vom Verderben gerettet, wie es hier der Fall war.

Als er in die Stube trat, sprach Mistreß Hartfree eben mit vieler Wärme. Weil er nun merkte, daß er sie unterbrochen hätte, bat er sie, ihre Unterredung fortzusetzen, sonst sehe er sich genötigt, auf der Stelle fortzugehen. Doch dies wollte Hartfree nicht zugeben. Er sagte, seine Frau habe eben einige Begebenheiten erzählt, die ihm vielleicht Vergnügen gewähren würden und die er um so eher anhören könnte, da sie ihm vielleicht einiges Licht über den wahren Zusammenhang der ganzen Betrügerei geben würden.

Der Richter ließ sich dies gerne gefallen, und Mistreß Hartfree fing ihre Erzählung mit der Periode an, in welcher ihr Mann seine

Bekanntschaft mit Wild erneuert hatte. Doch so viel Unterhaltung dies dem Richter auch gewähren mochte, so kann es unserem Leser durchaus nicht anders als langweilig sein. Wir überhüpfen daher alles, was wir schon wissen und erzählen nur, was ihr seit der Zeit begegnet war, als Wild vom französischen Freibeuter dem Wind und den Wellen preisgegeben worden.

SIEBENTES KAPITEL

Mistreß Hartfree erzählt ihre Abenteuer.

Mistreß Hartfree fuhr fort: »Die Rache, welche der französische Kapitän an dem Bösewicht genommen, ließ mich hoffen, daß ich einem Manne von Ehre in die Hände gefallen sei, und in der Tat konnte man mir auch nicht mit mehr Achtung und Höflichkeit begegnen. Doch linderte alles dies meinen Kummer nicht, wenn ich an die Lage dachte, worein mich der Verräter gestürzt hatte; eine Lage, die mich von allem trennte, was mir lieb war. Vielweniger konnte das Benehmen des Kapitäns mich beruhigen, weil ich bemerkte, daß ich meine gute Behandlung bloß einer Leidenschaft verdankte, die mich viele Ungelegenheiten erwarten ließ, vorzüglich, da sie binnen kurzem heftig wurde und ich mich ganz in der Gewalt des Mannes befand, in dessen Herzen sie sich entzündet hatte. Doch muß ich ihm die Gerechtigkeit widerfahren lassen, daß ich meinen Verdacht weiter trieb, als ich nötig hatte. Freilich bekannte er mir seine Liebe und bediente sich aller sanften Mittel, die sonst so viel Eindruck auf unser Geschlecht machen, um zu seinem Zwecke zu gelangen; aber niemals hat er mir gedroht oder zu gewaltsamen Mitteln seine Zuflucht genommen. Er ließ es mich nicht einmal mit einem Worte merken, daß ich in seiner Gewalt sei, welcher Umstand mit am bedenklichsten schien, weil ich wohl wußte, daß es brutale Menschen gibt, deren Grausamkeit ihre Freuden nur noch würzt, und daß selbst delikatere Seelen zuletzt auf gewaltsame Mittel verfallen, wenn sie verzweifeln, dasjenige, worum es ihnen zu tun ist, durch Güte von uns zu erlangen. Glücklicherweise war ich in der Gewalt eines besseren Menschen. Mein Kapitän war einer von denen, über welche das Laster nur eine beschränkte Macht ausübt und die sich freilich nur zu leicht zu einem Fehltritt verleiten lassen, aber dennoch jede Reizung zu einem groben Verbrechen glücklich zu bekämpfen wissen.

Wir hatten beinahe zwei Tage hindurch gänzliche Windstille gehabt, als sich ein frischer Wind erhob und wir in der Nähe von Dünkirchen ein Schiff mit vollen Segeln auf uns zukommen sahen. Der Freibeuter war stark genug, um sich vor keinem Feinde zu fürchten, es hätte denn ein Kriegsschiff sein müssen, und die Matrosen sahen bald, daß dies nicht der Fall war. Er senkte daher seine Flagge, zog die Segel ein, um jenes Schiff zu erwarten, in der Hoffnung, es möchte eine gute Prise sein. (Hier lächelte Hartfree; seine Frau hielt inne und fragte ihn nach der Ursache; er sagte, er wundere sich, daß sie in den Schifferausdrücken so erfahren sei; sie meinte, er werde schon aufhören, sich zu verwundern, wenn er vernommen, wie lange sie an Bord gewesen; dann fuhr sie fort.) Dies Schiff kam uns nun näher und grüßte uns, weil es ein französisches war. Zu gleicher Zeit bat uns der Kommandeur, wir möchten doch nicht in Dünkirchen einlaufen, sondern gemeinschaftlich mit ihm auf ein großes englisches Kauffahrteischiff Jagd machen, das wir leicht einholen und zusammen auftreiben könnten. Unser Kapitän nahm diesen Vorschlag willig auf und ließ sogleich alle Segel aufsetzen. Dies war für mich eine sehr unangenehme Neuigkeit; indessen versicherte er mir, ich hätte nichts zu befürchten; er sei so weit entfernt, mir übel begegnen zu lassen, daß er mein Leben mit Gefahr seines eigenen verteidigen wollte. Diese Versicherung gab mir so viel Trost, als meine gegenwärtige Lage und die schrecklichen Vorstellungen, die ich mir über deinen Zustand machte, nur erlauben konnten. (Bei diesen Worten warfen sich die beiden Eheleute die zärtlichsten Blicke zu.)

Nachdem wir zwölf Stunden gesegelt waren, bekamen wir das Schiff, dem wir nachsetzten, zu Gesicht; auch würden wir es vermutlich eingeholt haben, hätte es uns nicht ein dicker Nebel aus den Augen gerissen. Dieser Nebel hielt einige Stunden an, und als er sich verzog, wurden wir unseres Gefährten in einer großen Entfernung von uns gewahr; was unsere Unruhe aber noch vermehrte, war, daß wir in der Entfernung von einer Meile ein großes Schiff sahen, das uns sogleich mit einem Kanonenschuß begrüßte und wie wir nun wohl inne wurden, ein englisches Kriegsschiff vom dritten Range war. Unser Kapitän sah ein, daß es gleich unmöglich wäre, zu fechten oder zu entkommen; er strich also augenblicklich die Segel, ohne noch eine Ladung abzuwarten, die mich vielleicht außer stand gesetzt hätte, die Wonne zu genießen, die ich jetzt genieße. (Hier veränderte Hartfree seine Farbe; seine Frau eilte daher zu Begebenheiten, die kein so gräßliches Ansehen hatten.)

Ich freute mich sehr über diesen Zufall, weil er mir, meiner Meinung nach, nicht nur wieder zu dem Besitz meiner Juwelen verhelfen, sondern mich auch zu dem Manne zurückbringen würde, der mir teurer ist, als alle Schätze der Welt. Was die ersteren anbetrifft, so sagte man mir, sie sollten mir sicher aufgehoben bleiben, nur müßte ich erst mein Recht darauf beweisen, ehe man sie mir verabfolgen ließe; und der Kapitän schien eben nicht sehr zu wünschen, daß mir dies gelingen möchte. Und in Rücksicht meines dringenderen Wunsches versicherte man mir, ich sollte auf das erste Schiff ausgesetzt werden, das man auf dem Wege nach England antreffen würde: unser Schiff aber ging nach Westindien.

Hier war ich noch nicht lange gewesen, als ich fand, daß ich eher Ursache hatte, mit meinem Tausch unzufrieden als zufrieden zu sein. Ein anderer Liebhaber trat auf in der Person des englischen Kapitäns, und zwar weit ungestümer als der vorige. Er behandelte mich kaum mit gewöhnlicher Höflichkeit; worüber ich mich freilich nicht allein zu beklagen hatte, denn auch gegen seine Offiziere betrug er sich schlechter, als ein Mann von guter Lebensart sich gegen seine Bedienten zu betragen pflegt, selbst dann, wenn sie ihm wirklich Gelegenheit zum Zorn gegeben haben. Mich behandelte er, wie ein Pascha seine zirkassische Sklavin, bediente sich Ausdrücke gegen mich, dergleichen sich nur die ausgelassensten Wüstlinge gegen die Töchter der Freude erlauben und die jedes sittsame Frauenzimmer, ohne eben überdelikat zu sein, abscheulich finden muß. Er küßte mich oft mit plumper Vertraulichkeit, und eines Tages versuchte er sogar Gewalt; aber zum Glück rettete mich noch ein fremder Herr, der mit mir in einer Lage, das ist von einem Freibeuter gefangen und durch die Engländer wieder befreit war, aus den Klauen dieses Halbmenschen. Dafür legte ihn der Kapitän auf drei Tage in Ketten, obgleich er ihm nichts zu befehlen hatte; und als er endlich wieder loskam, ging ich zu ihm (denn während seiner Gefangenschaft durfte ich ihn nicht besuchen) und dankte ihm aufs höflichste für alles, was er für mich getan und gelitten hatte.

Der gute Mann betrug sich bei dieser Gelegenheit außerordentlich artig gegen mich und sagte mir, er schämte sich in der Tat, daß ich einen so kleinen Dienst so hoch aufnähme, wozu ihn schon seine Pflicht als Christ und ehrlicher Mann verbunden hätte. Von dieser Zeit an lebte ich mit ihm auf einem sehr freundschaftlichen Fuß und sah ihn als meinen Beschützer an, und dafür bekannte er sich auch bei jeder Gelegenheit, indem er den größten Abscheu gegen das Benehmen des Kapitäns äußerte und mit wahrhaft väterlicher Zärtlichkeit für die Erhaltung meiner Tugend sorgte, die mir selbst nicht mehr am Herzen liegen konnte, als sie ihm am Herzen zu liegen schien. In der Tat war er der einzige Mensch, den ich seit meiner unglücklichen Reise angetroffen, der nicht durch alle seine Blicke, Worte und Gebärden eine Leidenschaft für mich zu erkennen gab. Die übrigen suchten alle nur ihre Begierden zu befriedigen, ohne auf meine Ruhe und meine künftige Glückseligkeit zu achten, die, wie ich ihnen sagte, auf immer durch ihr frevelhaftes Beginnen leiden würde.

Ich brachte nun verschiedene Tage zu, ohne daß mir der Kapitän mit seinem Ungestüm zur Last fiel, bis auf eine unglückliche Nacht –«

Bei diesen Worten ward Hartfree totenbleich, und kaum merkte sie dies, so tröstete sie ihn durch die Versicherung, der Himmel habe ihre Keuschheit erhalten und sie unbefleckt wieder in seine Arme geliefert; dann fuhr sie fort:

»Vielleicht drückte ich mich falsch aus; ich hätte eine schreckliche Nacht sagen sollen; denn gewiß niemals war ein tugendhaftes Weib in größerer Gefahr. Eines Abends also hatte sich der Kapitän in Punsch toll und voll gesoffen und ließ mich zu sich rufen; mocht ich wollen oder nicht – ich mußte gehorchen und zu ihm in die Kajüte gehen. Kaum waren wir allein, so ergriff er meine Hand, und nachdem ich einen plumpen Diskurs hatte anhören müssen, welchen ich durchaus nicht wiederholen kann, schwor er einen fürchterlichen Eid, er sei kein Dummkopf und wolle auch nicht so behandelt sein. ›Nichts von euern Koketterien, Madame! Keine weiblichen Künste, kein Sträuben – denn alles würde zu nichts helfen. Dem ersten, der es wagt, den Fuß in die Kajüte zu setzen, will ich das Fell über die Ohren ziehen lassen.‹ Dann wollte er mich mit Gewalt auf sein Bette schleppen. Ich warf mich ihm zu Füßen und bat ihn mit Tränen und Seufzen um Mitleid – aber vergebens; selbst mein Drohen vermochte nichts über ihn. Zuletzt besann ich mich auf eine List, von der ich mir einen gewünschten Erfolg versprach, vorzüglich da ich inne ward, daß er taumelte. Ich bat nur um eine Minute Aufschub; dann sammelte ich alle meine Lebensgeister, nahm eine fröhliche Miene an und sagte ihm mit gezwungenen Lächeln: er sei der plumpste Liebhaber von der Welt, ich glaubte wahrhaftig, ich sei das erste Frauenzimmer, um dessen Gunst er gebuhlt hätte. ›Was Buhlen‹, sagte er, ›hol der Teufel euer Buhlen. Genießen will ich euch.‹ Nun bat ich ihn, doch zuvor ein Glas Punsch mit mir zu trinken; denn ich hätte einen Schluck ebenso gern wie er, und könne keiner Mannsperson eine Freiheit erlauben, bis ich nicht zuvor wacker mit ihr gezecht. ›Ist das alles‹, meinte er, ›so sollt Ihr Punsch genug haben, so viel, daß Ihr Euch darin ersäufen könnt.‹ Bei diesen Worten zog er die Glocke und bestellte eine große Bowle Punsch. Während dieser Zeit mußte ich mir seine plumpen Küsse und einige Freiheiten gefallen lassen, die ich nur auch mit Mühe in den gehörigen Schranken hielt. Als der Punsch hereinkam, nahm er die Bowle vor den Kopf und trank meiner Gesundheit, und zwar so wacker, daß ich um so eher darauf rechnen konnte, meinen Plan auszuführen. Ich folgte seinem Beispiel und tat ihm Bescheid, und zu jeder anderen Zeit würde ich so viel nicht haben vertragen können; aber jetzt schadete es mir nicht im geringsten. Als er sich zuletzt einige Schritte von mir entfernt hatte, nahm ich mein Tempo wahr und flog aus der Kajüte mit dem festen Entschluß, mich in die See zu stürzen, wenn ich kein anderes Mittel zu meiner Rettung fände. Aber der Himmel war so gnädig, mich vor diesem übereilten Schritte zu bewahren. Denn als mir der Kapitän nacheilte, stürzte er die Kajütentreppe zurück, verrenkte sich die Schulter und richtete sich so zu, daß ich nicht nur diese Nacht, sondern auf immer vor seinen Angriffen auf meine Tugend sicher war; denn dieser Vorfall verursachte ihm ein Fieber, das sein Leben in Gefahr setzte. Ja, ich kann nicht einmal sagen, ob er wieder davon genesen ist oder nicht, denn während seiner Krankheit kommandierte sein Premierleutnant. Dies war ein braver, tugendhafter Mann, der diesen Posten schon zwanzig Jahre bekleidet und kein eigenes Schiff hatte erhalten können, während einige Buben, die aber das Glück hatten, Bastarde von Edelleuten zu sein, ihm vor der Nase weg avanciert waren. Während dieser Zeit segelte ein englisches Schiff, das nach Cork befrachtet war, bei uns vorüber; ich und mein Freund, der um meinetwillen in Ketten gelegen hatte, gingen an Bord dieses Schiffes, und zwar mit Bewilligung des guten Leutnants, der uns noch etwas Proviant, soviel er nämlich entbehren konnte, mit auf den Weg gab und uns eine glückliche Reise wünschte.

ACHTES KAPITEL

Mistreß Hartfree fährt mit der Erzählung ihrer Begebenheiten fort.

Kaum waren wir einen Tag auf diesem Schiffe gewesen, so erhob sich ein fürchterlicher Sturm aus Nordwest, worin wir sogleich unsere beiden Masten verloren. Wir mochten ungefähr in der Gegend von Madeira sein, und unser Untergang schien unvermeidlich. Ich darf dir wohl nicht sagen, lieber Thomas, was sich mir bei dieser Gelegenheit für schreckliche Gedanken aufdrängten. Unsere Gefahr war so groß, daß selbst der Schiffskapitän, ein erklärter Atheist, seine Zuflucht zum Gebet nahm, und alle Matrosen, weil es nun doch einmal gestorben sein mußte, über ein großes Stückfaß mit Branntwein herfielen und schworen, es solle nicht ein Tropfen davon in der See umkommen. Ich merkte, daß mein alter Freund hier weniger Courage zeigte, als ich ihm zugetraut hatte. Er schien gänzlich in Verzweiflung versunken. Indessen wurden wir, Gottlob! alle gerettet. Nachdem der Sturm elf Stunden angehalten hatte, legte er sich ein wenig und ließ endlich ganz nach. Aber noch immer trieben wir, ein Spiel der Wellen, auf offener See herum und wurden viele Meilen nach Südwesten verschlagen. Unsere ganze Mannschaft war besoffen; aber wäre sie auch nüchtern gewesen, sie hätte doch nicht helfen können; denn wir hatten unser ganzes Takelwerk verloren.

In dieser Verfassung trieben wir beinahe dreißig Stunden umher, bis wir endlich bei stockfinsterer Nacht ein Licht erblickten, das sich uns zu nähern schien und endlich so groß wurde, daß die Matrosen es für eine Laterne auf einem Kriegsschiff hielten. Aber als wir uns schon mit der Hoffnung schmeichelten, bald aus dieser unglücklichen Lage erlöst zu werden, verschwand das Licht mit einem Male, und wir versanken wieder in Verzweiflung, die durch die angenehme Aussicht auf Rettung, womit wir uns so bitter getäuscht hatten, nur noch vermehrt wurde. Wir brachten den übrigen Teil der Nacht unter traurigen Mutmaßungen über das Licht zu, das uns erschienen und wieder verschwunden war, und jedermann hielt es für einen Meteor. Einen Trost hatten wir noch in diesen bedrängten Umständen, nämlich einen großen Vorrat von Proviant; das erhielt unsere Matrosen bei so gutem Mute, daß sie erklärten, hätten sie nur noch Branntwein genug, so fragten sie den Teufel danach, ob sie in einem Monat Land sähen oder nicht; aber bei Tages Anbruch fand sich, daß wir weit näher am Lande waren, als wir vermutet hatten. Einer von den erfahrensten Seeleuten erklärte, wir wären nahe an der Küste von Afrika; aber als wir kaum noch drei Meilen vom Lande entfernt waren, erhob sich ein zweiter Sturm aus Norden, so daß wir alle Hoffnung auf unsere Rettung aufgaben. Dieser Sturm war freilich nicht so heftig wie der vorige, aber dafür hielt er um so länger an; denn er dauerte beinahe drei Tage und trieb uns viele Meilen südlich. Wir waren nur eine Meile vom Ufer und befürchteten mit jedem Augenblick, unser Schiff würde in Stücke zerschmettert werden, als der Wind sich plötzlich legte. Aber die Wellen gingen noch so hoch wie Berge, und bevor die See wieder ruhig ward, wurde unser Schiff so nahe ans Land geschleudert, daß der Kapitän das Boot auswerfen befahl und erklärte, er gebe alle Hoffnung auf, das Schiff zu retten. Kaum hatten wir es auch einige Minuten verlassen, so sahen wir seine Prophezeiung bestätigt; denn das Schiff stieß auf einen Felsen und ging sogleich zugrunde. Das Betragen, welches die Matrosen bei dieser Gelegenheit äußerten, rührte mich unbeschreiblich. Mit der Zärtlichkeit eines Liebhabers oder eines Vaters sahen sie das Schiff versinken und sprachen davon, wie der zärtlichste Gatte von seinem Weibe spricht. Einige von ihnen, die sonst eben nicht sehr geneigt zum Weinen schienen, vergossen sogar Tränen. Selbst der Kapitän rief aus: ›Adieu denn, liebe Maria! Die See verschlang niemals einen so herrlichen Bissen! Sollt ich noch fünfzig Schiffe wiederbekommen, keines werde ich so lieben wie dich, armes Geschöpf! Bis an meinen Tod werd ich deiner gedenken!‹

Das Boot brachte uns nun wohlbehalten ans Ufer, wo wir auch ohne Schwierigkeiten landeten. Es war ungefähr um Mittag, und die Sonne, die uns fast senkrecht auf den Kopf schien, brannte außerordentlich. Dieser Hitze ungeachtet gingen wir beinahe zehn Meilen über eine Ebene, durch diese Ebene gelangten wir in einen ungeheuren Wald, der sich rechts und links, soweit wir mit den Augen reichen konnten, verbreitete und uns den Weg gänzlich zu versperren schien. Wir beschlossen also, uns hier auszuruhen und etwas von dem Proviant zu uns zu nehmen, welchen wir aus dem Schiffe gerettet hatten und der noch ungefähr für einige wenige Mahlzeiten reichen mochte; denn unser Boot war so mit Menschen beladen, daß wir durchaus keinen Platz für viele Bagage finden konnten. Unser Essen bestand aus gesalzenem Schweinefleisch, welches der Hunger meinen Gefährten so würzte, daß sie außerordentlich wacker zulangten. Mich hatte Müdigkeit und Seelenangst so angegriffen, daß ich fast gar keine Lust zum Essen hatte. Wahrhaftig, es hätte dem künstlichsten französischen Koch sauer werden sollen, mich durch die ausgesuchtesten Leckerbissen zum Essen zu reizen. Mir schien, als hätte ich durch dieses glückliche Entrinnen aus dem Sturm wenig oder nichts gewonnen, als hätt' ich bloß das Element verändert, wo ich sterben müßte. Nachdem unsere Begleiter es sich recht gut hatten schmecken lassen, beschlossen sie, tiefer in den Wald zu dringen, um zu sehen, ob sie sich nicht durchbrechen und irgendwo Menschen oder auch nur einige Nahrungsmittel auftreiben könnten. Wir rückten daher in nachstehender Ordnung fort.

Voran ging ein Mann, mit einem Beil bewaffnet, um uns den Weg zu hauen; ihm folgten zwei andere mit Flinten in der Hand, um uns vor wilden Tieren zu schützen; dann kam der übrige Teil unserer Gesellschaft, und unser Kapitän schloß den Zug, ebenfalls mit einer Flinte bewaffnet. So gingen wir, vierzehn an der Zahl, bis uns die Nacht überfiel, ohne daß wir etwas zu Gesicht bekamen außer einigen Vögeln und anderen unbedeutenden Tieren. Wir ruhten die ganze Nacht unter den Zweigen einiger Bäume; doch brauchten wir kaum in dieser Jahreszeit so ein Obdach; die Tageshitze war in der Tat die einzige Unbequemlichkeit, mit der wir in diesen Klimaten zu kämpfen hatten. Ich kann nicht umhin, zu bemerken, daß mein alter Freund sich dicht neben mich legte und erklärte, er wolle mein Beschützer sein, falls einer von den Matrosen sich unterfangen wollte, mir Gewalt anzutun. Aber ich muß sie von allen Versuchen dieser Art freisprechen; alles, was ich von ihnen zu dulden hatte, war dann und wann ein grober Ausdruck, der aber mehr von ihrer Unwissenheit und Roheit als von einem Mangel an menschlichem Gefühl herrührte.

Am folgenden Morgen waren wir kaum eine kleine Strecke vorgerückt, als einer von den Matrosen einen Hügel hinanstieg und uns durch ein Sprachrohr zurief, er sehe in einer kleinen Entfernung eine Stadt. Dies gab mir so viel Trost und stärkte mich so an Körper und Geist, daß ich mit Hilfe meines alten Freundes und noch eines anderen, an die ich mich anlehnte, mit großer Schwierigkeit den Hügel erstieg. Aber kaum hatte ich ihn erreicht, so fühlte ich mich so erschöpft, daß ich zur Erde niedersinken mußte; auch konnte man mich nicht dahin bringen, durch den Wald in eine Ebene zu gehen, an deren Ende man wirklich einiger Häuser oder vielmehr Hütten gewahr wurde; doch lagen sie in größerer Entfernung, als der Matrose geglaubt hatte, denn es mochten wohl an zwanzig Meilen bis dahin sein.

NEUNTES KAPITEL

Enthält sehr überraschende Begebenheiten.

Der Kapitän erklärte, er wolle ohne Aufschub zu der Stadt fortrükken, die vor ihm läge. In diesem Entschluß bestärkte ihn auch die ganze Mannschaft. Weil man mich aber nicht bereden konnte, von der Stelle zu gehen, bis ich mich ein wenig ausgeruht hätte, so vermaß sich mein alter Freund hoch und teuer, er wolle mich nicht verlassen, sondern mir zur Bedeckung zurückbleiben, und wenn ich mich durch ein wenig Schlaf erquickt haben würde, wollte er mich in die Stadt begleiten, die auch der Kapitän nicht zu verlassen versprach, bis wir ihm nachgekommen wären.

Kaum waren sie fort, so dankte ich meinem Beschützer für seine Sorgfalt und legte mich zur Ruhe. Ohne Zweifel würde mich auch der Schlaf, der mich sogleich überfiel, noch länger in seinen süßen Banden gehalten haben, hätte mein Wächter mich nicht durch einen Händedruck geweckt. Zuerst glaubte ich, er wolle mich vor einer nahen Gefahr warnen; aber bald ward ich inne, daß er ein zärtlicheres Motiv dazu hatte und daß das Ungestüm eines Liebhabers das einzige war, was ich zu fürchten hatte. Er gestand mir nun seine Leidenschaft mit mehr Nachdruck und Wärme, als einer meiner vorigen Liebhaber getan hatte; aber noch enthielt er sich aller gewaltsamen Mittel. Ich meinesteils brach in größere Bitterkeiten und Schmähungen aus, als ich mir noch gegen irgendeinen erlaubt hatte, den Bösewicht Wild ausgenommen. Ich sagte ihm, er sei der abscheulichste, niederträchtigste Bube von der Welt; daß er seine schändlichen Absichten unter einem Schein von Tugend und Freundschaft verborgen hätte, mache ihn meinen Augen noch verwerflicher; ich verabscheute ihn mehr als irgendeinen Menschen, und wäre ich je so unglücklich, den Versuchungen zur Schande zu unterliegen, so würde er doch gewiß der letzte sein, dem ich mich preisgäbe. Er ließ sich durch diese Sprache nicht im mindesten aufbringen, sondern veränderte nur die Waffen und nahm seine Zuflucht zu Bestechungen. Er riß das Unterfutter seiner Weste auf, zog verschiedene Juwelen hervor und sagte, er habe diese Juwelen unter tausend Gefahren zu seinem unaussprechlichen Glücke aufbewahrt, wenn ich durch sie gewonnen werden könnte. Ich schlug sie zu verschiedenen Malen mit dem größten Unwillen aus, als ich endlich mehr von ungefähr, als aus Neugierde, mein Auge auf ein diamantenes Halsband warf und schneller wie der Blitz die Erinnerung durch meine Seele fuhr, daß dies eben die Diamanten seien, die du an den verwünschten Grafen verkauft. Die Verwirrung, worein mich dieser Zufall stürzte, machte, daß ich den Buben vergaß, der neben mir stand; aber kaum war ich ein wenig zu mir selbst gekommen, so fiel es mir ein, dies könne niemand anders sein als der Graf selbst, das schändliche Werkzeug von Wilds Grausamkeit. Gerechter Himmel! In was für einer Lage sah ich mich! Wie soll ich den Tumult aller der Empfindungen beschreiben, die sich in meinem Busen regten?

Indessen da er mich nicht kannte, schien mir aller Verdacht von seiner Seite unmöglich. Auch schrieb er die Neugierde, womit ich die Juwelen ansah, einer ganz anderen Ursache zu und bemühte sich, eine noch sanftere, gefälligere Miene anzunehmen als zuvor. Meine Furcht legte sich ein wenig, und ich beschloß, keine Versprechungen zu sparen, und hoffte, jemehr ich ihn glauben ließ, daß meine Gunstbezeugungen mir um so einen Preis feil wären, um so eher würde ich ihn bis zur Zurückkunft des Kapitäns und der übrigen Mannschaften hinhalten; und dann wußte ich gewiß, daß ich nicht nur vor seinen Nachstellungen sicher sein, sondern auch meine gestohlenen Juwelen wieder erhalten würde. Aber ach! Ich betrog mich in meiner Hoffnung.«

Mistreß Hartfree bemerkte aufs neue einige Zeichen von Unruhe an ihrem Mann und rief aus: »Mein Lieber! Fürchte dich nicht! Doch – damit du bald deine Angst los wirst – als er merkte, daß ich sein allzugroßes Ungestüm zurückwies, bat er mich, doch vernünftig zu sein. Dann veränderte er mit einem Male seine Stimme und seinen Blick und schwor mit wildem, gräßlichem Tone, ich solle ihn nicht so hinters Licht führen wie den Gimpel von Kapitän; das Glück habe ihm zu einer Gelegenheit verholfen, die er nicht wie ein Narr fahren lassen wolle. Zuletzt bekräftigte er mit einem feierlichen Eid, er wolle mich diesen Augenblick genießen, oder er stände nicht für die Folgen. Dann faßte er mich in seine Arme und schritt zu solchen Gewalttätigkeiten, daß ich alle meine Kräfte zusammennahm und um Hilfe schrie, ob ich gleich wenig oder gar nicht auf fremden Beistand rechnen konnte. Aber plötzlich sprang ein Geschöpf aus dem Dickicht, das ich dem ersten Anschein nach und in der Bestürzung, in der ich mich befand, nicht einmal für einen Menschen hielt, aber wäre es auch das grausamste, blutdürstigste aller wilden Tiere gewesen, so würde ich ihm doch mit Freuden in den offenen Rachen gelaufen sein. Kaum hatte ich bemerken können, daß er eine Muskete in der Hand hatte, so versetzte er meinem Räuber einen so heftigen Schlag, daß er sinnlos zu meinen Füßen stürzte; dann kam er sehr höflich auf mich zu und sagte mir in französischer Sprache, es sei ihm außerordentlich lieb, daß er zu meiner Rettung bei der Hand gewesen sei. Er war nackend bis auf die Füße und den mittleren Teil seines Leibes, nur daß sein Körper, wie der Körper eines Tieres, dick mit Haaren bewachsen war. Wahrhaftig, sein Anblick war so gräßlich, daß selbst der Freundschaftsdienst, den er mir erwiesen, und sein höfliches Benehmen den Schrecken nicht ganz überwältigen konnten, den seine Gestalt mir eingeflößt. Ich glaube, er ward dies selbst inne; denn er bat mich, ohne Furcht zu sein; was für ein Zufall mich auch hierher gebracht hätte, so sollte ich doch alle mögliche Ursache haben, dem Himmel zu danken, daß er mich in seine Hände gegeben; ich würde gewiß an ihm einen Beschützer finden und könne mich der besten höflichsten Begegnung versichert halten.

In dieser schrecklichen Verwirrung hatte ich noch Gegenwart des Geistes genug, das Kästchen mit Juwelen aufzunehmen, das dem Verräter aus der Hand gefallen war, und es in die Tasche zu stecken. Mein Befreier sagte mir, ich käme ihm sehr müde und entkräftet vor; er wolle mir daher raten, mich in seiner Hütte, die nicht weit von hier sei, ein wenig zu erholen. Wäre auch sein Benehmen gegen mich nicht so artig und gefällig gewesen, so hätte mir schon allein meine verzweiflungsvolle Lage Mut gemacht; denn die Wahl war nicht schwer, ob ich mich nicht lieber diesem Menschen, der seiner wilden Außenseite ungeachtet so vielen Eifer, mir zu dienen, zeigte, überlassen, oder bei einem Bösewicht bleiben sollte, den ich nun aus trauriger Erfahrung kennengelernt hatte. Ich überließ mich daher seiner Leitung und bat ihn, mit Tränen im Auge, sich doch meiner Unschuld zu erbarmen, die in seiner Gewalt sei. Er sagte: der Vorfall, den er mit angesehen, entschuldige meinen Verdacht in seinen Augen. Zugleich bat er mich, nicht mehr zu weinen, denn er wolle mich bald überzeugen, daß ich mit einem ehrlichen Manne zu tun hätte. Der gefällige Ton, womit er diese Worte begleitete, gab mir einigen Trost, und dieser Trost ward durch den Besitz meiner Juwelen, die mir die Vorsehung so wunderbar wieder in die Hände geliefert, noch um ein Großes erhöht.

Wir verließen den Bösewicht in seinem Blute, obgleich er schon anfing, sich wieder ein wenig zu regen, und gingen in die Hütte oder vielmehr in die Grotte meines Befreiers; denn seine Wohnung befand sich unter der Erde, an der Seite eines Hügels; die Lage war sehr angenehm, und an dem Eingang übersahen wir eine lange Ebene und die Stadt, die ich schon vorhin gesehen hatte.

Als ich dort sicher angelangt war, bat er mich, mich auf einen Rasen niederzulassen, der ihm die Dienste eines Stuhls tat; und dann legte er mir einige Früchte vor, die in dieser Gegend wild wachsen und wovon einige einen sehr angenehmen Geschmack hatten. Auch brachte er noch etwas gebackenes Fleisch zum Vorschein, das beinahe wie Wildpret schmeckte. Dann holte er eine Branntweinbouteille, die er, seit er sich hier niedergelassen, noch nicht geöffnet hatte, denn sein einziger Trank war Wasser. Diese Bouteille hatte er immer nur als eine Herzstärkung für den Notfall aufbewahrt, und er dankte dem Himmel, daß er noch nie Gelegenheit gehabt hätte, sie zu brauchen. Er erzählte mir nun, er sei ein Eremit, sei vor dreißig Jahren an diese Küste geworfen worden und zwar mit seinem Weibe, daß er zärtlich geliebt, aber doch nicht habe retten können; darum hätte er beschlossen, nie wieder nach Frankreich zurückzukehren, sondern sich auf ewig einem einsamen Leben zu widmen; seine ganze Hoffnung beruhe auf der Aussicht, seine Frau dereinst im Himmel wiederzutreffen, wo sie jetzt nach seiner festen Überzeugung für ihn und seine Seligkeit bete. Er sagte mir, er habe mit dem König des Landes, den er mir als einen sehr guten und gerechten Mann beschrieb, einen Tauschhandel getrieben und ihm eine Uhr für eine Flinte und etwas Munition gegeben, womit er sich dann und wann ein Wildpret schieße, die er aber noch mehr zu seiner Verteidigung gegen wilde Tiere brauche. Vegetabilien seien übrigens seine liebsten und besten Nahrungsmittel. Er erzählte mir seine Geschichte noch umständlicher, die ich Ihnen vielleicht ein andermal wiederholen kann; jetzt muß ich nur erinnern, daß dies alles mir viel Trost gewährte, vorzüglich, als er mir versprach, mich nach einem Seehafen zu bringen, wo ich vielleicht ein Schiff antreffen möchte, das auf den Sklavenhandel ausginge; wenn ich mich anders, um dasjenige wiederzusehen, was mir das Liebste auf der Welt sei, noch einmal einem Element anvertrauen wollte, von dessen Tücke ich schon so viel gelitten.

Den Charakter, den er mir von dem König und den Einwohnern der Stadt, die wir vor uns liegen sahen, entworfen, brachte mich auf den Gedanken, dahin zu gehen, vorzüglich, da ich den Kapitän und die Matrosen zu sprechen wünschte, die sich so menschlich gegen mich betragen hatten und in deren Gesellschaft ich mich doch sicherer glaubte, als wenn ich mit einem Manne allein wäre; aber er widerriet mir, fortzugehen, bis ich meine Lebensgeister nicht ein wenig durch Ruhe erfrischt hätte, und bat mich, auf seinem Rasen den Schlummer zu suchen, er wollte unterdessen vor der Höhle Schildwacht stehen. Ich ließ mir dies gefallen, aber es dauerte lange, ehe ich zum Schlaf kommen konnte; doch zuletzt siegte die Müdigkeit, und ich schlief verschiedene Stunden. Beim Erwachen fand ich meine Schildwache auf ihrem Posten und auf den ersten Wink bereit, meine Befehle zu vernehmen. Dies Betragen flößte mir einiges Zutrauen ein, und nun wiederholte ich meine Bitte, er möchte mich in die Stadt begleiten; aber er antwortete, es wäre doch besser, wenn ich vorher etwas genösse, denn der Weg sei länger, als ich dächte. Auch diesen Vorschlag nahm ich an. Er setzte mir darauf eine Menge auserlesener Früchte vor, die ich mir auch recht gut schmecken ließ, worauf ich meine Bitte erneuerte. Er aber hielt mir immer noch das Widerspiel und sagte, ich hätte noch nicht Kräfte genug; ich könnte nirgends sicherer ruhen, als in seiner Höhle, und er für seinen Teil hielte es für seine größte Glückseligkeit, mir aufzuwarten; ja diese Glückseligkeit dünkte ihm – dies sprach er mit einem Seufzer – höher und beneidenswerter, als jedes andere irdische Glück. Sie können denken, daß ich jetzt Argwohn schöpfte, und er benahm mir vollends allen Zweifel, indem er sich mir zu Füßen warf und seine Leidenschaft in den wärmsten Ausdrücken bekannte. Ich würde in Verzweiflung gesunken sein, hätte er nicht dieses Bekenntnis mit den größten Beteuerungen begleitet, daß er jeden Gedanken an Gewalt verabscheue und eher den grausamsten Tod sterben, als mir nur eine Träne oder einen Seufzer verursachen wolle; nur mir und meiner Liebe allein wolle er ein Glück verdanken, das für ihn kein Glück mehr wäre, wenn er es erzwingen wollte.«

Sie war im Begriff, noch andere Schmeicheleien zu wiederholen, die er ihr gemacht, als sich draußen ein schrecklicher Lärm hören ließ und ihre Erzählung für jetzt unterbrach. Um sich eine vollständige Idee von diesem Lärm zu machen, muß ich den Leser bitten, sich vorzustellen, ich hätte jene hundert Zungen, die ein alter Poet sich wünscht, und schrie mit allen diesen zugleich durch alle Töne, die nur in dem Umfange des menschlichen Organs liegen.

ZEHNTES KAPITEL

Ein schrecklicher Lärm im Gefängnis.

Indessen, welch eine große Vorstellung sich auch der Leser von diesem Lärm machen mag, so wird er ihn doch nicht zu groß für die Veranlassung finden, wenn wir ihm kund und zu wissen tun, daß unser Held (ich schäme mich fast, es zu sagen) seine Ehre in dem zartesten Punkt beleidigt fand. Mit einem Worte (denn wissen müßt ihr es, mag es auch übrigens noch so abscheulich dünken), er hatte Fireblood in den Armen der liebenswürdigen Lukrezia angetroffen.

Wie ein edler Stier, der sich lange unter einer ganzen Herde von Kühen herumgetrieben und daher die voreilige Meinung gefaßt hat, alle diese Kühe seien sein Eigentum, wenn er nun einen anderen Stier eine Kuh aus seinem Distrikt bespringen sieht, laut brüllt und mit seinen Hörnern schnelle, augenblickliche Rache droht, bis das ganze Kirchspiel auf sein Gebrüll zusammenläuft – ebenso schrecklich, ebenso geräuschvoll äußerte sich die Wut unseres Helden und setzte das ganze Gefängnis in Schrecken. Zuerst stieß er nur unartikulierte Töne aus, wie etwa an einem Kaffeetische fünfzehn, sechzehn oder mehr helle weibliche Orgelpfeifen zugleich, und zwar über verschiedene Gegenstände, ertönen, alles ist Schall und Harmonie, aber unser Ohr vermag auch nicht eine vollständige Idee zu fassen. Doch zuletzt, als die Vernunft über seine Leidenschaft siegte oder vielmehr als diese Leidenschaft sich aus Mangel an Atem ein wenig legen mußte, hüpften die folgenden Worte über den Zaun seiner Zähne oder vielmehr über den Graben seines Zahnfleisches, denn die Zaunpfähle waren ihm längst in einem Kampfe mit der Amazone von Drury ausgeschlagen worden:

»Ihr seid kein Mann von Ehre! Schickt sich das für einen Freund? Konnt ich so einen Streich erwarten von dir, den ich auf den Pfad des Ruhms geführt? Hättest du ein ander Mittel gewählt, mich aus der Täuschung zu reißen, ich würde dir vergeben haben. Aber du hast mich ins Herz meines Herzens verwundet, und nimmer heilt die Wunde, nichts macht dies Unrecht wieder gut. Ich klage nicht allein über den Verlust einer angenehmen Gefährtin, über den Verlust eines Weibes, die mir teurer war als meine Seele: nein – meine Ehre ist es, die ich beweine. Das Blut der Wilds, das mit einer ununterbrochenen, unbesudelten Reinheit durch so viele Generationen geflossen ist, dieses Blut hast du befleckt, darum fließen meine Tränen, daher mein Kummer. Diese Beleidigung ist nicht wieder abzuwaschen, sie ist nimmer zu verzeihen.« – »Lirum, Larum«, antwortete Fireblood, »ist das nicht ein Lärm um Eure Ehre, um nichts und wieder nichts! Wenn Ihr bloß über eine Beleidigung schreit, die Euer Blut durch mich erlitten, so habt Ihr gar nicht Ursache, zu klagen; denn mein Blut ist so gut wie das eurige.«

Wild: Ihr habt keinen Begriff von der Zartheit der Ehre. Ihr wißt nicht, wie fein und delikat die Ehre beider Geschlechter ist, ein Hauch, ein Atem, der sie unsanft berührt, ist genug, sie zu zerstören.

Fireblood: Ich will Euch mit Euern eigenen Worten beweisen, daß ich Eure Ehre nicht beleidigt habe. Wie oft habt Ihr mir gesagt, die Ehre eines Mannes liege bloß darin, daß er von seinem eigenen Geschlecht keine Beleidigungen dulde; wie die Ehre eines Weibes darin bestehe, daß sie keine Gunstbezeugungen von dem unsrigen annehme. Habe ich Euch nun nicht beleidigt, wie könnt Ihr denn sagen, daß Eure Ehre durch mich gekränkt sei?

Wild: Aber ist das Weib nicht das Eigentum des Mannes, und leidet seine Ehre nicht, wenn die ihrige leidet? Wie grausam habt Ihr mich in diesem kitzlichen Punkte verwundet! Ich darf es nicht wiederholen, ganz Newgate weiß es, und auch die Welt soll es wissen. Ich werde ihr einen Prozeß an den Hals werfen, abschütteln will ich meine Schande, soviel ich nur kann, das heißt: ich will mich von ihr scheiden lassen. Und was dich betrifft, so sprechen wir uns in Westminster-Hall, da sollst du mir schon Red und Antwort geben.

Fireblood: Ich fürchte dich, hol mich der Teufel, nicht und glaube kein Wort von allem, was du sagst.

Wild: Auf persönliche Beleidigungen weiß ich dir schon zu antworten –

Und hiermit sprang er auf Fireblood zu und gab ihm eine Maulschelle, die ihm der junge Mann auch nicht schuldig blieb. Und nun ging es an ein Boxen zwischen unserm Helden und seinem Freunde. Freilich ward ihnen dies ein wenig sauer, denn die Ketten, welche sie an den Füßen trugen, inkommodierten sie ein wenig. Doch wurden von beiden Seiten einige Hiebe ausgeteilt, bevor die Umstehenden sie auseinander bringen konnten, und nun versicherten sich beide Teile, sie wollten sich einander Genugtuung geben, wenn sie die folgende Sitzung überlebten und dem Galgen glücklich entrönnen. Dann trennten sie sich, und die Ruhe ward bald wieder im Gefängnis hergestellt.

Auf Ansuchen des Richters und ihres Mannes fuhr Mistreß Hartfree in der Erzählung ihrer Abenteuer fort, wie wir im folgenden Kapitel sehen werden.

ELFTES KAPITEL

Beschluß von Mistreß Hartfrees Bericht.

»Wenn ich nicht irre, ward ich unterbrochen, als ich anfing, einige Komplimente zu wiederholen, die der Eremit mir gemacht.« – »Gerade als Sie damit am Ende waren«, sagte der Richter. – »Desto besser«, antwortete Madame Hartfree, »es ist mir wahrhaftig keine Freude, sie zu wiederholen. Er schloß mit den Worten, wäre ich gleich in seinen Augen das schönste Frauenzimmer der Welt und könnte ich gleich einen Heiligen bewegen, den Pfad der Gottseligkeit zu verlassen, so flöße ihm meine Schönheit doch eine zu zärtliche Neigung ein, als daß er die Befriedigung derselben auf Kosten meiner Ruhe und Glückseligkeit suchen solle; darum, wäre ich grausam genug, seine ehrliche und aufrichtige Bewerbung auszuschlagen, könnte ich mich nicht zu einem einsamen Leben mit einem Manne bequemen, der alles, was in seiner Macht stände, anwenden würde, mich glücklich zu machen, so hätte ich von Gewalt nichts zu fürchten, ich sei bei ihm ebenso frei, wie in Frankreich, England oder an irgendeinem Orte der Welt. Ich wies ihn mit eben der Höflichkeit ab, mit welcher er sich antrug, und sagte ihm, da er so viele Achtung vor der Religion bezeuge, würde er gewiß von seinem Vorsatz ablassen, wenn ich ihm sagte, der einzige Grund, warum ich seine Bewerbungen nicht annehmen könnte, sei der, daß ich verheiratet sei. Bei diesen Worten fuhr er ein wenig zurück und schwieg eine Zeitlang; dann kam er wieder zu sich selbst und stellte mir vor, wie ungewiß, ja wie unwahrscheinlich es sei, daß mein Mann noch lebe; die Ehe sei bloß ein politisches Institut. Dies suchte er durch viele Gründe zu beweisen, die ich aber hier nicht wiederholen darf; und endlich wurde er so ungestüm und dringend, daß ich nicht sagen kann, wozu seine Leidenschaft ihn verleitet haben würde, hätten sich nicht zum Glück drei von unsern Matrosen, und zwar wohlbewaffnet, am Eingang der Höhle sehen lassen. Kaum hatte ich sie erblickt, so sagte ich ihm in der Freude meines Herzens, meine Gefährten seien da und ich müsse jetzt Abschied von ihm nehmen; er könne versichert sein, ich würde seiner gedenken, solange ich lebte, und die Gefälligkeiten nimmer vergessen, die er mir erwiesen hätte. Er holte einen tiefen Seufzer, drückte mir zärtlich die Hand und küßte meine Lippen mit größerer Wärme, als unsre Mode es eigentlich erlaubt, indem er sagte, meine Ankunft in seiner Höhle werde ihm ebenfalls unvergeßlich sein; ›ach!‹ fügte er hinzu, ›könnte ich doch mein ganzes

Leben in Ihrer Gesellschaft zubringen! Sie haben eine Flamme in meinem Busen angezündet –‹ Doch ich übergehe diesen Punkt mit Stillschweigen, Sie, mein Herr, möchten mich sonst wieder für eitel halten. Kurz, ich verließ ihn in Gesellschaft der Matrosen, und zwar nicht ohne eine Anwandlung von Mitleid über den Widerwillen, den er äußerte, sich von mir zu trennen.

Wir waren erst einige Schritte vorgerückt, als einer von den Matrosen zu seinen Kameraden sagte: ›Hols der Teufel, Jakob! Wer weiß, was für Raritäten der alte Sünder in seiner Höhle haben mag?‹ Ich antwortete ganz unbefangen: ›Der arme Mann! Er hat nichts als eine Flasche mit Branntwein.‹ – ›Hat er die?‹ rief der Matrose; ›zum Henker! Die müssen wir probieren.‹ Mit diesen Worten kehrten sie alle wieder um, und ich folgte ihnen. Wir fanden den armen Unglücklichen auf dem Boden ausgestreckt, mit allen Zeichen der Verzweiflung in seinem ganzen Benehmen. Ich sagte ihm in französischer Sprache (denn diese verstanden die Matrosen nicht), was ihr Begehren sei. Er zeigte auf den Ort, wo die Flasche stand, und sagte, sie sei ihnen gerne gewährt, wie alles, was er habe, und fügte hinzu, er mache sich nichts daraus, wenn sie ihm auch noch obendrein das Leben nähmen. Die Matrosen durchsuchten die ganze Hütte, und weil sie nichts weiter fanden, was der Mühe wert war, zogen sie mit der Bouteille ab, die sie auch in einem Augenblick leerten, ohne mir auch nur einen Tropfen anzubieten.

Unterwegs bemerkte ich, daß einer von ihnen dem andern etwas ins Ohr flüsterte und dabei seine Augen starr auf mich gerichtet hielt. Dies beunruhigte mich außerordentlich. Der andere aber antwortete: ›Nein – der Kapitän würde es uns nimmer vergeben. Überdem haben wir ja Wildpret genug unter den schwarzen Weibern, und meiner Meinung nach ist eine Farbe so gut wie die andere.‹ Dies war genug, mir eine außerordentliche Furcht einzujagen; aber ich hörte doch nichts mehr, was mich hätte beunruhigen können. Auch kamen wir binnen einigen Stunden glücklich in die Stadt.

Sobald der Kapitän mich sah, fragte er, was aus meinem Freunde, dem verräterischen Grafen, geworden sei. Als ich ihm Auskunft darüber gegeben hatte, wünschte er mir von Herzen Glück zu meiner Befreiung, äußerte den größten Abscheu gegen solche Niederträchtigkeit und schwur, ihm den Hals zu brechen, wenn er ihm jemals in den Wurf kommen sollte. Aber die Wahrheit zu sagen, so glaubten wir beide, daß er an dem Schlage gestorben sei, den der Eremit ihm versetzt.

Man brachte mich nun vor die erste Magistratsperson dieses Landes, die mich zu sehen begehrte. Ich will Ihnen eine kurze Beschreibung von diesem Manne geben. Man hatte ihn, wie es dort Sitte ist, seines Muts und seiner Weisheit wegen zu diesem Platze erhoben. Seine Gewalt ist völlig uneingeschränkt, solange sie dauert; aber sobald er nur im geringsten von dem Pfade der Billigkeit und Gerechtigkeit abweicht, kann das Volk, dessen Älteste sich alle Jahre einmal versammeln, um seine Aufführung zu untersuchen, ihn absetzen und bestrafen. Außer dieser gefährlichen Probe liegen ihm noch solche Pflichten ob, daß nur die rastlose Liebe zur Gewalt, die den Menschen so allmächtig beherrscht, ihn bewegen kann, sich diesem schweren Amte zu unterziehen; er ist in Wahrheit der einzige Sklave seiner Untertanen. In Friedenszeiten muß er die Klagen des Geringsten anhören und ihm Recht verschaffen. Darum ist es auch einem jeden vergönnt, sich ihm zu nahen und um eine Audienz zu bitten, außer um die Stunde des Mittagessens; dann sitzt er allein zur Tafel und wird mit mehr als europäischem Pomp bedient. Dadurch will man ihn beim Volke im Ansehen und Respekt erhalten. Doch damit er sich dessen nicht zu sehr überhebt, bekommt er alle Abend ganz insgeheim von einem seiner Bedienten einen sanften Tritt auf den Hintern. Überdem trägt er noch einen Ring in der Nase und eine Kette um seinen Nacken, die ungefähr wie die Kette unsrer Aldermänner aussieht; ich glaube, beides ist allegorisch, habe aber nicht erfahren können, worauf es sich eigentlich bezieht. Diese Nation hat noch mehrere Eigentümlichkeiten, die ich Ihnen ein andermal erzählen will. Den zweiten Tag nach meiner Ankunft besuchte mich einer von seinen Offizieren, den sie Schach Pimpach nennen, und tat mir durch einen französischen Dolmetscher, der sich hier aufhielt, zu wissen, das Oberhaupt der Nation liebe mich und lasse mir ein ansehnliches Geschenk anbieten, wenn ich mich ihm hingeben wollte (dies scheint die gewöhnliche Art ihrer Bewerbung zu sein). Ich schlug das Geschenk aus und hörte kein Wort mehr von dem ganzen Handel; denn wie es dort den Weibern keine Schande macht, gleich auf den ersten Vorschlag einzuwilligen, so wird ihnen auch nie ein zweiter gemacht.

Ich hatte mich ungefähr eine Woche in dieser Stadt aufgehalten, als der Kapitän mir meldete, man hätte eine große Anzahl Sklaven, die zu Kriegsgefangenen gemacht worden, ans Ufer geschafft, um sie dort an die Kaufleute zu verschachern, die nach Amerika handelten. Wenn ich mich also dieser Gelegenheit bedienen wollte, so könnte ich leicht nach Amerika und von da nach England kommen.

Zu gleicher Zeit sagte er mir, er selbst sei entschlossen, mitzureisen. Ich nahm seinen Vorschlag mit Freuden an. Als der König dieses Völkchens von unserer Absicht unterrichtet war, ließ er uns beide an seinen Hof rufen, und ohne mir ein Wort von Liebe zu sagen, beschenkte er mich mit einem sehr reichen Juwel, das, wie er sagte, weniger wert sei als meine Keuschheit. Dann nahm er sehr höflich von uns Abschied, empfahl mich dem Schutze des Himmels und gab uns eine große Menge Proviant mit auf den Weg.

Wir hatten uns mit Maultieren für uns und unsere Bagage versehen, und in neun Tagen erreichten wir das Ufer, wo wir auch ein englisches Schiff antrafen, das uns und die Sklaven sogleich aufnahm. Wir gingen an Bord und segelten den folgenden Tag mit gutem Winde nach Neu-England, wo ich bald eine Gelegenheit nach meinem Vaterlande zu bekommen hoffte. Aber die Vorsehung war noch gütiger, als ich erwartet hatte; denn kaum waren wir drei Tage in der See gewesen, so trafen wir ein englisches Kriegsschiff an, das nach Hause segelte. Der Kapitän desselben war ein sehr guter Mann und nahm mich gleich an Bord. Nun nahm ich Abschied von meinem alten Freunde, dem Herrn des gescheiterten Schiffes, der nach Neu-England und von da nach Jamaika gehen wollte, wo seine Reeder wohnten. Man behandelte mich mit großer Höflichkeit. Ich hatte eine eigene Kajüte, speiste alle Tage mit dem Kapitän, der ein sehr artiger, galanter Herr war und mich auch nicht undeutlich merken ließ, daß ich ihm gefiel; aber als er fand, daß ich durchaus nur für den besten Mann leben wollte, ward er kälter und erwies mir nur diejenige Achtung, die meinem Geschlechte zukommt und die es sich auch nur zu gerne zollen läßt.

Unterwegs begegnete mir nichts Merkwürdiges. Wir landeten in Gravesand, und von da brachte mich der Kapitän in seinem eigenen Boote nach dem Tower. Gleich nach meiner Ankunft fiel die Szene vor, die allem Vermuten nach, so schrecklich sie mir auch anfangs schien, durch den Beistand des besten Mannes, den Gott auf immer segnen wolle, zu unserm Glück ausschlug und einen neuen Beweis von der großen Wahrheit abgeben wird, daß die Vorsehung früher oder später die Tugend und Unschuld zu beglücken weiß.«

Hier endete Mistreß Hartfree ihre Erzählung und überlieferte ihrem Mann die Diamanten, die der Graf ihm gestohlen, und das Juwel, welches der afrikanische König ihr geschenkt hatte; letzteres war von unermeßlichem Werte. Der gute Richter war außerordentlich gerührt, teils durch die Leiden, die sie ausgestanden, teils durch die Leiden ihres Mannes, wovon er selbst das unschuldige Werkzeug gewesen war. Indessen freute sich der würdige Mann, daß er schon so vieles zu seiner Rettung getan, und versprach, mit allem Eifer dahin zu arbeiten, daß bald für Hartfree ein förmlicher Pardon ausgefertigt würde.

ZWÖLFTES KAPITEL

Wir kehren zur Betrachtung der Größe zurück.

Doch wir haben unsere Leser durch diese Erzählung vielleicht schon zu lange von dem Umgang mit unserm Helden abgehalten, der täglich die größten Beweise seiner Größe gab, und zwar dadurch, daß er den Herren von der Industrie schmeichelte und die Insolventen in Kontribution setzte. Diese letzteren wurden nun so groß, das ist so unsittlich, daß sie mit der größten Verachtung von dem sprachen, was der Pöbel Ehrlichkeit nennt. Der größte Charakter, den sie sich denken konnten, war ein Langfinger, und Mangel an Geschicklichkeit das einzige, was ihrem Tadel unterworfen war. Was Tugend, Güte und dergleichen Dinge anbetraf, so waren sie die allgemeinen Gegenstände des Spottes und der Verachtung, und ganz Newgate war eine Rotte von Dieben, von denen jeder darauf sann, seinem Nachbarn die Taschen zu plündern, und wohl wußte, daß sein Nachbar ebenso bereit und willig zu so einem Wagstückchen war, als er selbst. Kurz, man konnte mit Recht sagen, daß in den Ringmauern von Newgate ebenso viele Spitzbübereien verübt wurden, wie außer derselben.

Der Ruhm, den diese Vorfälle unserm Wild zuwege brachten, brachte wahrscheinlicherweise den Neid seiner Feinde gegen ihn in Harnisch. Der Tag seines Verhörs erschien nun. Er bereitete sich dazu, wie ehemals Sokrates, aber nicht durch Geduld und Ergebung in den Willen des Schicksals, sondern durch eine Menge falscher Zeugen. Indessen, da der Erfolg nicht immer unsern weisesten Plänen gemäß zu sein pflegt, so tut es uns auch leid, erzählen zu müssen, daß unser Held seiner weisen Vorsicht ungeachtet überwiesen und zu einem Tode verurteilt wurde, den wir sowohl in Rücksicht der großen Männer, die ihn bereits gelitten, als auch in Betracht aller derer, die sich eine Ehre daraus machen, ihn zu verdienen, mit Fug und Recht einen ehrenvollen Tod nennen können. Wahrhaftig, diejenigen, denen er nicht zuteil geworden, scheinen ihr ganzes Leben hindurch nach einem Ziele gerungen zu haben, welches ihnen die Göttin des Glückes, – warum, mag sie selbst am besten wissen – auf immer zu erreichen versagt hat. Doch ohne weitere Vorrede: unser Held wurde zum Galgen verurteilt.

Was mich betrifft, so muß ich bekennen, daß mich der Tod an dem Galgen für einen Helden ebenso unschicklich nicht dünkt, und erkläre hiermit feierlich, daß Alexander nicht im geringsten bei mir verloren haben würde, wenn er gehängt worden wäre. Stiftet ein Held nur bei seinen Lebzeiten recht viel Unheil an, begleiten ihn nur viele und herzliche Flüche von Witwen, Waisen, Armen und Unterdrückten auf seiner Bahn, so, dünkt mich, kann es ihm gleich gelten, was für einen Tod er stirbt, ob durch das Beil, durch den Strick oder durch das Schwert. Aussterben wird sein Name niemals; genießen wird er den Ruhm, nach welchem er mit so vielem Eifer strebte; denn nach dem Ausspruch des dramatischen Dichters überleben böse Taten oft die besten, wohltätigsten Werke. Der Name des Jünglings lebt, der den Tempel von Ephesus in Brand steckte; der Name seines frommen Erbauers ist verloren gegangen.

Unser Held sah nun wohl ein, daß die Bosheit seiner Widersacher siegen würde. Er nahm daher seine Zuflucht zu der mächtigen Stütze aller großen Männer in Bedrängnis: zur Bouteille. Dieses Mittel gab ihm denn auch Mut genug, zu fluchen, zu schwören, Rodomontaden zu machen und seinem Schicksal Trotz zu bieten. Seine Frau, deren Verhör bis zur nächsten Sitzung verschoben war, besuchte ihn nur einmal, quälte ihn aber so unerträglich mit ihren Vorwürfen, daß er dem Schließer Ordre gab, sie nie wieder vorzulassen. Der Pfarrer von Newgate unterhielt sich öfters mit ihm, und es würde unsere Geschichte außerordentlich verschönern, könnten wir alles niederschreiben, was der große Mann bei dieser Gelegenheit sagte. Unglücklicherweise können wir nur mit dem Wesentlichen einer Unterredung aufwarten, die von einem Geschwindschreiber, der sie mit anhörte, aufgesetzt worden. Wir wollen sie daher unsern Lesern zum besten geben, und zwar in den eigenen Worten der redenden Personen, und wir können nicht umhin, dies für eins der merkwürdigsten Stücke zu halten, die uns die ältere oder neuere Geschichte geliefert hat.

DREIZEHNTES KAPITEL

Eine Zwiesprache zwischen dem Pfarrer von Newgate und unserem Helden, worin ersterer über Tod, Unsterblichkeit und andere wichtige Materien außerordentlich gelehrt und gründlich spricht.

Pfarrer: Guten Morgen, mein Freund! Ich hoffe, Sie haben gut geschlafen.

Wild: Verdammt schlecht, Ew. Wohlehrwürden! Ich hatte solche böse Träume. –

Pfarrer: Pfui! Sie müssen sich zu fassen suchen. Ich wünschte, Sie zögen einigen Vorteil aus den guten Lehren, die ich Ihnen beizubringen nicht müde bin. Haben Sie schon vergessen, was ich vorigen Sonntag sagte? Die Böses tun, sollen in das ewige Feuer kommen, das bereitet ist dem Teufel und seinen Engeln. Daraus suchte ich Ihnen zu beweisen, erstlich, was man unter dem ewigen Feuer, und zweitens, was man unter dem Teufel und seinen Engeln zu verstehen habe; dann zog ich einige Folgerungen aus dem Ganzen, und ich müßte mich sehr irren, wenn ich nicht zur Genüge dargetan hätte, daß Sie selbst einer von diesen Engeln sind und folglich in jener Welt das ewige Feuer zum Lohn Ihrer Sünden zu gewärtigen haben.

Wild: Bei meiner Seele, ich weiß den Henker von Ihren Beweisen; denn kaum hatten Sie Ihren Text abgelesen, so fiel ich in einen festen Schlaf. Aber predigten Sie diese Lehre damals oder wiederholen Sie sie jetzt extra zu dem Zwecke, mich zu trösten?

Pfarrer: Ich wiederhole sie, um Sie zu einer rechten Erkenntnis Ihrer Sünden und so zur Reue zu bewegen. Wahrhaftig, hätte ich auch die Beredsamkeit eines Cicero oder Tullius, ich würde doch nicht imstande sein, die Qualen der Hölle oder die Freuden des Himmels zu beschreiben. Alles, was wir davon wissen, ist, daß unser Ohr dergleichen nicht gehört, unser Herz noch nie gefühlt hat. Wer wollte denn für alle nichtigen Genüsse dieser Welt solch ein unschätzbares Glück fahren lassen! Solche Freuden! Solche Vergnügungen! Oder wer wollte sich durch seine Sünden solchen Qualen unterziehen, deren bloße Vorstellung das menschliche Wesen erschüttert? Kann man bei Sinnen sein und die letzteren den ersteren vorziehen?

Wild: Sie erschrecken mich. Sollte ich alles glauben, was Sie mir vorsagen, müßte ich ja in unaussprechlicher Verzweiflung sterben.

Pfarrer: Verzweiflung ist sündlich. Sie müssen Ihre Hoffnung auf Reue und Gnade setzen, und ist es gleich nur allzuwahr, daß Sie in Gefahr schweben, ewig verdammt zu werden, so steht die Gnadentür Ihnen doch noch offen; denn niemand ist ohne Rettung verloren, es müßte denn ein Exkommunizierter sein.

Wild: Vielleicht gelingt mir's noch, dem Galgen zu entkommen; ich habe noch ziemlichen Kredit. Aber schlägt mir auch alles fehl, so sollen Sie mich doch nicht um meinen Mut bringen; ich will nicht sterben wie eine Memme. Hols der Teufel! Was ist der Tod? Bringt er uns nicht in die Gesellschaft des Cäsar, Plato und anderer Helden des Altertums?

Pfarrer: Wahr genug, aber bei allem dem ist das Leben zu süß; und lieber wollt ich ewig leben, als mich unter diesen Heiden herumtreiben, die ohne Zweifel beim Teufel und seinen Engeln im Schwefelpfuhl sieden; und wer weiß, vielleicht schwitzen auch Sie nur zu bald an diesem Ort der Qual. Wie wird es dann um Ihre Bravaden, um Ihr Großtun und Ihre Spöttereien stehen? Mit Freuden werden Sie dann mehr für einen Tropfen Wasser als jetzt für eine Bouteille Wein geben wollen.

Wild: Bravo, Doktor! Was dünkt Sie um eine Bouteille Wein?

Pfarrer: Ich trinke mit keinem Atheisten, ich müßte ja auch mit jedem Augenblick erwarten, daß der Teufel dazu käme, um den dritten Mann abzugeben; denn seitdem er weiß, daß Sie ihm mit Leib und Seele zugehören, ist er vielleicht sehr ungeduldig, sich in Posseß zu setzen.

Wild: Es ist Ihre Pflicht, mit dem Gottlosen zu trinken, um ihn zu bessern.

Pfarrer: Daran verzweifle ich; und so übergeb ich Sie dem Teufel, der schon bereit ist, Sie zu empfangen.

Wild: Sie sind grausamer als die Richter. Er befahl meine Seele dem Himmel, es ist Ihre Schuldigkeit, mir den Weg dahin zu zeigen.

Pfarrer: Nein. Die Tore des Himmels sind allen Verächtern der Geistlichkeit verschlossen.

Wild: Meine Verachtung trifft nur die gottlosen Pfaffen, Sie aber nicht. Denn ginge alles nach Verdienst, müßten Sie schon längst Bischof sein. Wahrhaftig, man möchte rasend werden, daß Sie sich mit Ihrer ungeheuren Gelehrsamkeit, mit Ihren Talenten auf so eine enge Sphäre beschränken müssen, während andre, die nicht wert sind, Ihnen die Schuhriemen aufzulösen, in Reichtümern schwelgen und strotzen.

Pfarrer: Freilich, in allen Ständen gibts böse Menschen. Aber

Sie müßten nicht so allgemein sprechen. Ich könnte wohl auf eine bessere Stelle Anspruch machen; indes hab ich gelernt, mich in Geduld zu fassen; und eben das wollt ich Ihnen auch raten, dann werden Sie gewiß Gnade finden. Es ist wahr, Sie sind ein Sünder, aber Ihre Verbrechen sind keine von den größten. Sie haben weder Mord noch Kirchenraub zu verantworten. Was den Diebstahl anbetrifft, so büßen Sie ihn durch die gesetzmäßige Strafe hinlänglich ab, und das tun nicht alle Ihres Gelichters. Glücklich, dreimal glücklich sind die wenigen, die auf ihren Sünden ertappt und in dieser Welt zur Strafe gezogen werden. Darum, anstatt über Ihr Schicksal zu jammern, wenn Sie zum Galgen geführt werden, müssen Sie vielmehr frohlocken. Und die Wahrheit zu sagen, so fragt es sich noch, ob ein weiser Mann das Schicksal derer, die am Galgen sterben, nicht eher beneiden, als bemitleiden sollte. Nichts ist sündlicher, als die Sünde, und Mord ist die größte Sünde. Wer also einen Mord begangen hat, ist schon glücklich, wenn er dafür büßen, dafür sterben kann; wie glücklicher aber sind Sie, der Sie um eines kleinen Verbrechens willen am Leben gestraft werden.

Wild: Wohl wahr. Aber trinken wir eine Bouteille Wein, um uns bei guter Laune zu erhalten.

Pfarrer: Warum das? Lassen Sie sich dienen, Herr Wild; nichts ist vergänglicher als die gute Laune, welche der Wein gibt. Solls doch getrunken sein, so wär ich für eine Bowle Punsch. Dies Getränke verbietet uns die heilige Schrift nicht, und es ist auch nicht so schädlich bei Steinschmerzen, womit ich außerordentlich inkommodiert bin.

Wild (nachdem er Punsch bestellt): Ich bitte Sie um Verzeihung, lieber Doktor! Ich hätte bedenken sollen, daß Punsch Ihr Lieblingsgetränk ist. Nicht wahr? Sie pflegen nie einen Tropfen Wein zu trinken, solange noch Punsch auf dem Tische steht.

Pfarrer: Ich muß gestehen: Punsch behagt meinem Gaumen am besten, und darum nahm ich es auch ein wenig übel, als sie so auf Wein bestanden.

Wild: Recht so! Ein volles Glas will ich Ihnen auf Ihre baldige Beförderung zum Bischof zutrinken.

Pfarrer: Und ich will Ihnen Pardon wünschen. Kommen Sie, verzweifeln Sie nicht: es ist noch Zeit genug, an den Tod zu denken! Sie haben gute Freunde und wären nicht der erste, der wider Vermuten Pardon erhalten hätte.

Wild: Aber wenn ich mich in dieser Hoffnung getäuscht sähe, was würde dann aus meiner Seele werden?

Pfarrer: Pah! Überlassen Sie mir das; ich will schon Rechenschaft von Ihrer Seele geben. Ich hab eine Predigt in der Tasche, aus der Sie vielleicht einigen Vorteil ziehen können. Nicht eben, daß ich mir auf mein Talent, zu predigen, etwas zugute täte, denn man soll auf keine irdischen Gaben stolz sein; aber vielleicht gibt es nicht viele solche Predigten in der Welt. Hören Sie sie an, wir haben ja doch nichts anderes zu tun, bis der Punsch kommt. Mein Thema ist der bekannte Vers: »Der gute Glaube ist den Griechen eine Torheit.« Zu diesen Worten gab vorzüglich die griechische Philosophie Gelegenheit, welche sich um diese Zeit über einen großen Teil der heidnischen Welt verbreitet und den Geist der Menschenkinder so vergiftet und aufgeblasen hatten hatte, daß sie jede andere Lehre verschmähten und schon darum für lächerlich erklärten, weil sie ihren Gesetzen, Sitten und angenommenen Vorurteilen widersprach. Kurz – so eine Lehre war den Griechen eine Torheit.

In dem ersten Teil meiner Rede will ich daher die Nichtigkeit und Eitelkeit dieser Philosophie, worauf sich die Sophisten des Altertums so viel zugute taten, ins Licht zu setzen suchen, und zwar will ich erstlich die Materie und dann die Form dieser ungereimten Philosophie ein wenig näher beleuchten.

Zuerst also ein paar Worte über die Materie. Hier können wir unsern Gegnern das unhöfliche Wort kühn wieder zurückgeben, womit sie uns beehren. Denn was war diese gepriesene Philosophie, diese zusammengeraffte Gelehrsamkeit, von der sich ihre Verehrer so eine große Ernte versprachen und womit sie ihren Geist so zu bereichern dachten, was war sie anders als – Torheit? Ihr großer Lehrer Plato – ihr großes Wunderlicht Aristoteles – Narren waren sie, sonst nichts; Gaukler und Sophisten, die an ihren eigenen erträumten Meinungen hingen, worin auch nicht eine Spur von Wahrheit und Vernunft anzutreffen war. Alle ihre Werke wimmeln von Irrtümern, über welche das Licht der Wahrheit auch nicht einmal einen leichten Schimmer geworfen hat. Ihre Vorschriften sind weder aus der Natur entdeckt, noch von der Natur diktiert – eitle Erdichtungen sind sie, und dienen bloß, den menschlichen Stolz in seiner ganzen Größe darzustellen; mit einem Wort: sie sind nichts als Torheit. Vielleicht möchte man erwarten, daß ich einige Stellen aus ihren Schriften anführen sollte, um meine Behauptung zu beweisen; aber alle ihre Werke müßte ich abschreiben, wollte ich alle Stellen sammeln, die für mich beweisen; man findet sie in solcher Menge, daß einem die Wahl schwer wird. Statt eure Geduld zu ermüden, schließ ich lieber diesen ersten Teil mit einer Behauptung, die ich so bündig erwiesen habe und die auch schon zur

Genüge aus unserm Text erhellt, daß nämlich die Philosophie der Griechen nichts als Torheit war.

Schweifen wir jetzt zur zweiten Abteilung und betrachten –« Doch der Punsch, der eben hereingebracht wurde, machte hier dem herrlichen Sermon ein Ende und ermunterte unsern Wild, der fest eingeschlafen war. Von dem, was weiter bei dieser Visite des Pfarrers vorfiel, haben wir auch nicht die mindeste Nachricht erhalten können.

VIERZEHNTES KAPITEL

Wilds Fortschritt zur höchsten Höhe der menschlichen Größe.

Der Tag kam nun immer näher, an welchem unser Held ein Beispiel der edelsten und höchsten Erhabenheit abgeben sollte, zu der ein großer Mann nur gelangen kann. Dies war der Tag seiner Hinrichtung, seiner Vollendung oder Vergötterung (denn dieser Tag wird verschiedentlich benannt), welcher ihm Gelegenheit verschaffen sollte, dem Tode und der Verdammnis zu trotzen, ohne eine Spur von Furcht in seinem Gesichte zu verraten. Eine Vollendung, die man jedem großen Mann wünschen sollte: denn nichts ist trauriger, als wenn das Glück, wie ein fauler, armseliger Poet, die Katastrophe nicht gehörig herbeiführt, zu wenig Sorgfalt auf den letzten Akt verwendet und seinen Helden so erbärmlich aus der Welt schleichen läßt, ungeachtet man sich von der Rolle, die er in den ersten Akten des Dramas gespielt, einen großen, edlen und erhabenen Ausgang hätte versprechen sollen.

Aber für diesmal wollte die gute Göttin sich so einen Fehler nicht zuschulden kommen lassen. Unser Held war zu sehr ihr Liebling, als daß sie ihn in seinen letzten Augenblicken hätte vernachlässigen sollen; darum waren auch alle seine Bemühungen um Pardon vergeblich, und Wilds Name stand an der Spitze derer, die hingerichtet werden sollten.

Von der Zeit an, daß unser Held alle Hoffnung zum Leben aufgegeben, war sein Betragen wahrhaftig groß und bewundernswürdig. Statt einige Zeichen von Niedergeschlagenheit und Reue an sich wahrnehmen zu lassen, wußte er seinem Gesicht vielmehr die Miene der größten Unerschrockenheit und Zuversicht zu geben.

Seine Zeit brachte er größtenteils mit seinen Freunden und dem obenerwähnten Ehrenmanne bei der Bouteille zu. Bei einem dieser

Gelage fragte man ihn, ob er sich nicht vor dem Teufel fürchtete. »Nein«, antwortete er, »es ist, hol mich der Teufel! nur ein Tanz ohne Musik.« Ein andermal äußerte einer seiner Freunde sein Beileid über sein Unglück, und da meinte er, der Mensch könne nur einmal sterben. Als man einst in seiner Gegenwart einige Worte fallen ließ, er würde doch als ein Mann sterben, drückte er sich den Hut ins Gesicht und rief aus: »Zum Henker! Wer zweifelt daran?«

Welch ein Glück für die Nachwelt, hätten wir nur eine von den Unterredungen unverfälscht und unverstümmelt auftreiben können, die um diese Zeit zwischen ihm und seinem gelehrten Tröster vorfielen. Wir haben alle Käseladen nach einem solchen Fund durchstöbert – aber vergebens.

Den Abend vor seiner Apotheose verlangte seine Frau, ihn zu sprechen, welches er sich auch gefallen ließ. Dieses Wiedersehen war erst von beiden Seiten außerordentlich zärtlich; aber es blieb nicht lange so. Denn als sie einige Winke über sein ehemaliges Betragen gegen sie fallen ließ – vorzüglich, als sie ihn fragte, wie er sie habe so niederträchtig behandeln und ein gemeines Mensch schelten können, ob so ein Ausdruck sich für einen Mann von Ehre schicke? –, brauste Wild schrecklich auf und schwor, sie sei die niederträchtigste Metze auf der Welt, daß sie ihm zu so einer Zeit ein unvorsichtiges Wort vorwerfen könnte, das er in einem Anfall von Unwillen zu ihr gesprochen. Sie antwortete mit Tränen: Ihre Torheit, solch einen groben Menschen zu besuchen, komme sie teuer zu stehen, aber wenigstens hätte sie den Trost, daß es das letzte Mal wäre, daß er ihr so mitspielte; es sei ihr recht lieb, daß seine Grausamkeit ihr den Gedanken an seine Hinrichtung versüßte, und seine Grobheit sei das einzige, was ihr sein schmachvolles Schicksal erträglich machen könne. Dann schritt sie zu einer vollständigen Wiederholung aller seiner Mängel und Verbrechen, in welchem Stücke ihr Gedächtnis ihr treuer war, als man hätte denken sollen, und wahrscheinlich würde sie damit nicht so bald zu Ende gekommen sein, wäre unserm Helden nicht so die Geduld gerissen, daß er sie voll Wut und Grimm bei den Haaren faßte und sie so gewaltig aus der Stube stieß, als seine Ketten es nur verstatten wollten.

Endlich ging der Morgen auf, den das Glück schon bei der Geburt unseres Helden zur Vollendung seiner Größe bestellt hatte. Freilich hatte er der öffentlichen Ehre, die die gute Dame ihm zugedacht, geflissentlich ausweichen wollen und zu dem Ende eine ziemliche Quantität Laudanum zu sich genommen; aber wir haben in dem Verfolg dieser wunderseltsamen Geschichte schon einmal bemerkt, wie vergeblich es sei, gegen die Ratschlüsse dieser mächtigen Gottheit anzukämpfen, daß es verlorene Mühe wäre, ihr zu widerstreben, mag sie euch zur Stelle eines Premierministers oder zum Galgen verhelfen wollen. Weil also selbst das Laudanum an ihm seine Kraft verlor, warteten die Gerichtsdiener ihm zur bestimmten Stunde auf und benachrichtigten ihn, der Karren stände parat.

Bei dieser Gelegenheit äußerte er denn auch eben den Mut, welchen man so sehr an andern Helden bewundert. Weil er nämlich wußte, aller Widerstand würde doch vergebens sein, erklärte er, er wolle sie begleiten. Dann ging er mit ihnen in die Stube, wo die Delinquenten ihrer Ketten feierlich entledigt zu werden pflegen. Nun gab er seinen Freunden (nämlich denen, die ihn zum Galgen führen sollten) die Hand, trank ihre Gesundheit in einem derben Schluck Branntwein und stieg auf den Karren, auf welchen er sich auch kaum niedergelassen hatte, als ihm der Beifall des versammelten Volkes, das über seine Größe ganz entzückt war, entgegenschallte.

Der Karren rückte nun langsam fort. Voran ritt eine Wache zu Pferde mit Wurfspießen in den Händen, und an beiden Seiten waren die Straßen mit einem Haufen Volks besetzt, dem das große Benehmen unsres Helden außerordentlich auffiel. Was ihn selbst betraf, so seufzte er bald, bald schwor er, oder sang und pfiff, je nachdem seine Laune wechselte.

Als er bei dem Baum der Ehre angelangt war, bewillkommnete ihn das Volk mit einem lauten Freudengeschrei. Es hatte sich dort in großer Anzahl versammelt, um ein Schauspiel zu sehen, welches in volkreichen Städten seltner ist, als man denken sollte, nämlich das Ende eines großen Mannes.

Aber mußte gleich selbst der Neid, freilich nur aus Furcht, seine Stimme mit der allgemeinen Stimme vereinigen, so gab es doch einige, die unserm Helden seine Erhöhung mißgönnten und sie dadurch hintertreiben wollten, daß sie ihm den Garaus zu machen suchten, als er unter dem Galgen stand und sein Freund, der Pfarrer, ihm seinen letzten Segen mit auf den Weg gab. Zu dem Ende deckten sie den Karren weidlich mit Steinen, Kot und anderen Materialien zu, von denen einige dem Pfarrer so mächtig um die Ohren sausten, daß er sein heiliges Geschäft so schnell wie möglich förderte und sich in eine Mietskutsche rettete, von wo er den Ausgang des Abenteuers mit Gemütsruhe überdachte.

Indessen können wir einen Umstand nicht mit Stillschweigen übergehen, der dazu dienen mag, den Charakter unsres Helden ins

Licht zu setzen und zu zeigen, wie er sich in seinen letzten Augenblicken noch so gleich blieb. Als nämlich Se. Wohlehrwürden unter einem fürchterlichen Steinhagel ihr Amt verrichteten, praktizierte Wild seine Hand ganz behende in seine Tasche, zog eine Branntweinbouteille hervor, und, diese Trophäe in der Hand haltend, ging er auch aus der Welt.

Als der Pfarrer sich entfernt, hatte Wild nur gerade soviel Zeit, die umstehende Menge zu überschauen, und ihr einen herzlichen Fluch zu geben, als die Pferde angepeitscht wurden und ihn unter den lauten Zurufungen des Volkes in jene Welt hinüberschleppten.

So fiel Jonathan Wild der Große und starb einen Tod, der ebenso ehrenvoll war, wie sein ganzes Leben; ja, der seinem Leben so angemessen war, daß dieses ohne denselben nur ein albernes inkonsequentes Märchen gewesen wäre. Zuverlässig würde man auch die Geschichte so vieler Helden älterer und neuerer Zeiten mit größerem Vergnügen lesen, wären sie alle so einen schönen Tod gestorben; denn nichts als dies ging ihrer Vollendung ab. Wir möchten wünschen, der Geschichtschreiber könne der Wahrheit in diesem einzigen Falle nachhelfen und an der Geschichte seines Helden ergänzen, was das Schicksal unvollendet zu lassen für gut befand.

Kleine Seelen, denen ihr Gewissen zuflüstert, daß sie solch einer Ehre unwert sind, mögen vielleicht Ursachen haben, sich so eines ruhmvollen Todes zu schämen. Aber wer stark genug war, den edlen Tod am Galgen zu verdienen, müßte wohl ein Narr sein, wenn er sich dessen schämen wollte.

FÜNFZEHNTES KAPITEL

Der Charakter unseres Helden, nebst dem Schluß dieser Geschichte.

Jetzt wollen wir den Charakter dieses großen Mannes zu schildern und durch Zusammenstellung aller Züge, die in unsern Blättern hin und wieder zerstreut sind, ein vollkommenes Gemälde seiner Größe zu entwerfen suchen.

Jonathan Wild hatte jede zu einem Helden erforderliche Eigenschaft. Da seine mächtigste, seine herrlichste Leidenschaft Ehrgeiz war, so hatte auch die Natur mit bewundernswürdiger Schicklichkeit alle seine Kräfte und Anlagen auf dieses große Ziel gelenkt. Er war so reich an Plänen, wie an Mitteln, sie auszuführen; auch fehlte es ihm nicht an Entschlossenheit; denn niemals hielt ihn eine der armseligen Schwachheiten zurück, die so oft die Pläne gemeiner Seelen zerstören und die man insgemein unter dem Worte Ehrlichkeit begreift. Er war gänzlich frei von den kriechenden Lastern der Bescheidenheit und Gutmütigkeit, die seiner Meinung nach ein völliges Verzichten auf alle Größe voraussetzten und den Menschen auf immer unfähig machten, eine wichtige Rolle in der Welt zu spielen. Sein sinnliches Gelüste war seinem Ehrgeiz untergeordnet; aber von dem, was der Pöbel Liebe nennt, hatte er durchaus keinen Begriff. Unermeßlich war sein Geiz; indessen dachte er doch mehr darauf, alles an sich zu reißen, als zu behalten, was er hatte. Seine Habsucht war in der Tat so unersättlich, daß er sich immer nur mit dem Ganzen zufrieden gab; denn einen so beträchtlichen Anteil ihm seine Spießgesellen auch von jeder Beute überließen, so wußte er doch tausend Mittel anzuwenden, sie um jede Kleinigkeit zu bringen, die sie für sich behalten hatten. Er meinte, Gesetze seien bloß zum Behufe der Herren von der Industrie und verfehlten ihren Zweck allemal, wenn sie gegen diese Ehrenmänner gebraucht würden. Worauf er sich am meisten zugute tat und was er auch an andern vorzüglich zu ehren und zu belohnen pflegte, war Heuchelei. Seiner Meinung nach konnte man es in der Industrie ohne Heuchelei zu nichts rechtem bringen; man habe wenig von einem Manne zu erwarten, der seine Fehler eingestehe, aber desto mehr von einem, der sich mit großen Tugenden brüste. Darum pflegte er auch einen jeden zu meiden, der sich hatte auf einer guten Tat betreffen lassen; aber ein Mann von bekanntem gutem Charakter zog ihn immer an, weil er glaubte, er verdanke denselben mehr seinen Worten, als seinen Handlungen. Daher war er selbst auch außerordentlich freigebig mit Beteuerungen seiner Redlichkeit und führte die Worte Tugend und Herzensgüte beständig im Munde. Auch trug er kein Bedenken, selbst in Gegenwart derer, die ihn durch und durch kannten, bei seiner Ehre zu schwören. Er entwarf sich verschiedene Maximen, die er auch auf seinem Wege zur Größe treu und redlich befolgte: zum Beispiel:

1. Tue niemals mehr Böses, als dein Plan erfordert; das Böse ist ein zu kostbares Ding, um es um nichts und wieder nichts wegzuwerfen.

2. Mache keinen Unterschied zwischen Menschen und Menschen; opfere sie alle mit gleicher Bereitwilligkeit deinem Vorteil.

3. Entdecke dich nie mehr, als unumgänglich notwendig ist.

4. Traue keinem, der dich betrogen hat oder der weiß, daß du ihn betrogen hast.

5. Verzeihe deinem Feinde nie; aber sei vorsichtig und langsam zur Rache.

6. Vermeide den Armen und Elenden, aber schließe dich so fest wie möglich an Mächtige und Reiche.

7. Lege dein Gesicht in gravitätische Falten und äußere bei jeder Gelegenheit ein weises Betragen.

8. Unter deinen Spießgesellen suche eine beständige Eifersucht rege zu halten.

9. Belohne keinen nach Verdienst; gib ihm aber jederzeit einen Wink, daß die Belohnung noch größer sei als sein Verdienst.

10. Vergiß nicht: daß alle Menschen Narren oder Schurken oder ein Gemisch von beiden sind;

11. daß man die Tugend ebensogut nachmachen kann, wie man kostbare Steine nachmacht, weil zu viele Kenntnis und Erfahrung dazu gehört, falsche Juwelen von echten zu unterscheiden;

12. daß mancher ehrliche Kerl zugrunde geht, weil er nicht ganz Spitzbube ist;

13. daß die Menschen ihre Tugenden ausschreien wie Kaufleute ihre Waren, bloß um dadurch zu gewinnen;

14. daß das Herz die eigentliche Wohnung des Hasses, das Gesicht aber der Sitz der Liebe und Freundschaft ist.

Er hatte noch mehr Maximen dieser Art entworfen, die man nach seinem Tode in seiner Studierstube fand, welche er aber weder hatte herausgeben, noch immer im Munde führen wollen, wie es einige Leute mit ihren Tugendmaximen machen. Aber durch die beständige Aufmerksamkeit auf diese Regeln hatte er eine solche Fertigkeit in ihrer Anwendung bekommen, daß er sie in jedem schwierigen Falle bei der Hand hatte und durch ihre Hilfe zu einem

Grade von Größe gelangte, den nur wenige haben erreichen, aber keiner hat überspringen können. Denn muß man gleich sagen, daß es einige wenige Helden gegeben hat, die der Menschheit vielleicht mehr Unheil zugefügt, als unser Wild, so müssen wir doch eingestehen, daß sie ihm in Rücksicht der wahren Größe nicht das Wasser reichen, wenn wir auf die Schwierigkeiten sehen, mit denen er kämpfen mußte, auf die unglücklichen Umstände, worein ihn das Glück versetzt hatte und durch welche er sich sozusagen erst eine Bahn zum Ruhm und zur Größe brechen mußte.

Auch hatte er keinen von den Flecken im Charakter, die vernünftige Schriftsteller an ihren Helden immer getadelt und gerügt haben, so viele Mühe sich auch der Schwachkopf gibt, sie herauszustreichen. Hierher gehören die Züge von Gutmütigkeit in Alexanders und Cäsars Charakter, die ebensowenig zu ihren eigentümlichen Gesinnungen passen, wie der lächelnde Mund einer Venus zum Gesichte eines Satyrs. In Wild war jeder Zug wahrhaft groß und ohne fremde Beimischung, und seine Unvollkommenheiten erstreckten sich nicht weiter, als hinlänglich war, ein menschliches Geschöpf in ihm zu erkennen, das nie den höchsten Grad der Vollkommenheit erreicht. Sein ganzes Betragen gegen seinen Freund Hartfree ist ein handgreiflicher Beweis, daß die eiserne Größe seines Herzens durch kein weiteres Metall verfälscht war. Wahrhaftig, solange das Wesen der Größe in Macht, Stolz, Unverschämtheit und Bosheit besteht, solange ein großer Mann und ein großer Spitzbube gleichbedeutende Wörter sind, wird niemand so vermessen sein, unserm Jonathan Wild den Rang der Größe streitig zu machen.

Da wir nun unsern Helden wohlbehalten auf den Gipfel des Ruhmes gebracht haben, werden vielleicht einige unserer Leser zu wissen verlangen, was aus Hartfree und seiner Familie geworden. Zu wissen denn, daß seine Leiden nun zu Ende waren, daß der gute Friedensrichter seinen Pardon ohne viele Mühe auswirkte und sich nicht eher zufrieden gab, als bis er ihm alle mögliche Genugtuung für sein erduldetes Unrecht verschafft hatte. Er wußte es dahin zu bringen, daß der Kommandeur des englischen Kriegsschiffes bei seiner Ankunft in England die Juwelen wieder herausgab, und sparte weder Fleiß noch Mühe, unsern Hartfree wieder in guten Kredit zu setzen. Als seine Gläubiger befriedigt waren, behielt Hartfree noch eine gute Summe übrig; denn der Diamant, den das Oberhaupt der Wilden seiner Frau geschenkt, war von einem großen Werte und ersetzte den Verlust der Juwelen, die Miß Stradle verschleudert hatte, mehr als hinlänglich. Er fing nun seinen Handel wieder an. Das Mitleid mit seinen überstandenen Unglücksfällen verschaffte ihm unter allen wackern Leuten eine Menge Kunden, und er hat durch Fleiß und Sparsamkeit bereits ein hübsches Vermögen zurückgelegt. Er und seine Frau werden nun nachgerade alt, haben auch keine Kinder mehr bekommen; Freindly heiratete die älteste Tochter und ward sein Kompagnon. Die jüngste hat noch keine Heiratsvorschläge annehmen wollen, ungeachtet ein junger Edelmann sich um ihre Hand beworben und ihr Vater ihr zweitausend Pfund mitgeben wollen, sondern hat bei dieser Gelegenheit unserm Hartfree feierlich erklärt, sie wolle ihr Leben seinem Dienste weihen und dereinst sein hohes Alter pflegen und warten.

Hartfree, sein Weib, seine beiden Töchter und sein Schwiegersohn nebst deren Kindern leben alle in einem Hause, und das mit solcher wechselseitiger Freundschaft und Zuneigung, daß man sie in der ganzen Nachbarschaft die Familie der Liebe nennt.

Was die andern Personen betrifft, die wir in dieser Geschichte in dem Lichte der Größe dargestellt, so hatten sie alle das Glück, den Tod der Größe zu sterben, das ist: gehängt zu werden, ausgenommen ihrer zwei; nämlich Miß Theodosia Snap, die nach Amerika geschickt wurde, wo sie heiratete, sich besserte und ein gutes Weib wurde; und des Grafen, der, nachdem er sich von seiner Wunde, die der Eremit ihm beigebracht, wieder erholt hatte, nach Frankreich ging, wo er aber bald auf einem Straßenraub ertappt und gerädert wurde.

In der Tat, wer einigermaßen über das Schicksal großer Männer nachdenkt, muß bekennen, daß sie der Beifall, den die Welt ihnen doch nicht einmal mit willigem Herzen erteilt, teuer zu stehen kommt. Ja, bringen wir alle die Mühe, die Unruhen und Gefahren in Anschlag, die sie auf ihrem Wege zur Größe antreffen, so können wir nicht umhin, mit jenem Gottesgelehrten auszurufen: daß es nicht halb so viel Schweiß und Mühe kostet, in den Himmel zu kommen, als zum Teufel zu fahren. Die Wahrheit zu sagen, so hat die Welt nur einen Grund, solch einen Charakter zu ehren, wie wir hier aufgestellt: daß es nämlich in der Macht eines jeden steht, ein ehrlicher Mann zu bleiben, während unter Tausenden kaum einer Talent genug zu einem vollständigen Spitzbuben besitzt. Denn gewiß, wer auch immer, von Eitelkeit und Gewinnsucht geblendet, unserm Helden nachzuringen strebt, wird am Ende doch bedenken müssen, daß er weit zurückbleibt hinter Jonathan Wild dem Großen.

NACHWORT

»Die Lebensgeschichte Jonathan Wilds des Großen« erschien zwar erst 1743, nach Henry Fieldings scheinbarem erzählerischem Erstlingswerk »Die Geschichte von den Abenteuern Joseph Andrews' und seines Freundes, des Herrn Abraham Adams« (1742), entstand in ihren wesentlichen Partien jedoch vor »Joseph Andrews« und kann als erster Roman Fieldings angesprochen werden. Mit diesem anarchistischen Frühwerk zeichnete sich die große Wende in Fieldings literarischem Schaffen ab: Der erfolgreiche Dramatiker wandte sich dem epischen Erzählen zu und entdeckte dabei das ihm gemäße Terrain für seine Gesellschaftskritik und sozialpädagogischen Zwecke.

Die Nähe zu den Komödien ist noch deutlich zu spüren, etwa in den Kapiteln, die fast nur aus Dialogen bestehen. Thema der ersten Komödien Fieldings war eher die Bloßstellung des Lasters als das Anprangern der Lasterhaften. Und in einem erklärenden Vorwort zu »Jonathan Wild« sagt Fielding: »Die Schurkerei überhaupt, und nicht ein Schurkenstreich allein, ist mein Thema«, und fährt fort: »Unter keinen Umständen wollte ich im Charakter meines Helden die menschliche Natur im allgemeinen darstellen.« Fielding kommt es vorerst noch nicht – wie in den späteren Romanen – darauf an, Allgemeinmenschliches darzustellen, sondern er will in der Gestalt des Jonathan Wild, wie in der Komödie, etwas Typisches aufzeigen. Jonathan Wild ist die Zusammenfassung alles Negativen, das Fielding vorher in seinen Komödien aufgegriffen hatte. Dieses Negative, die »Schurkerei« (*roquery*), erhält seine literarische Ausformulierung in den vierzehn Maximen, die Fielding im letzten Kapitel des Buches als geistiges Vermächtnis Wilds aufführt.

Die »Schurkerei« erscheint allerdings nicht wie in den Komödien in allen Facetten, sondern ist thematisch eingeengt auf die Aspekte »Größe und Güte«, zwei Eigenschaften, die sich, so Fielding sarkastisch, ausschließen, »denn das Wesen der Größe besteht darin, alles mögliche Unheil über die Menschen zu bringen, und das Wesen der Güte, ihm abzuhelfen«. Dabei steht dem Repräsentanten der »Größe«, dem egozentrischen Wild, der besessen ist von maßlosem Ehrgeiz und dem Streben nach Größe, der Juwelier Heartfree gegenüber als Vertreter der »Güte«. Bis auf die letzten Kapitel triumphiert die Größe, und die Güte scheitert; Heartfree, der biedere, »gütige« Bürger, ist machtlos gegenüber der Korruption und den verbrecherischen Machenschaften des »Großen«.

*

Keines seiner erzählerischen Meisterwerke hat Fielding als »Roman« (*novel*) bezeichnet. Mit Ausnahme seines letzten Werks, »Amelia«, betitelte er sie alle mit »Die Geschichte von . . .«. In Stellungnahmen versicherte er stets von neuem, daß seine Werke nichts zu tun hätten mit jenen »dummen Novellen und monströsen Romanen, von denen die Welt voll ist«. Im ersten Kapitel von »Jonathan Wild« wird der »geschichtliche« Bezug deutlich. Fielding gibt vor, Biograph zu sein, alles Wissenswerte über eine geschichtliche »Größe« zusammengetragen zu haben und das Ergebnis nun dem Leser vorzulegen. Eine Anspielung auf Geschichtliches ist auch der Beiname »Der Große«. Wild wird damit in die Nähe all jener Persönlichkeiten gerückt, denen von Zeitgenossen oder späteren Generationen ebendieser Beiname verliehen worden war: Alexander der Große, Konstantin der Große, Karl der Große, Peter der Große usw. Umgekehrt werden alle geschichtlichen Größen, die diesen Beinamen erhalten haben, durch Fieldings Roman als Varianten des Typus Jonathan Wild gewertet (Fielding selbst nennt Alexander und Cäsar). Hier schließt sich der Kreis: »Die Lebensgeschichte Jonathan Wilds des Großen« ist eine Satire auf all diejenigen, die in Geschichte und Politik Karriere gemacht haben auf Kosten des Volks, deren »Größe« sich darin dokumentiert, daß sie Throne gestürzt und Reiche geschaffen und gleichzeitig »eine ungeheure Menge unschuldiger Menschen ums Leben gebracht und wie ein Wirbelwind Verwüstung und Ruin um sich her verbreitet« haben.

Darin liegt die Aktualität von »Jonathan Wild« auch knapp 250 Jahre nach dem Erscheinen des Buches. Die Skrupellosigkeit des »Großen« Jonathan Wild wird der Leser am Handeln der Großen und nach Größe Strebenden bis in die Gegenwart messen und Unterschiede nur im Detail, nicht im Prinzip feststellen – ob es sich um Bestechung, um Lüge oder um die Ausschaltung und Vernichtung Andersdenkender handelt. Auch das Verhältnis zwischen »Großen« und »Kleinen« hat sich nicht wesentlich geändert. Jonathan Wild führt aus, daß diese Zustände seit der griechischen Antike, seit Aristoteles, dieselben geblieben seien: »Auch die Pflugzieher, die Schäfer, Weber, Zimmerleute und Soldaten arbeiten nicht für sich, sondern für andere; sie begnügen sich mit einer Kleinigkeit, nämlich mit dem Arbeitslohn, und lassen die Großen die Früchte ihres sauren Schweißes genießen. Ich weiß von meinem Schulmeister, daß Aristoteles im ersten Buch seiner *Politik* aufs bündigste bewiesen hat, die niedrige, gemeine und nützliche Menschenklasse sei zur Sklaverei geboren und nicht minder das Eigentum der Vornehmen als ihr Vieh. Mit allem Recht kann man von uns Leuten vom Stande sagen, daß wir bestimmt sind, die Früchte der Erde zu verzehren, und ebenso füglich dürfen wir von dem gemeinen Mann glauben, daß er bloß zu dem Ende auf der Welt sei, um diese Früchte für uns hervorzubringen. Wird eine Schlacht nicht bloß durch den Schweiß und den Mut der gemeinen Soldaten gewonnen? Kommt nicht die Ehre und der ganze Vorteil des Sieges dem General zu, der den Plan dazu machte? Müssen nicht Ziegelbrenner und Zimmerleute unsere prächtigen Paläste aufführen, und wem kommen sie zugute? Einzig und allein dem Bewohner, der vielleicht nicht einen Ziegel auf den andern zu legen versteht. Erhalten nicht Tuch und Seide ihren Schnitt und ihren Farbenglanz durch Leute, die sich an der gröbsten und armseligsten Kleidung müssen begnügen lassen, währenddessen ihre Arbeit andern zustatten kommt?«

Dies ist Wilds Sicht der Dinge, die Sicht des Verbrechers, der den »Beruf« des Verbrechers immer mit dem Beruf des Politikers vergleicht. Der Kunstgriff Fieldings besteht darin, daß er in ironischer Pervertierung der Tatsachen den Verbrecher als Ehrenmann darstellt: Unmoralisches Handeln wird in der Politik und bei Kriminellen zur Richtschnur einer Moral des Erfolgs, der Größe. Daß die zahlreichen zeitgenössischen politischen Anspielungen – vor allem auf den britischen Premierminister Robert Walpole – heute in der Regel nicht mehr verstanden werden, tut dieser Satire keinerlei Abbruch. Daß »Jonathan Wild« mit der pathetischen Rhetorik vieler Reden und dem oft gewollt schwülstigen Stil in der Art von Heldenepen auch heute noch von der ersten bis zur letzten Seite eine einzigartige Unterhaltung darstellt, die zu tiefem Nachdenken anregt, zeigt, daß Fielding mehr als nur eine zeitgenössische Satire geschrieben hat. Zu einem besseren Verständnis des Texts trägt auch das Wissen nicht viel bei, daß Jonathan Wild keine Erfindung Fieldings ist, sondern eine historische Gestalt: Er wurde etwa im Jahr 1682 geboren und war bald einer der bei der reichen Oberschicht gefürchtetsten Räuber seiner Zeit. Mit seiner gut organisierten Bande überfiel er auf Landstraßen reiche Passanten und erleichterte sie um hohe Summen. 1725 wurde er gefaßt und hingerichtet.

*

Die Form des Romans bedeutete für Fielding, wie er in der Einleitung zum dritten Buch von »Joseph Andrews« ausführt, ein Gedicht in Prosa in Fortführung des europäischen Epos, das Homer begründet hat. Diesem Vorbild entsprach nichts in der zeitgenössischen europäischen Literatur: weder der heroisch-galante Roman, die lockeren Episodenreihungen, in denen Wissen oder gesellschaftliche Verhaltensmaßregeln vermittelt wurden, noch die fiktiven persönlichen Bekenntnisse und Erzählungen in Tagebuch- oder Briefform, wie sie in England zur Zeit Fieldings aktuell waren. Fielding wollte »wahre« Geschichten objektiv berichten und dabei keinen Zweifel an seiner Autorschaft aufkommen lassen. Die Verbindung von Epos und Komödie, die Aristoteles in seiner *Poetik* erwähnt, gab dann den Anstoß zu der neuen Romanform, die Fielding die einzig angemessene schien: Er wurde der Vollender des englischen komisch-realistischen Romans.

Neu an diesen Romanen war auch, daß die unteren Volksschichten erstmals einen gleichberechtigten Platz im Geschehen zugewiesen bekamen, mehr noch: die Hauptrolle spielten. In »Joseph Andrews« etwa sind der Kammerdiener Andrews und seine Braut, ein Landmädchen, sowie ein armer Landpfarrer die Träger der Handlung. Aus der Sicht dieser Menschen wirft Fielding die Frage nach der Spaltung der Gesellschaft in Obere und Untere auf und sucht vom »common sense« her, mit dem gesunden Menschenverstand, nach einer Berechtigung für diesen kastenartigen Unterschied – und findet diese Berechtigung nicht.

*

Es versteht sich, daß ein Mann, der in seinem literarischen Schaffen gegen fast alle Konventionen verstieß, von der Kritik nicht gerade mit Lobeshymnen überschüttet wurde. Die Oberschicht war entsetzt über die sozialen Anklagen Fieldings, seine Offenheit, seinen Kampf gegen die negativen Erscheinungsformen des sozialen Lebens, seine aufklärerische Arbeit. Aber auch die an tränenselige Romane der sentimental-puritanischen Briefromanciers mit ihrer Dienstmädchenmoral gewohnten Empfindsamen und Tugendbolde wandten sich voller Abscheu von der nackten, unverhüllten Wahrheit des Fieldingschen Realismus ab. Sein erfolgreicher Rivale Samuel Richardson, der Schöpfer des empfindsamen Romans, in dem wie in der sog. weinerlichen Komödie (*comédie larmoyante)* liebende, leidende und duldende Herzen geschildert werden, brachte das Urteil der Zeitgenossen über Fielding auf einen Nenner: Er fand Fieldings »Charaktere und Situationen so entsetzlich niedrig und dreckig« und fügte hinzu: »Er hat wenig oder gar keine Erfindungsgabe.« Dies war der Tenor der Fielding-Kritik mehr als hundert Jahre hindurch. Nur wenige erkannten in Fieldings Schaffen etwas Gültiges, Bleibendes. Die Leser erfreuten sich am Sublimen, am poetischen Stuck, am literarischen Aufguß, nicht an realistischer Wahrheits- und Wirklichkeitsgestaltung.

Erst in der Romantik änderte sich diese Einschätzung. Hinter dem bis dahin einhellig verurteilten »grobschlächtigen Realismus« entdeckten die Romantiker den Moralisten und Idealisten Fielding, dessen Ziel es war, mit seinen Romanen einen Aufruf zur moralischen Umkehr hin zu echter Menschlichkeit zu schaffen. Seine Weisheit, sein demokratischer Geist und sein soziales Bewußtsein wurden entdeckt.

Breite Anerkennung fand Fielding erst nach dem uneingeschränkten Lob, das ihm William Makepeace Thackeray, der bedeutendste Romanschriftsteller der Viktorianischen Zeit neben Charles Dickens, zollte. George Bernard Shaw schließlich sah in Fielding den größten sozialkritischen Geist seit dem Mittelalter.

DATEN ZU LEBEN UND WERK VON HENRY FIELDING
(1707–1754)

1707 Henry Fielding wird am 22. April in Sharpham Park in Somersetshire auf dem Landsitz der Familie seiner Mutter geboren als Sproß einer alten, aber inzwischen verarmten Adelsfamilie, die mit dem Hause Habsburg verwandt ist. Sein Urgroßvater war 1. Graf Desmond und 3. Graf Denbigh, sein Großvater Domherr von Salisbury. Henrys Vater Colonel Edmund Fielding hat als Offizier dem Herzog von Marlborough gedient und es später bis zum General gebracht. Seine Mutter ist die Tochter eines hohen Richters.

1710 Die Mutter erbt von ihrem Vater den Besitz East Stour in Dorset. Dort verlebt Henry seine frühe Kindheit.

1718 Die Mutter stirbt.

1719 Nachdem sein Vater sich wiederverheiratet hat, kommt der junge Henry zur weiteren Ausbildung auf das Eton College, die berühmteste Schule Englands. Hier ist er Mitschüler des späteren Politikers William Pitt d. Ä.

1724 Nach dem Abgang von der Schule führt er in London das ungezwungene Leben eines Edelmannes mit eigenem Diener.

1728 Nach der Aufführung seines ersten Theaterstücks, der Komödie *»Liebe in verschiedenen Masken«*, und einer unglücklichen Liebe zu einer reichen Erbin nimmt er in Leiden in Holland das Studium der Rechte und der Literatur auf.

1729 Er bricht sein Studium ab und kehrt nach London zurück, da ihn der Vater nicht mehr finanziell unterstützen kann. »Vor die Wahl gestellt, ein Lohnschreiber oder ein Lohnkutscher zu werden«, entscheidet er sich für den Schriftstellerberuf und beginnt wieder, Komödien zu schreiben. Von den 25 Stücken, die er bis 1737 verfaßt, darunter zahlreiche nach Molière, haben sich nur wenige auf der Bühne halten können. Es sind im wesentlichen Satiren. Zielscheibe von Fieldings Spott ist die Korruption in der Politik.

1730 WERKE: Am 24. April wird im Londoner Haymarket Theatre Fieldings Komödie *»Die Farce des Dichters«* aufgeführt und als burleskes Nachspiel dazu *»Die tragischste aller Tragödien oder Leben und Tod Tom Thumbs des Großen«*. Diese Parodie auf das pathetisch-heroische Drama findet beim Publikum so großen Anklang, daß Fielding sich zu einer erweiterten Umarbeitung der Burleske entschließt. Sie erscheint, mit Vorwort, Prolog und Epilog versehen, unter dem Pseudonym Scriblerus Secundus.

1734 Er heiratet Charlotte Cradock, um die er vier Jahre geworben hat. Die beiden leben eine Zeitlang vom Vermögen der Frau in East Stour. Nach der Rückkehr nach London erwirbt Fielding das Haymarket Theatre, in dem er eigene Bühnenwerke zur Aufführung bringt.

WERKE: *»Don Quixote in England«*, Komödie.

1736 Werke: *»Pasquin«*, Komödie; scharfe Satire auf den britischen Premierminister Robert Walpole.

1737 Der »Licensing Act« (Zensurgesetz) der britischen Regierung schreibt vor, daß alle Theaterstücke vor der Aufführung von der staatlichen Zensur genehmigt werden müssen. Fielding ist gezwungen, das Haymarket Theatre zu schließen. Er nimmt das Jurastudium wieder auf.

WERKE: Fieldings Komödie *»Historisches Register für das Jahr 1736«*, eine weitere Satire auf die Politik von Premierminister Walpole, ist einer der Auslöser für das Zensurgesetz.

1739 Unter dem Pseudonym Sir Alexander Drawcansir wird er Mitherausgeber der Wochenschrift »The Champion«, in der er Essays und Geschichten veröffentlicht (bis 1741).

1740 Fielding hat in weniger als drei Jahren sein Jurastudium vollendet (üblicherweise braucht man dafür zu dieser Zeit sechs Jahre) und wird als Anwalt zugelassen.

1741 WERKE: Anonym erscheint die Satire *»Eine Apologie des Lebens der Mrs. Shamela Andrews«*, in der der 1740 erschienene, überaus erfolgreiche Briefroman »Pamela oder Die belohnte Tugend« von Samuel Richardson parodiert wird. Fielding gibt niemals zu, der Verfassung dieser Satire zu sein, doch gilt die »Shamela« allgemein als sein Werk.

1742 WERKE: *»Die Geschichte von den Abenteuern Joseph Andrews' und seines Freundes, des Herrn Abraham Adams. Geschrieben nach der Art des Cervantes, des Verfassers von ›Don Quixote‹«*, erstes im Druck erschienenes Erzählwerk Fieldings und zugleich der erste bedeutende komische Roman der englischen Literatur. In lose aneinandergereihten Szenen will Fielding realistische »Bilder aus dem Leben« zeichnen, wiederum bewußt im Gegensatz zu Samuel Richardsons empfindsamem Roman »Pamela oder Die belohnte Tugend«.

1743 WERKE: *»Lebensgeschichte Mr. Jonathan Wilds des Großen«*, Roman, in dem Fielding am Beispiel der historischen Person des Jonathan Wild, dem berühmtesten Verbrecher Englands in der ersten Hälfte des 18. Jahrhunderts (gehängt 1725), die Fragwürdigkeit »großer Persönlichkeiten« humoristisch aufzeigt: Größe und Güte schließen einander aus. Eine deutliche Anspielung auf die Politiker (siehe Text und Nachwort). – Das Werk erscheint in der dreibändigen Ausgabe von Fieldings *»Vermischten Werken«*, die auch die Prosasatire *»Eine Reise aus dieser in die andere Welt«* enthält: Geschildert wird der Auszug der Seele aus dem Körper des Ich-Erzählers und die Reise der Seele ins Elysium, wo sie zahlreichen berühmten Persönlichkeiten begegnet.

1744 Seine Frau stirbt. – Fielding lebt nun allein in London mit seiner Tochter, seiner Schwester Sarah und der Zofe seiner verstorbenen Frau.

1745 Er wird Herausgeber der politischen Wochenschrift *»The True Patriot: And the History of our own Times«* (1745/46), die er fast allein schreibt. 1745 ist das Jahr des letzten großen Jakobiten-Aufstandes, der Anhänger des katholischen Hauses Stuart gegen das in Großbritannien regierende reformierte Königshaus der Welfen aus Hannover. Der Führer der Aufständischen, Charles Edward Stuart, wird 1746 in der Schlacht bei Culloden Moor vernichtend geschlagen, danach stellt Fielding auch seine anti-jakobitische Wochenschrift *»The True Patriot«* ein.

1747 Fielding heiratet – unter dem Gespött ganz Londons – die von ihm schwangere Mary Daniel, die Zofe seiner ersten Frau. Er wird Herausgeber der anti-jakobitischen Wochenschrift *»The Jacobite's Journal«* (1747/48), deren Propagandawert die Regierung so hoch einschätzt, daß sie Fielding von jeder Ausgabe 2000 Exemplare abkauft und sie kostenlos verteilen läßt.

1748 Er wird Friedensrichter für Westminster und Middlesex. In diesem Amt sorgt er für die Betreuung der Armen und bekämpft unerschrocken und unbestechlich das Bandenunwesen.

1749 WERKE: *»Die Geschichte des Tom Jones, eines Findlings«*, Roman, von Fielding bezeichnet als »komische epische Dichtung in Prosa«. Dieser Erziehungs- und Gesellschaftsroman, in dem Fielding das ganze Spektrum der erfahrbaren Wirklichkeit humorvoll-parodistisch schildert, wird wegweisend für den modernen Roman.

1752 Er wird Herausgeber der Zeitung *»The Covent Garden Journal«*, in dem er vor allem Rechtsfälle behandelt. Regelmäßig läßt er hier folgende Anzeige erscheinen: »Alle Personen, die unter Räubern, Einbrechern usw. zu leiden haben, werden gebeten, unverzüglich die bestmögliche Beschreibung dieser Räuber usw. beizubringen oder zu schicken mit Zeit, Ort und Umständen der Tat. An Henry Fielding, Esquire, in sein Haus in der Bow Street.«

WERKE: *»Amelia«*, Roman, in dem sich Fielding zu der Absicht bekennt: »Die Sache der Tugend zu fördern und einige der grellsten Mißstände bloßzustellen, die gegenwärtig das Land heimsuchen.« Die schöne und tugendhafte Amelia muß sich in einer lasterhaften und oberflächlichen Welt behaupten.

1753 Trotz seiner schwer angeschlagenen Gesundheit widmet er dieses Jahr dem Kampf gegen das Bandenunwesen, mit dem Erfolg, »daß es im November und Dezember nicht nur keine Morde gab, sondern auch keine Überfälle«.

1754 Zu spät fährt er zu einer Kur nach Lissabon. Drei Wochen nach seiner Ankunft stirbt er dort am 8. Oktober.

LITERATUR:

Sämtliche Romane in vier Bänden, hrsg. v. Norbert Miller. München 1965/66 (Hanser Verlag)

Deppe, Wolfgang G.: History versus romance. Ein Beitrag zur Entwicklungsgeschichte und zum Verständnis der Literaturtheorie Henry Fieldings. Münster i. W. 1965.

Dudden, Frederick H.: Henry Fielding. His Life, Works, and Times. 2 Bde. Oxford 1952.

Irwin, William R.: The Making of Jonathan Wild. A Stufy in the Literary Method of Henry Fielding. Hamden/Conn. 1966.

Iser, Wolfgang (Hg.): Henry Fielding und der englische Roman des 18. Jahrhunderts. Darmstadt 1972.

Jenkins, Elisabeth: Henry Fielding. London 1966^2.

Morrissey, L. J.: Henry Fielding. A Reference Guide. Boston 1980.

Rogers, Pat: Henry Fielding. A Biography. New York 1979.

Rolle, Dietrich: Fielding und Sterne. Untersuchungen über die Funktion des Erzählers. Münster i. W. 1963.

Ronte, Heinz: Richardson und Fielding. Geschichte ihres Ruhms. Leipzig 1935.

Watt, Ian: Der bürgerliche Roman. Aufstieg einer Gattung. Defoe, Richardson, Fielding. Frankfurt/M. 1974.

AUTOREN IN DER
»GROSSEN ERZÄHLER-BIBLIOTHEK
DER WELTLITERATUR«:

Alexis, Willibald
Andersen, Hans Christian
Anzengruber, Ludwig
Arnim, Achim von
Balzac, Honoré de
Beecher Stowe, Harriet
Björnson, Björnstjerne
Boccaccio, Giovanni
Bräker, Ulrich
Brentano, Clemens
Bulwer, Edward George
Bürger, Gottfried August
Casanova, Giacomo
Cervantes, Miguel de
Chateaubriand, François
Choderlos de Laclos, P.A.F.
Conrad, Joseph
Cooper, James F.
Defoe, Daniel
Dickens, Charles
Diderot, Denis
Dostojewski, Fjodor
Doyle, Conan
Droste-Hülshoff, Annette von
Dumas fils, Alexandre
Ebner-Eschenbach, Marie von
Eichendorff, Joseph von
Fielding, Henry
Flaubert, Gustave
Fontane, Theodor
Goethe, Johann Wolfgang von
Gogol, Nikolai
Goldsmith, Oliver
Gorki, Maxim
Gotthelf, Jeremias
Grimm, Brüder
Hauff, Wilhelm
Hawthorne, Nathaniel
Hebbel, Friedrich
Hebel, Johann Peter
Heine, Heinrich
Heyse, Paul
Hoffmann, E.T.A.
Hölderlin, Friedrich
Hugo, Victor
Immermann, Karl
Jacobsen, Jens Peter
Jean Paul
Keller, Gottfried
Kipling, Rudyard
Kleist, Heinrich von
La Fayette, Marie-Madeleine de
Lermontow, Michail
Leskow, Nikolai
Liliencron, Detlev von
London, Jack
Ludwig, Otto
Margarete von Navarra
Mark Twain
Maupassant, Guy de
Melville, Herman
Mérimée, Prosper
Meyer, Conrad Ferd.
Mörike, Eduard
Moritz, Karl Philipp
Murger, Henri
Musset, Alfred de
Novalis
Poe, Edgar Allan
Prévost, Antoine F.

Puschkin, Alexander
Raabe, Wilhelm
Rosegger, Peter
Sand, George
Schiller, Friedrich
Scott, Sir Walter
Sealsfield, Charles
Sienkiewicz, Henryk
Stendhal
Sterne, Laurence
Stevenson, Robert Louis
Stifter, Adalbert
Storm, Theodor
Strindberg, August
Swift, Jonathan
Thackeray, William M.
Tieck, Ludwig
Tolstoi, Leo
Tschechow, Anton
Turgenjew, Iwan
Verga, Giovanni
Voltaire
Vulpius, Christian August
Wieland, Christoph Martin
Wilde, Oscar
Zola, Emile
Zschokke, Heinrich

Deutsche Volksbücher
Italienische Renaissance-Novellen
Tausendundeine Nacht